陕西（高校）哲学社会科学重点研究基地陕西理工大学汉水文化研究中心
暨"汉水文化"省级重点学科资助出版

汉水文化研究论文集

（2019—2020）

主　编 李宜蓬
副主编 张　静　王淑新　段锐超

西北大学出版社
·西安·

图书在版编目(CIP)数据

汉水文化研究论文集/李宜蓬主编. —西安:西北大学出版社,2022.8

ISBN 978-7-5604-4947-0

Ⅰ.①汉… Ⅱ.①李… Ⅲ.①汉水—流域—文化史—文集 Ⅳ.①K296-53

中国版本图书馆 CIP 数据核字(2022)第 104725 号

汉水文化研究论文集(2019—2020)

主　　编　李宜蓬

出版发行　西北大学出版社(西安市太白北路 229 号　邮编:710069)

经　　销　新华书店经销

印　　刷　陕西向阳印务有限公司

开　　本　787mm×960mm　16 开　15.5 印张

字　　数　245 千字

版　　次　2022 年 8 月第 1 版　2022 年 8 月第 1 次印刷

书　　号　ISBN 978-7-5604-4947-0

定　　价　68.00 元

前言

每隔两年编辑出版一册汉水文化研究论文集,是陕西(高校)哲学社会科学重点研究基地——陕西理工大学汉水文化研究中心的重要任务之一。本期论文集,是在变更汉水文化研究中心管理体制之后出版的第一部,具有特别的意义。

2021年4月,陕西理工大学将汉水文化研究中心与改制后的人文学院合并,实现陕西理工大学人文社会科学专业与学科的大联合。这是学校有关汉水文化科研管理体制与运行机制的重要改革,是全面推动新文科建设、提升汉水文化研究力度的重要举措,意在实现中心与学院在教学与科研、理论与实践上的交叉融合互相促进,从而提升科研实力,扩大学校人文社会科学的影响力。

现汉水文化研究中心依托人文学院的汉语言文学、汉语国际教育、历史学、地理科学、旅游管理、广播电视学、网络与新媒体等7个专业,中国语言文学和汉水文化2个省级重点学科,在学院院长/中心主任的统一领导下,中心调整管理体系,强化组织领导,整合资源,充分调动院内人力、物力,与学院的教学科研管理,既相互融合又相对独立;与学院的科研方向,既相互融通又各具特色。中心新成立的管理队伍精干,通过不断努力探索,改革创新,全面开展汉水文化科学研究与科学普及以及社会服务,实现了平稳过渡和有机融合,呈现出勃勃生机。

借鉴以往论文集编撰的经验,此次在汉水文化研究中心副主任张静教授的大力推动下,2020—2021年度的论文集编辑工作很快就纳入日程。根据目前中心的研究方向,分别约请段锐超、王淑新和张静三位同志参与编辑,分别担任“历史文化”“区域经济”和“区域生态”三部分的负责人,在广泛搜集相关研究成果的基础上,遴选出优秀文章,展现近两年来汉水文化研究具有代表性的科研成果,对于推动汉水文化研究无疑将具有积极意义。

在历史文化篇中,选编了8篇文章作为代表,涉及学科范围广泛,涵盖了文学、文献学、历史学、教育史等多个人文学科专业。这些研究既有精研文献的学术探索，又有建言当下的建设规划，理论与实际紧密结合，历史与现实紧密衔接，其中不少论文是本校教师的科研成果，体现了陕西理工大学人文学科的研究特色和对区域文化研究的独到贡献。孙启祥《关于汉中“汉文化”的内涵及发掘路径的思考》一文从大处着眼，提出汉中“汉文化”的宣传和发掘，应该以“汉代文化”的资源保护、资料整理、人物和事件研究、遗迹的开发利用为主体，同时兼顾汉中其他历史时段的文化研究，以展示汉中“汉文化”的延续与传承。王浩远《汉中古汉台遗址名实考》一文见解新颖，提出古汉台遗址实为南宋兴元府府治子城遗址，明清时期仍为汉中府府治，与刘邦并无关联。“汉台”之名始见于明代中叶，古汉台的传说引发了后人咏怀历史的遐思，赋予了历史遗迹更为丰富的文化内涵。陈曦、费团结《论“三言”“二拍”中的汉水流域风俗描写》一文认为，这些小说描写了发生于汉水流域地区的婚嫁、丧葬、岁时节日、物质生产和语言等多种类的地域色彩浓郁的风俗，增强了这些小说的文化内涵和艺术品质。刘昌安《清诗选本视野下〈山南诗选〉的文学文献价值论析》一文指出，《山南诗选》是古代汉中第一部诗歌选本，是地域文化传统建构的重要体现，有较高的地域文化价值。陈海儒《全域旅游视角下的西北联大文化旅游资源开发》一文认为，西北联大作为奠定了中国西北地区高等教育基础的办学联合体，其办学遗址具有很强的文化旅游禀赋，应在全域旅游视角下进行开发规划，以西北联大遗址为主线串连起周边各种文化遗产，拓展地方旅游产业发展。王旸《陕南茶歌的地方文化特色与传承》一文认为，陕西南部独具特色的地理环境和传统形成了独特的茶文化，而采茶山歌是茶文化的独特代表，也是陕南民歌的重要组成部分，值得大力保护和传承。姚秋霞《文学地理学视域下的汉水流域爱情婚姻剧》一文认为，长期以来汉水流域的地方戏在发展、传播的过程中有着明显的地域特征，其中爱情婚姻剧在思想内涵上既继承了中国传统戏曲共有的文化内核，同时在生态环境及地域文化影响下，又有所改变、创新。冯岁平、项晓静《严如熤与山南书院补论》一文指出，在严如熤的重视和支持下，山南地区书院培植了不少良材名士，给嘉庆、道光年间山南地区的教育发展和学风改良提供了重要的人才支撑。

在区域经济篇中，收录了9篇代表性文章，既具有理论价值，又具有现实意义，其中多篇文章对汉水流域经济社会的发展提出了对策建议。唐萍萍等《汉江水源地生态补偿资金分配的优化路径研究——以汉中市农户视角的调查为例》一文,通过入户调研等方式,具体调查分析汉江水源地的生态补偿分配以及农户对生态补偿资金分配政策的认知情况,并提出了相应的对策和建议。郑宽明、张桂花《基于循环经济的陕南物流园区发展问题研究》一文认为,物流园区建设应该向着更加科学合理的方向发展,以最低的资源消耗率最大限度地满足地区发展的物流需求,为促进区域经济发展创造条件。田京京等《集中连片特困地区农村电商物流服务满意度调研与对策——以秦巴山区为例》一文,以集中连片特困地区之一的秦巴山区农村电商经营者为调研对象,通过问卷调查和访谈调研了农村电商物流服务满意度,分析得出物流服务满意度的显著影响因素,根据数据分析结果,并结合秦巴地区经济社会、地理环境等特点,提出该地区以及同类型国家集中连片特困地区的农村电商物流发展的对策建议。王淑新等《集中连片特困地区乡村振兴与绿色发展协同推进的长效动力机制构建》一文,尝试构建集中连片特困地区乡村振兴与绿色发展协同推进的长效机制,突破区域经济社会发展与生态环境保护传统政策措施在可持续性、协同性等方面存在的局限性,推动区域生态、经济、社会实现可持续发展。马艳利、杨建科《精准扶贫背景下失地农民发展能力研究——基于陕南连片特困地区的调查》一文,通过对陕南区域失地农民的生存与发展现状进行调查分析,以发现制约其发展的内外因素,为其更好地适应新的生活方式、增强其再发展能力和缓解农地矛盾等问题提供一定的借鉴。李静《贫困地区健康扶贫政策信息传播机制研究》一文认为,以卫计系统为代表的组织传播在健康扶贫政策信息中发挥了主导作用,它通过行政力量,采用多途径、立体化的宣传方式,做到了扶贫政策信息的精准传播。张震《陕南产业扶贫发展中存在的问题与对策——以汉中市略阳县白雀寺镇为例》一文,选取略阳县白雀寺镇的产业扶贫发展情况进行深入调研和分析,希望以白雀寺镇产业扶贫为例,试图探寻破解陕南产业扶贫困局的有效对策。何龙斌《脱贫地区从产业扶贫到产业兴旺:现实难点与实现机制》一文认为,脱贫地区从产业扶贫到产业兴旺的实现机制包括产业发展环境治理机制、产业主体参与动力机制、优势特色产业培育机制、产业发展风险防范机制、产业发展政策保障机制五大机制。李天芳《我国贫困地区循环经济发展的现实困境与创新策略——以陕南为例》一文认为,贫困地区需要更新理念,树立“大循环”“大耦合”“大发展”

新理念,加快构建循环型农业产业链。

在区域生态篇中收录的9篇文章,从不同角度研究了流域生态环境建设现状及生态文化的特点。程世朋、李小燕《地理视角下的陕南民居特征分析》一文,在介绍陕南自然环境和陕南民居特点的基础上,深入分析陕南民居与自然环境之间的关系。张静等《汉水流域古镇的类型及其保护》以典型古镇为例,梳理归纳汉水流域古镇的类型和特点,对比分析不同地貌类型古镇内部的空间格局。邢海虹等《汉中市农村面源污染时空变化研究》采用源强法估算2009—2017年汉中市农村面源污染状况,分析农村面源污染的时空变化特征,认为人口转型、耕地减少、技术变化、环保政策等决定面源污染的变化,地形、产业结构在污染时空变化中有着重要影响。刘杰、李鹏飞《汉中市中心城区PM2.5时空变化特征及影响因素分析》以汉中市中心城区2016—2018年大气颗粒物PM2.5监测数据为基础,利用数理统计和空间插值方法,分别从时间和空间的角度研究该地区PM2.5的分布变化特征,分析其影响因素。李双等《基于水足迹理论和灰靶模型的汉江干流水资源可持续利用评价》以汉江干流10个地级市为研究对象,计算2008—2015年水足迹参数,进行了水足迹的时空分析;在此基础上,采用熵权灰靶模型评价2015年汉江干流水资源可持续利用强度。李小燕等《论蜀道古地图研究现状及拓展》一文,通过研究发展蜀道古地图作为重要史料,是蜀道研究的薄弱环节,主要存在蜀道古地图研究关注度不高、整理工作落后、数字化及建库工作尚未开展等问题,并提出宝贵意见。杜建括等《陕南地区1960—2015年气温时空变化特征分析》一文,采用线性倾向估计、样条函数插值、Mann-Kendal检验等方法,分析陕南地区1960—2015年气温时空变化特征。付恒阳等《陕南移民工程选址空间适宜性评价——以陕西省西乡县为例》一文,以陕西省西乡县为例,选取自然、社会和生态3个方面共9个因子,构建移民工程选址空间适宜性评价指标体系,并进行移民工程选址空间适宜性研究。邢海虹等《西部山区城镇体系人口容量研究——以陕南地区为例》一文,采用人均建设用地法等计算陕南城镇体系的适度人口容量和最大人口容量,并进行城镇人口迁移区划。

通过汉水文化研究论文集的编辑,使我们对近两年汉水文化研究成果有了比较全面的认识,对汉水文化研究的骨干力量和研究重点也有了较为深刻的了解,对我们未来加强汉水文化研究的组织和管理必将起到积极的推动作用。当然,以上成果,难免挂一漏万,遗珠之憾在所难免。为进一步提升论文集的学术含量,未来考虑进一步创新编辑体例,不仅要遴选优秀研究成果,而且要编辑研究目录,撰写研究综述,对学术著作进行专门评说,使其兼具资料性、工具性和代表性。为完成这一重要任务,中心将组织专门的编辑团队,时刻跟踪最近研究动态,以创新的体例和高质量的编辑,力图全方位、专题性地展现汉水文化研究成果,更充分地发挥集刊的价值。汉水文化研究大有可为,汉水文化研究集刊的编辑亦大有可为。推动陕西理工大学汉水流域文化史及文化产业发展战略研究方面取得更大的成绩,是我们的责任,相信未来会做得更好!

李宜蓬
2022 年 3 月

目 录

历史文化篇

区域经济篇

区域生态篇

汉水文化研究 历史文化篇

关于汉中“汉文化”的内涵及发掘路径的思考①

孙启祥

“汉文化”在机关公文和人们口语中是一个模糊的宽泛的概念。多年前,笔者曾撰写《“汉文化”概念及其相关问题》一文,认为“汉文化”的本义是“汉族文化”,但它又可以指“汉代文化”“华夏文化”或“中国文化”;而在汉中,“汉文化”又常常跟“汉水文化”“汉中文化”概念混淆。这些年,汉中发掘汉文化资源的呼声很高。那么,汉中汉文化的内涵究竟是什么,又如何进行发掘呢?这里略陈管见。

一、汉中“汉文化”的内涵

就资源具备特色和历史上具有影响力而言,汉中的“汉文化”应该指“汉代文化”。汉王朝的建立者刘邦始于汉中,自许为汉王朝继承人的刘备于汉中称王,他们本人及其部属在汉中都留有遗迹;而在这400多年中,汉中也出现了几位三公九卿级的人物(西汉邓公、张骞位至九卿,东汉李郃、李固父子位及三公,其他各代汉中人三公九卿之和也不到4人)。所以,就汉代文化而言,汉中占有一席之地。汉中汉文化的实质,是以汉初汉王刘邦君臣遗迹、武帝时出使西域的张骞的遗迹及影响、东汉中期李固一门四代的遗迹及事迹、蜀汉刘备君臣遗迹及事迹为主体而体现和蕴含的汉代文化元素,亦即长期以来坚持和宣传的两汉三国文化。其文化形式包括刘邦君臣的逆境中崛起,张骞、班超(封于汉中)的开拓进取,刘备君臣的折而不挠,郑子真、樊志张、卫衡等人的“穷则独善其身”和李郃、李固、李法、陈雅等人的“达则兼济天下”,涵盖儒家文化、道家文化的双重特质。之所以将本属于三国时期的“蜀汉”纳入汉代文化,是因为在三国时期汉中主要属于蜀汉政权,而“蜀汉”本有“汉”之国号和“季汉”之史称;蜀汉的各项制度也基本上因袭两汉,具汉代之特性。

如果把汉中的汉文化诠释为“汉族文化”或“华夏文化”“中国文化”,也不是绝对不可,但却不够恰当。因为汉中的文化元素民族性不强,且各个时期文化遗

① 原载于《陕西档案》,2020年第4期。

存、文化现象严重不平衡,"汉族文化"的系统性连续性欠缺;而讲"华夏文化""中国文化"则过于笼统,其代表性更无法与关中和山西、河南、江浙的许多地方相比。

汉中的"汉文化"宣传和发掘,应该以"汉代文化"的资源保护、资料整理、人物和事件研究、遗迹的开发利用为主体。与此同时,研究发掘远古、上古文化,以体现汉代文化的历史渊源;梳理宣传唐宋元明清以至民国时期的文化,以展示汉中"汉文化"的延续与传承。

二、发掘汉代文化的路径

汉中的汉代文化,既有文献记载,亦有历史遗迹展现,还有出土文物印证,具有一定的代表性。但也有规模小、遗址散、反映的历史事件连续性差等不足,需要在厘清资源现状、强化保护与发掘、加强整理与宣传上多做文章。

(一)厘清汉代文化资源状况

汉中汉代文化门类较全,古遗址、古墓葬、古建筑、名木古树、摩崖石刻等一应具有,且在11个区县程度不同地都有分布,但在规模、完好程度、开发利用价值等方面差异很大。具有一定文化含量且社会价值较大的当推以下13处(项),可称为"汉中十三大汉代文化遗址",即古汉台、拜将坛、饮马池(以上位于市区),圣水寺汉桂(南郑),樊哙台萧何墓纪信墓(城固),戚夫人墓(洋县、西乡),张骞墓与古胡城遗址(城固),李固墓(城固),班城遗址(镇巴),蔡伦墓(洋县),古阳平关及张鲁女墓(勉县),褒谷口石门及摩崖石刻遗址(勉县、汉台)和郙阁颂石刻及其遗址(略阳)。此外,可以从属于汉代文化的还有蜀汉时的汉中王刘备称王处、马超祠、武侯墓、武侯祠、城固武侯祠遗址、诸葛亮造木牛流马处、古虎头桥碑等。以上可作为研究发掘的重点。

汉中汉文化的主要遗址确定后,建议在机关公文和正式宣传材料中,停止使用"西汉三遗址"(古汉台、拜将坛、饮马池之合称)的提法,一则不准确(当初县级汉中市如此提出是可以接受的,地级汉中市沿用则有点自我矮化、自设藩篱);二则产生误导,不利于宣传整个汉代文化。非用不可时,可表述为"汉中城内西汉三遗址"。需要说明的是,古汉台作为汉王刘邦宫廷遗址、饮马池作为汉王饮马之地,缺乏史料支持,学术界还有不同观点,但已约定俗成,不妨如此看待;留坝张良庙建设年代较晚,旅游宣传上可视为西汉人物纪念建筑,从文化遗址角度还不宜跻身汉代。

上述遗址中的古墓，除张骞墓、李固墓、马超墓、武侯墓外，其他应属纪念墓或历史传说，并非墓主葬处，但这并不影响其文化属性。因为修建纪念墓在古代十分常见（不同于当今的造假），且这些建筑在古籍中都有记载，而历史传说本属历史文化的范畴，今天我们不必闪烁其词。

（二）强化汉代文化遗址保护与开发

遗址保护包括古迹的本体维护，修葺过程中的谨慎修复，以存其真和遗址周边地貌、原野、水体等环境不受损毁等内容。在这些方面，我们有许多教训可以汲取，如贸然拆除民国时拜将坛内建筑，而几次新建都难尽如人意；褒谷口石门栈道遗址区域内建筑、人物造像、历史故事介绍过于杂乱；近年对明瑞王府遗址莲花池公园的破坏等。对文化遗址，应注重修葺维护、美化环境、完善扩展陈列内容，确定并逐步提升“文物保护单位”级别。当前起码可在汉代遗址上做好以下具体工作：

推进古汉台、拜将坛、饮马池的整体规划建设，改变古汉台的局促现状，治理饮马池周边环境，实现三者文化风格的一致，历史气韵的贯通；

在圣水寺的规划建设中着力汉桂的保护，恢复一些历史记载的反映汉代风情的亭台建筑，如樵凤亭、鄸侯亭；

对樊哙台、萧何墓、纪信墓和古胡城遗址划定并固化保护范围，防止被蚕食和湮灭；

摒弃对待张骞墓“太热”和对待李固墓“太冷”之间的功利意识，着力保护李固墓，明确四界，维修墓冢，在李固庙原址修建李固纪念馆；

在镇巴县城选址竖立“汉定远侯班超封地”标识，依托班超食邑碑，搜集资料，在县文化馆或其他专门场所布设班超生平展；

清理褒谷口石门栈道遗址区域内的现代建设内容，迁走与褒斜道历史和汉中历史文化无关的设施建筑；

改善《郙阁颂》残刻、复制碑存放环境，保护原摩崖场地，并明确标识；

治理“先主初为汉中王设坛处”碑周边环境，适当迁移建筑和农户，扩建刘备称王场所，恢复一些历史建筑和场景；

停止对“诸葛古镇”的投入和建设，让其自生自灭，恢复武侯祠的庄严和神圣。

在对文化遗址保护开发时，不光要有职能单位的规划，更重要的是应充分听取古建专家和地方文化人士的意见，特别是言之有据的“小人物”的意见和听起来不顺耳的意见。不要让错误的决策"绑架"正确的意见。不要动辄毁弃旧建筑，仓促新建，否则常建常新，永远增加不了文化含量，成就不了文化胜地。

（三）加强汉代文化的整理和宣传

针对汉代文化分布区域广、寻访难易不同、历史内容清晰度不一、宣传介绍缺乏明确依据的问题，应做好基础性工作，增强宣传效应。

根据汉代文化各遗址的位置，在适当的交通道口悬挂指示牌，方便各方人士寻访拜谒。

编写出版《汉中汉代文化导游》，对13个汉代遗址和主要的三国遗址按时代进行旅游解说词式的串写介绍，力求内容系统、连贯、完整，并附以地图和插图，以便于普通读者对汉中汉代文化的深入了解；编辑出版《古人笔下的汉中汉代文化》，汇集古人对汉中汉代文化的论述，以追溯渊源，加重话语权；编辑出版《汉中汉代文化论集》，汇集近当代本地、外地人士论述汉中汉代文化的文章，以奠定、扩大学术认知。如此，既使汉代文化的宣传有本可据，又可弥补文化实体之不足。

政府相关职能部门和党委宣传部、政协等，都可以以刘邦君臣在汉中、张良与张良庙、李郃李固家族与汉中文化、李固与儒家文化、蔡伦与造纸术、诸葛亮赵云魏延等三国人物与汉中、汉代褒斜道石门与摩崖石刻等为切入点，组织、举办一些汉代文化的研讨活动，以加重文化分量，扩大社会影响。

三、发掘三代以前和隋唐以后的文化，以充实汉代文化之基础，彰显文化传承之连续性

石器时代人类活动遗址，青铜时代先民遗存，古代氐、蜀、巴族人在汉中的生活，是汉中远古至夏商周三代时重要的文化论题，也是成就汉代文化的基础。隋唐元明清时代，文人骚客、达官显贵频频仕宦或行经汉中，留下了大量的诗词名篇、地理名著、文人踪迹。抗战时，汉中是地位仅次于重庆的后方重镇，造就了众多的遗迹遗址和名人轶事。这些都是可资利用的文化资源。

（一）加强梁山石器时代人类活动遗址的保护和发掘

梁山龙岗寺遗址是旧、新石器时代并存的文化遗址，其人类活动最早可追溯至120万年前，其价值已得到国际公认。已经确定的龙岗寺文化遗址公园的建设步伐应当加快。梁山疥疙洞旧石器时代洞穴遗址已成为"2019年度全国十大考古新发现"之一，其文化价值极大，开发前景极为广阔，应及早着手从事遗址保护和建设的国家级项目申报工作。

（二）重视早期巴蜀文化研究

巴蜀文化是古代中国重要的区域文化，而汉中是巴蜀文化的发源地之一。有学者论述，“蜀人最早的活动中心……是汉水上游”（李伯谦《城固青铜器与早期蜀文化》）；而文献记载、考古发现和顾颉刚、蒙文通、李伯谦、段瑜等人的研究证明，夏商周三代时，巴人活动于汉水上游，后来才迁徙至鄂西北、长江三峡及重庆。但由于这些年汉中不注重研究发掘，也因为文化功利主义的猖獗，四川人大多只认可蜀人起源于岷江上游，巴人起源地也正在被鄂西北、三峡、晋南甚至川北等地取代。对早期巴蜀文化进行研究，既是对我们祖先足迹的探求，也是今天文化建设的重要内容。

（三）修建汉中青铜器博物馆

城固、洋县、汉中城内、西乡、勉县等地发现的700多件殷商时期的青铜器，是可以和河南安阳、陕西宝鸡、湖北随州青铜器媲美的重大考古成果，某种程度上代表着汉中古代文化的高峰；汉中青铜器还是安阳—随州—汉中—三星堆—金沙—越南青铜器技术传播路线上的关键一环。现在，安阳、随州、宝鸡、三星堆都建立了一流的青铜器博物馆，只有汉中青铜器和龙岗寺石器时代器物一样，大多庋藏于简陋的箱柜中，使人难以问津，既不能充分作为汉中悠久历史文化的实证，也无法让研究人员正常利用。汉中应建设汉中青铜器博物馆，展示汉中厚重的文化沉淀。

（四）有目的有选择地恢复古建筑

历史文献中有众多汉中古代建筑、人文胜迹的记录和咏叹，应当有目的有选择地予以恢复，使文献资源变为现实存在。恢复的途径是，或定址恢复新建，或对地理位置、建筑类型适当的已有实体指认命名，使文化积淀得以展现、怀古之情有所寄托。例如，《新唐书》《资治通鉴》的记载和宋人范成大诗中的描写显示，唐宋时汉中城内有名楼“南楼”，唐僖宗曾登临，著名诗人李商隐、兴元节度使封敖可能还在楼内举办过诗人雅会。汉中城内现在正修“天汉楼”，如着眼于对唐宋“南楼”的复建，并布设相关陈列，相信会起到彰显历史文化的作用。否则，平白无故造一座仿古建筑，于文化何干，于游人何益！

（五）保护开发汉中抗战遗迹

汉中是抗战时的政治、文化重镇，军事、教育基地。可制定汉中抗战遗址保护总体方案，市、区县分级实施。保护和恢复建设石堰寺、圣水寺、古路坝及汉中城内抗战遗迹遗址，镌刻竖立“美国陆军第14航空队驻防汉中纪念碑”，建设汉中抗战纪念馆，陈列展示中央军官学校一分校、美军航空队、青年军206师、西北联大、国立一中、西北儿童教养院在汉中的发展变化，蒋中正、李宗仁、于右任、陈纳德、刘北茂等军政要人、文化名流在汉中的活动概况，集中展示汉中在抗战时的地位及对抗战的贡献。

四、建设文化公益设施，发掘多元文化，展示文化整体实力

无论是汉代文化遗址，还是三代以前的文化、唐宋元明清文化、抗战文化，都只是汉中文化的一个阶段或一个方面，汉中整体文化状况，还需要通过开发多元文化、建设文化公园、建立博物馆等综合文化设施来展现。

（一）建设博物馆、图书馆等公益文化场馆

选择性建设或利用几年时间陆续建设汉中市图书馆、博物馆、科技馆、青少年活动中心等公益文化场馆。现在的汉中市博物馆可改建为“中国蜀道博物馆”，展示汉中在蜀道沿线的地位和特色。目前在古汉台、拜将坛、天汉楼分散陈列文物、图解历史的做法只属于权宜之计，代替不了正规的汉中博物馆。图书馆是一个积累文化资源、引导读书行为的地方，一个现代城市不能没有公立图书馆。

（二）建设历史文化名人纪念场馆

在汉中市内和各类文化遗址所在区县，建设汉中古代人物广场、公园、纪念馆等，以人物或事件造像，诗词、书画碑廊（画廊）等形式展示历史文化。建立近现代文化名人纪念馆。在古汉台内设立陆费逵纪念馆，展示其童年生活经历和创办中华书局的业绩。保护、恢复江隆基故居，在汉中市内或西乡县建立江隆基纪念馆，展示江隆基在战争年代和任职北京大学、兰州大学时的卓越成就。支持勉县充实完善方济众纪念馆内容。保护李范文故居，在西乡县建立李范文纪念馆。在有条件的情况下，在汉中或镇巴建立二王（王世镗、王智量祖孙）或三沈（沈士远、沈尹默、沈兼士昆仲）纪念馆，展示王世镗、王智量祖孙和三沈兄弟汉中经历及在书法艺术、文学、科技等方面的成就。同时，还要注意对当代已逝和健在的陈显远、王复忱、张仁镜、魏俊初、陈竹朋、赵志杰、张予、郭荣章、张效忠、李汉荣等文化人士的资料搜集和宣传。

（三）开发民族宗教等多元文化资源

汉中不是一个以少数民族文化见长的地方，但羌族、苗族文化也可以作为一种点缀。汉中汉代时道教，唐宋时佛教，明清及近代天主教、伊斯兰教在国内均有一定影响。现在，全国所到之处，宗教场所发达，寺庙宫观恢宏，佛寺、道观已成为许多地方展示形象、传播文化的载体,也是人们净化心灵的场所。在开发民族宗教等多元文化资源方面,汉中应该有所作为。

关于汉中"汉文化"的现状、发掘路径等方面笔者进行了一些学习与探究,同时又大胆地提出了一些设想与建议,这些只是抛砖引玉,难免有所偏颇,敬请读者批评与赐教。

汉中古汉台遗址名实考[①]

王浩远

汉中是汉王朝的发祥地，今汉中市内仍存有古汉台、拜将坛、饮马池三处历史遗迹。古汉台相传是刘邦称汉王时居住的宫殿原址；拜将坛是刘邦拜韩信为大将时，筑坛受命之所；饮马池则是汉军马匹饮水之地。三处遗迹均与汉初历史传说密切相关，其中尤以古汉台最为知名。20 世纪 70 年代褒斜道石门十三品石刻移入古汉台之后，古汉台更成为中外游人流连忘返的去处。汉中城区又以“汉台区”命名，可见广大民众对古汉台的文化认同。但与历史传说形成鲜明对比的是，有关汉中城市历史地理变迁的研究成果比较少，且主要侧重于明清时期[②]。这主要是由于明代之前相关历史文献缺失、考证难度较大造成的。本文以古汉台为研究对象，以历史文献为基础，考察其创建由来，以及与之相关的南郑城历史变迁。

一、古汉台并非刘邦宫殿遗址

古汉台现为汉中市博物馆所在地。20 世纪 70 年代末，汉中县博物馆编《汉中县名胜古迹简介》一册，其中记载：“古汉台位于汉中城区中心稍偏东南，台高 7 米，面积 4 860 平方米。四周有高耸的台垣，砌以砖石，上有女墙，雄伟而多姿。……相传汉台是公元前 206 年刘邦驻汉中的宫廷，现存的石鼓，即是当年宫廷中的设施。”1983 年《汉中地区名胜古迹》记载：古汉台“台高 8 米，面积 7 000 多平方米。周遭台垣高耸，雄姿伟岸；台内阶分三级，宽敞舒朗。相传这里是汉高祖刘邦为汉

① 原载于《陕西理工大学学报》(社会科学版)，2020 年 12 月第 38 卷第 6 期。

② 参见郭荣章《先秦南郑城与汉中郡地望及其变迁考辨》[《陕西理工学院学报》(社会科学版)2006 年增刊]，马强、温勤能《唐宋时期兴元府城考述》[《汉中师范学院学报》(社会科学版)2001 年第 5 期]。鲁西奇《城墙内外：古代汉水流域城市的形态与空间结构》(中华书局，2011 年)亦有相关章节论及汉中城址问题，但篇幅不大，基本认同马强的主要观点。李晨《汉中城市历史地理研究》(陕西师范大学硕士学位论文，2011 年)、陈涛《汉中城市形态与空间结构变迁研究(1370—1949)》(上海师范大学硕士学位论文，2014 年)则主要关注明清以来的汉中城市历史地理。

王时的宫殿遗址”。1994 年《汉中市志》载:“古汉台高 7 米,面积约 1 万平方米,台垣高耸,雄伟多姿。台内阶分三级,由南而北逐级升高。相传是公元前 206 年刘邦为汉王时的宫廷遗址。”古汉台的高度有 7 米和 8 米两种说法,面积则有 3 种说法,但都称古汉台相传是汉王刘邦宫殿遗址。毕竟只是传说,可信度还有待进一步考证。

《史记》卷八《高祖本纪》载:汉元年(前 206)“四月,兵罢戏下,诸侯各就国。汉王之国,项王使卒三万人从,楚与诸侯之慕从者数万人,从杜南入蚀中。去辄烧绝栈道,以备诸侯盗兵袭之,亦示项羽无东意。至南郑,诸将及士卒多道亡归,士卒皆歌思东归”。同年“八月,汉王用韩信之计,从故道还,袭雍王章邯。邯迎击汉陈仓”。由此可知,刘邦在汉中仅停留 4 个月时间,而这 4 个月是积极备战的关键时期,能否重返关中在此一举。既然不愿久居南郑,自然没有大兴土木、营造宫室之必要。因此,刘邦曾在南郑建造宫殿之说实不可信。

此外,参考汉长安城未央宫前殿遗址的形制,“现存基址平面为长方形,南北长 400 米、东西宽 200 米。台基所在地势南低北高,最南端高出今地面 0.6 米,向北逐渐升高,北端高出今地面 15 米”。而古汉台虽有 7 米或 8 米高,但面积至多 10 000 平方米,与未央宫前殿 80 000 平方米完全不可同日而语。或许有人会认为汉王宫殿与长安城未央宫存在差异是必然的,但无论如何,古汉台的形制既无法与此前六国宫殿相比,更与汉代宫殿的形制不符。

二、南郑建城的历史

既然否定了古汉台是刘邦宫殿遗址的可能性,那么,古汉台的本来面目又是如何的呢?考察古汉台的历史,首先应当回顾南郑的建城史。

史念海在《汉中历史地理》一文中指出:“南郑县成为汉中郡的首府,人们说起南郑,就经常会用汉中这个名称来代替它。”“当汉中郡的建置被取消之后,作为汉中郡首府的南郑在一般人们的口中却还保留着汉中的名称。究竟是汉中郡的名称用得久了,人们也习惯了,直到明清两个王朝又以这里作为汉中府。”南郑县是汉中府的附郭县,南郑县县城也就是汉中府府城。考察汉中的建城史,也就是考察南郑的建城史。

清乾隆《南郑县志》卷三《建置》对南郑建城史曾有一番总述,后人常引为确论:

> 郡城建筑,自汉以来凡三变。《水经注》:南郑大城周四十二里,城内

有小城，皆汉所修筑。晋咸康中，梁州刺史司马勋断小城东面三分之一以为梁州汉中郡南郑县治，自宋、齐、魏相仍焉，此一变也。《寰宇记》：隋大业八年，移县理郡西城南临汉水。《元和志》：汉水经南郑南，去县一百步。此再变也。今城去汉江二里许，《舆地纪胜》云：宋嘉定二年徙筑。此三变也。

《南郑县志》将南郑建城历史概述为"三变"，似乎言简意赅、一目了然，但实际情况则要复杂许多。此段文字当出自清乾隆《钦定大清一统志》卷一八六《汉中府》"古迹"所载"南郑故城"，且多有节略。

南郑之名源于郑人南迁。《水经注》引《耆旧传》云："南郑之号，始于郑桓公。桓公死于犬戎，其民南奔，故以南郑为称。"南郑筑城始于秦厉共公二十六年（前451），《史记》载该年"左庶长城南郑"。秦"躁公二年（前441），南郑反"。秦惠公十三年（前387），"蜀取我南郑"。同年，秦"伐蜀，取南郑"。直到此时，秦国才最终将南郑纳入囊中。秦惠文王后元十三年（前312），"庶长章击楚于丹阳，虏其将屈匄，斩首八万；又攻楚汉中，取地六百里，置汉中郡"。《水经注》亦云：南郑县，"故褒之附庸也。周显王之世，蜀有褒汉之地，至六国，楚人兼之。怀王衰弱，秦略取焉。周赧王二年（前313），秦惠王置汉中郡，因水名也"。严耕望认为：秦人取楚国汉中郡西半部，"又并以取之于蜀之汉水上流——南郑、褒、沔一带——总名汉中郡；又以南郑地当通蜀之要道，故移郡治于此。汉初因之"。即指秦国将汉水上游的南郑与汉水中游的楚汉中郡合并，设立了新汉中郡，郡治设在南郑。汉王刘邦定都南郑，也正是由于秦汉中郡奠定的基础。

刘邦在南郑短短4个月，并没有大兴土木。直到汉朝建立之后，汉高祖任命田叔为汉中郡守，才有营建宫室之举。《华阳国志》卷二《汉中志》载："叔既馈以军饷，又致名材立宫室，帝嘉之。后为鲁相。然以帝业所兴，不封藩王。"田叔于南郑营建宫室，其目的当是迎接刘邦巡游驻跸，因而得到高祖的嘉奖。但此后刘邦未能再次驾临，加之南郑是汉朝发祥地，不设藩国，南郑宫室并没有发挥作用。

郦道元在《水经注》中对汉代南郑城的形制有详细描述："大城周四十二里，城内有小城，南凭津流，北结环雉，金墉漆井，皆汉所修筑。"古人以300步为1里。《汉书·食货志》云："六尺为步。"故1里等于1 800尺。秦汉时1尺等于0.231米；北魏时又有前尺、中尺、后尺之别，分别等于0.252米（一说0.279米）、0.280米和0.296米。故有学者研究认为，秦汉时1里等于415.8米。北魏时因为尺有

3 种,1 里则大致为 453.6～532.8 米。

若以“大城周四十二里”计算,秦汉尺度约合 17 463.6 米,北魏尺度则为 19 051.2～22 377.6 米,而汉代“长安城城墙周长 25 700 米,约折合汉代六十二里多”。南郑大城周长绝不可能达到 20 000 米以上。即便如此,大城还是过大,故大城内有小城,南为河流,北有城墙。

对于汉大城、汉小城的具体位置,历史文献众说纷纭。《太平寰宇记》记载:“汉中故城,汉高祖所都,故城在今(南郑)县东北。”《舆地纪胜》记载:“古汉中郡城,在南郑县东二里。《舆地志》云,周(正)[贞]王六年(前 463),秦厉公所筑。汉高祖尝都之。”但根据考古发现的情况来看,汉代南郑故城与明清时期的南郑县城存在叠压的情况。1971—1992 年,汉中市博物馆分别在明清南郑县城北门内校场、汉中府署所在的府街发现陶井圈、陶水管,在城内西北角天爷庙等地发现古井四口,井内有破陶罐;又在南城门外,发现汉墓一座。

东晋至隋代三百年间,南郑城历经城址缩小、迁移、回迁等一系列变化。《水经注》云:“晋咸康中,梁州刺史司马勋断小城东面三分之一,以为梁州汉中郡南郑县治也。自宋、齐、魏咸相仍焉。”再将小城自东向西拆为三部分,最东侧为南郑县城。至郦道元时城址均未变化。《元和郡县图志》载:“后魏改(南郑县)为光义县,隋开皇元年(581)又为南郑。”这一记载无准确纪年。《太平寰宇记》则记称:“后魏废帝三年(西魏废帝元钦三年,554)改为光义县,移理州东光义府。隋开皇初复为南郑县。大业八年(612)移南郑县理郡西城南临汉水,即今所理。”

由上述文献可知,南郑县治虽有短暂的更名、迁移,但不久再度回迁。《元和郡县图志》又载:“汉水,经县南,去县一百步。”唐代 1 尺约为 0.3 米。1 步等于 1.8 米,百步也就是 180 米,南郑城南距离汉水非常近。这一记载与《水经注》中“南凭津流”相符。南郑县治虽有短暂的迁移,但不久再度回迁。此后,隋唐直至北宋,南郑县再未迁移。宋人认定汉中故城在南郑县东北或东二里,或是由田叔营建、郦道元所称南郑大城遗迹,或是将光义县故址误为汉代城址。

总而言之,《南郑县志》所称南郑城址“三变”中的前“两变”,实际情况当是万变不离其宗,其城址仍然在汉代大城的范围之内。由于史料文献的缺乏,无法将汉代至唐代南郑城址变迁过程完整复原。不过有一点是非常明确的,那就是唐以前的地面遗迹早已湮灭无存了。

三、古汉台是子城遗址

清乾隆《南郑县志》载:“今城去汉江二里许,《舆地纪胜》云:宋嘉定二年

(1209)徙筑。此三变也。”此处征引有误，今所见《舆地纪胜》中并没有“宋嘉定二年徙筑”的记载。前文已提及《南郑县志》应是摘录清乾隆《钦定大清一统志》中“南郑故城”的内容。《钦定大清一统志》原文记作：“《舆地纪胜》：‘古汉中郡城，在今县东二里许。即秦厉公所筑。’宋嘉定二年始徙今治。”而最末一句“宋嘉定二年始徙今治”，并非《舆地纪胜》原文。《南郑县志》的编纂者并未查证原书，误以为“宋嘉定二年徙筑”之说出自《舆地纪胜》。

清乾隆《钦定大清一统志》卷一八五《汉中府》中“城池”又载：“汉中府城，周九里有奇。门四，濠广十丈。宋嘉定十三年(1220)筑。”一书之中“嘉定二年”“嘉定十三年”并存，不知是何依据；况且徙治与筑城相隔 11 年之久，对于地处抗金前线的兴元府来说，可能性极小。

其实，《宋史》的记载极为明确。南宋绍兴三年(1133)，金兵进攻兴元府，利州路经略使兼兴元府知府刘子羽“焚兴元，退守三泉县”。嘉定十二年二月“丁未，金人破兴元府”。金兵撤退后，南宋官方才于同年十二月“乙亥，筑兴元府城”。兴元府府城的修筑时间当以《宋史》为准，即“嘉定十二年十二月乙亥”，也就是公元 1220 年 1 月 20 日。

此后不久，南宋地理总志中便首次出现了兴元府“府治子城”的记载。《舆地纪胜》载：“天汉楼，在府治子城上。周览江山，为一郡之胜。”“高兴亭，在府治子城西北隅。”“北顾亭，在府治子城上，西北隅。”《方舆胜览》亦载：“天汉楼，在府治子城上。山川环绕，为一郡登览之胜处。”而此前北宋地理总志《元丰九域志》《舆地广记》中并没有关于“府治子城”的记载。由此推断，府治子城是宋金对峙时期，兴元府(南郑县)作为抗金前线，修筑城垣的产物。因此，成书于南宋嘉定、宝庆年间的《舆地纪胜》将天汉楼等建筑作为“景物”，而非“古迹”，便是顺理成章，更不用说成书更晚的《方舆胜览》了。

南宋嘉定十二年(1219)所筑兴元府城垣基本奠定了元明清三朝府城的基础。明弘治十六年(1503)，汉中府知府周东《修城记》载：“兹城不知创于何代，相传汉以来已有之。考之《志》云：宋嘉定十二年十一月己亥筑。国朝知府费震重修。迄今百五六十年矣。”“嘉定十二年十一月己亥”即公元 1219 年 12 月 15 日，此说虽与《宋史》所载不同，但时间极为相近。明嘉靖《汉中府志》载：“府城，周围九里八十步，高三丈，阔二丈五尺。宋嘉定十二年十二月筑。洪武三年费震修，正德五年甃以砖。”“府治，城东南，即汉唐以来旧址。”明代汉中府治是否是汉唐旧址无法确定，但确实是宋代府治旧址。嘉靖《汉中府志》绘有《府城图》，汉中府署旁绘有高台，标注"鼓楼"二字。这一高台正是为今人所熟知的"古汉台"。由此可知，古汉台即是南宋府治子城遗址无疑，天汉楼、高兴亭、北顾楼均建在子城高台之上。

考古发现也为古汉台进一步验明正身提供了证据。古建筑工程师卢慧杰曾于1992年"到汉台建汉台北大门。挖北大门的基础，从汉台西边到汉台东边北大门建筑基础开挖宽12米，基础原设计柱基坑深3米，可3米以下还是天长日久沉积的灰黑色泥浆杂土，设计方让继续往下挖，当挖到深7米的基础时才到原始土层。证明原来汉台的北边是一道宽12米、深6米的壕沟"，卢慧杰因此推测"如果挖当时壕沟中的土直接回填到汉台上也是有可能的，而且更省力省时"。

古汉台北门外壕沟的发现，彻底坐实了其府治子城的真实身份。1998年，卢慧杰又主持修建古汉台南侧的仿古建筑桂荫堂。开挖地基时"挖到了一个基本完整的室内地平面。前边有墙基，地下铺有30厘米×30厘米×6厘米的方砖，在方砖下发现有宋代元祐年间的铜钱三枚，证明此建筑不早于宋代，或是宋代建筑遗址"。这一遗址应当属于南宋兴元府治遗址，这也进一步说明南宋府治建在子城之上，下挖深壕，完全是为了因应地处抗金前线，巩固城池的需要。

亦有学者根据北宋兴元府知府文同《北城楼上》等诗作，考证认为"天汉楼即今古汉台望江楼之前身，为宋时府城最高建筑。文同称之为北城楼。说明当时府城中心在古汉台以南，与今日古汉台地处市中心已迥然不同"。今古汉台上有清末修建的望江楼，将天汉楼视作望江楼的前身也未尝不可；但将南宋的天汉楼与北宋的北城楼视同一物，则明显不妥。首先，无法证实南宋兴元府府治子城的前身就是北宋的北城楼。北宋兴元府知府文同《北城楼上》诗云："满目望不极，城楼当最高。地形连楚阔，山势入秦豪。平外斜通骆，深中远认褒。《图经》何壮观，故事有萧曹。"作者登北城楼，北望秦岭，指点褒、骆二谷，想象汉初事迹而作此诗，但从诗句之中无法得出北城楼就是天汉楼前身的结论。其次，文同又有《晴登北城》，诗中云："积雪已逾月，久妨于此行。云山劳梦想，风日幸晴明。"由此可知，此"北城"距离兴元府府治较远，文同才会因积雪所阻，无法登城观景。即便是将北城楼视作天汉楼前身，那么北宋兴元府府治又在何处呢？在没有更多文献佐证的情况下，仅凭"最高建筑"的直观感觉，就把南宋府治子城天汉楼的历史上推至北宋时期，史料依据不足。因此，将府治子城的修建时间确定为南宋嘉定十二年，虽然保守，但应当是基本可信的。

四、“汉台”之名始于明代

就目前所见文献考察，“汉台”之名始见于明代中叶。秦藩简王朱诚泳《汉中八景为朱景云宪副作》首篇为《汉台春望》，诗云：“炎汉兴王地，千年尚有台。江山犹似昨，人事重堪哀。鸟向离宫没，花从旧苑开。不知东向日，谁塞汉中来。”朱诚泳是秦惠王庶一子，“成化四年（1468）封镇安王，弘治元年（1488）袭封秦王。十一年薨”。诗题中“朱景云宪副”即陕西按察司副使朱汉。“朱汉，字景云，高安人。成化进士，授太常博士，……升南京监察御史……升河南按察佥事，陕西副使，兵备汉中。”《明孝宗实录》卷二四载：弘治二年三月“癸未，升监察御史陈孜、刑部郎中洪钟、河南按察司佥事朱汉、陕西佥事李经，俱为按察司副使。孜，湖广。钟，江西。汉、经，陕西”。由此可知，朱诚泳为朱汉作“汉中八景”诗当在弘治二年，亦可知最迟至明代中叶，已有“汉台”为刘邦宫殿遗址的传说。但“汉台”之名直到清顺治、康熙年间才见汉中方志记载。清顺治十三年（1656），汉中府知府冯达道撰《重修汉中志序》，文末署“顺治岁次丙申，汉台萸饮之日。兴元长、东吴冯达道谨题”。始称汉中府府治所在为“汉台”。清康熙《汉南郡志》记载：“古汉台，郡堂东北隅，一名七星台。高二丈余，圆百余步，拾级而升。昔有古柏、古井，今古井犹存。中有榭三楹，豁达开畅。新结茆亭，名曰‘一草’，取杜工部句也。四面云山，江流如线。公余眺望，亦为大观。余一在街之东，一在教场之西。”但顺治《汉中府志》则载：“七星台，今止存其三。一在府堂左，高丈余，围百步，古柏、古井见存。一在新街东。一在教场西，居民渐浸矣。”可知，七星台原有三处，府治内的七星台正是《汉南郡志》所说的古汉台；而《汉南郡志》将其余两处“七星台”列于古汉台后，所指不明，易致误解。这也说明“古汉台”是刘邦宫殿遗址的说法，自明代中期至清康熙年间历经二百余年才最终定型。即便如此，康熙《汉南郡志》只记录了“古汉台”之名，至嘉庆《汉南续修郡志》才将“汉台”标注在《汉中府城图》中。至于现存古汉台的所谓汉代石鼓，最早记载亦见于清顺治《汉中府志》，该志载：府治“月台左，隆然一石鼓，云是汉物，有苍玉色”。清人陈奕禧《益州于役记》则载：“观汉石于郡堂。高二尺六寸，围八尺。志云：围长如鼓，相传汉时物。余按其形，不类于鼓，其制仿佛于罍，脰间作四兽面，口平，有刀痕，身径抚摩，间生光泽，细辨之，乃碧玉也。志所谓具苍玉色，殊未究矣！汉高祖拜将台在郡署内。”不论苍玉、碧玉，所谓汉代石鼓亦是据汉台传说衍生而来。至于拜将台之说，同样是对子城遗址的演义故事，这与《水经注》《太平寰宇记》所载韩信台、拜将坛等遗迹情况亦不相符。

五、结语

汉中地区不少古迹遗址多冠以刘邦、萧何、曹参、张良之名，其中多有后世附会演义的成分。如将著名水利工程山河堰的创建归功于萧何、曹参二人。鲁西奇研究认为："山河堰（初当无'山河堰'之名）很可能创筑于后汉高祖时代（时汉中在后蜀统治下），由张虔钊所部后蜀军所修。入宋以后，兴元府安守忠于其地置山河军安置后蜀降兵，斯堰因而得名'山河堰'。"而位于汉中城墙东南角、传为汉军马匹饮水之地的饮马池，在明嘉靖《汉中府志·府城图》中标注为"鸭池"，清嘉庆《汉南续修郡志》中《汉中府城图》则标注为"东湖"，可见饮马池的得名比古汉台更晚。

历史传说往往查无实据，却事出有因。汉中历史上历经兵燹，既是宋金、宋元鏖战的前线，明朝末年、清代中后期又屡经战火涤荡，人口流散，留存的文献资料有限，早期城市变迁史难以考证在所难免。清康熙年间学者李柏《古汉台》诗云："紫台绛阙太薇连，汉业先开四百年。王气光吞秦日月，龙文云卷楚山川。地邻西蜀安刘鼎，水绕南阳启货泉。帝里皇居星聚处，风华遥带五陵烟。"古汉台也因其被认为是汉王刘邦宫殿遗址，引发了后人缅怀历史的无限遐想。但文学怀古与探究历史真相之间并不矛盾，若是一味强调"凡古必真，凡汉皆好"，终究不是研究区域历史文化的正确态度，也会对今人及子孙后代认识历史遗迹、了解地方史实造成不必要的困扰。

论“三言”“二拍”中的汉水流域风俗描写[①]

陈 曦 费团结

“三言”(《喻世明言》《警世通言》《醒世恒言》)、“二拍”(《拍案惊奇》《二刻拍案惊奇》)是明代著名的白话小说集。作为市民文学的代表性作品,其对城市市民的人情故事多有精彩的叙述,同时也对他们的日常生活风俗有相当丰富的描绘。“三言”“二拍”经常写到的地方,主要是历史上作为政治、经济、文化中心的城市,如唐代的都城长安、北宋的东京汴梁和南宋的都城临安等,尤其是江浙地区的城市。这既与这一地区从宋人南迁以来经济文化一直特别发达繁荣有关,也与两位小说作者出生于此、对本地风土人情比较熟悉有关。除了那些中心城市,“三言”“二拍”也写到一些地理位置比较偏僻、经济文化相对落后的地方,如本文所论的汉水流域。据笔者统计,“三言”“二拍”中写到汉水流域的小说共有17篇。其中,“三言”10篇,分别是:《喻世明言》第一、十四、十七、二十二卷,《警世通言》第一、三十四、三十七卷,《醒世恒言》第十九、二十五、三十二卷;“二拍”7篇,分别是:《拍案惊奇》第二十、二十五、三十二、三十八卷,《二刻拍案惊奇》第七、二十九、三十五卷。这17篇小说,写到或比较详细描写汉水流域风俗的约有10篇。那么,这些小说都描写了汉水流域的哪些风俗?作者为何要写这些风俗,这些风俗又有什么特点?对这些问题的回答构成了本文的主要内容。

一、风俗描写的诸多类型

风俗,也叫民俗,是“指一个国家或民族中广大民众所创造、享用和传承的生活文化”。民众生活丰富多彩,民俗事象纷繁复杂。参考民俗学者关于民俗类型的论述,并结合所论小说民俗描写的多寡详略,我们把“三言”“二拍”中所写的汉水流域风俗大致分为以下4种。

(一)婚嫁风俗

婚嫁风俗属于人生仪礼的民俗形式之一。依据《仪礼》和《礼记》记载,古人结

① 原载于《陕西理工大学学报》(社会科学版),2019年4月第37卷第2期。

婚先后有6个阶段，每个阶段都有相应的礼仪规范，这就是通常所说的婚姻“六礼”，即纳采、问名、纳吉、纳征、请期、亲迎。“三言”“二拍”小说描写了发生于汉水流域地区的婚嫁风俗，也写到了离弃、续娶、再嫁、招赘等婚姻形态与习俗。

《蒋兴哥重会珍珠衫》写明代中期襄阳府枣阳县商人蒋兴哥在父丧期间，其未来岳父王公上门祭奠，有人撺掇王公“何不乘凶完配”，他没有答应。后来等安葬事毕，又有人撺掇蒋兴哥央媒人去催婚，王公仍是推辞，并说道：“我家也要备些薄薄妆奁，一时如何来得？况且孝未期年，于礼有碍，便要成亲，且待小祥之后再议。”这里他提到结婚时女方要准备妆奁陪嫁和服丧期间不宜结婚两种重要习俗。妆奁，也就是我们通常所说的嫁妆。古代女子出嫁，一般都有准备妆奁陪嫁的风俗习惯。宋明两代，婚娶论财的风气很盛。小说《万秀娘仇报山亭儿》就写了万员外女儿万秀娘死了丈夫，把嫁妆都带回娘家，“一个房卧，也有数万贯钱物”，“笼仗什物，有二十来担”，还有“一担细软头面金银钱物笼子”。据学者研究，宋代社会女性有一定的财产权，女性陪嫁的妆奁、田产等属于“妻产”，并不并入夫家共有财产，如果她离婚或改嫁了，是可以带走自己的财产的；元代以后，妇女的财产权和经济独立地位才逐渐丧失。在元明两代，法律都有妻子的陪嫁财产归属夫家所有的规定，如《元典章·户部·婚姻》中即有“奁田听夫家为主”的条文，《大明令·户令》也有类似记载。因此，《蒋兴哥重会珍珠衫》后文叙述王三巧儿被休改嫁及与原夫重聚，先后两次被归还16个箱笼的陪嫁，并不能说明明代女性还具有陪嫁财产的所有权，可能只是为了表现前后两位丈夫的有情有义。

至于服丧期间不宜结婚的习俗，古礼虽然规定服丧之人和有丧之家不可办理婚事，但古人在具体执行时有所变通，嫁娶仍可进行。明代中期以后，在丧期内婚娶的所谓“借亲”的婚俗已习以为常。因此，细思王公推辞的原因，除了“于礼有碍”外，可能认为服丧期间结婚不吉祥，因为古人结婚都有选吉日的习俗。后来居丧一周年后，蒋兴哥又央媒人去说，王公方才允许，“不隔几日，六礼完备，娶了新妇进门”。

《王娇鸾百年长恨》叙述了明代天顺初年一对男女青年私定终身的故事。王娇鸾和周廷章虽然不经父母媒妁而私自结婚，但仍要遵循结婚礼俗，延请曹姨为媒，并依她所说，写成婚书誓约，先拜天地，再行夫妻之实。这一私自结婚因为有婚书为证，所以是事实婚姻，为民间习俗所认同，也受明代法律保护。《白玉娘忍苦成夫》《赠芝麻识破假形 撷草药巧谐真偶》叙述的都是社会特殊阶级、阶层之内或之间的婚配故事。前者写的是宋末元初一对离乱夫妻的故事,小说中程万里与白玉娘都是兴元府张万户的奴婢,因此他们结婚是主人随意配合的结果。奴婢的结婚不由自己做主,离婚也不由自己做主,白玉娘后来又被张万户强行卖给开酒店的顾大郎,不得不离开自己的丈夫程万里。后一篇小说写了商人蒋生与仕宦人家结亲的故事。古代有士、农、工、商四民之分,历代政府多重农抑商,重视农业生产,抑制商业发展,对商人多有歧视、限制,商人社会地位低下。古代人分等级,婚姻也讲究门当户对。因此,蒋生对于高攀仕宦之家心有顾虑,担心医治好缙绅马少卿的女儿后对方会反悔。还好马少卿不负前言,蒋生最终招赘于马家,与马小姐成就了一段好姻缘。从婚姻形态上来说,蒋生的婚姻属于招赘婚(民间称作倒插门),白玉娘被卖给开酒店的顾大郎为偏房则属于买卖婚,虽然都很独特,但在古代社会却习以为常。

(二)丧葬风俗

丧葬也属于人生仪礼之一,在其进行过程中也形成了诸多风俗习惯。"三言""二拍"在叙述发生于汉水流域人物故事的同时,也描写了这些丧葬习俗。

《蒋兴哥重会珍珠衫》写蒋兴哥在父亲死后"殡殓之外,做些功德超度","七七四十九日内,内外宗亲,都来吊孝"。这里写到丧葬仪礼中一些具体环节和习俗,如殡殓(也叫入殓,指给尸体穿衣下棺),做功德(指请僧众诵经念佛以超度亡灵),斋七("七七四十九日"暗示做斋七,即人死后每隔七日延请僧人做佛事为亡者祈求冥福的追荐活动)和吊孝(指逝者尸体移至灵堂后举行的亲友祭奠活动)。这些丧葬风俗,往往与民间信仰习俗交融在一起。其中,亲友吊孝或祭奠,有时要赠送钱财助丧,这叫赙礼。《俞伯牙摔琴谢知音》中写到了这种习俗。俞伯牙本以为钟子期可能因为居守父丧而失约,因此准备了赙礼上门拜访,不想这赙礼却做了朋友的祭礼。《蒋兴哥重会珍珠衫》后文写到蒋兴哥安葬父亲事毕,他还要居家守孝三年:期年"小祥",即一周年祭礼,祭过了才可换去"粗麻衣服"(这粗麻衣服,就是丧服中的"斩衰",一种不缝边的粗麻布衣服)央媒人娶亲结婚;周年祭之后可以结婚,但因仍在"制中",即居丧期间,所以婚后三天"依先换了些浅色衣服";三年后,"孝服完满,起灵除孝"("起灵"即撤除亡者灵位,"除孝"指守孝期满后脱掉丧服),才可出门经商。

这篇小说除了描写蒋兴哥父亲的丧葬习俗外,还写了徽商陈大郎病亡于襄阳府枣阳县外乡的葬礼。其中,"入殓""做法事超度""祭奠"等习俗,同于蒋兴哥父亲,但他妻子本想“扶柩而回”,即把棺材运回家乡安葬,这却与蒋父不同。古代人如死在外地,一般要把灵柩运回家乡葬于祖坟,这也是一种重要的丧葬习俗。“三言”“二拍”中写到汉水流域的小说,除了《蒋兴哥重会珍珠衫》外,《赵司户千里遗音 苏小娟一诗证果》也写到临安皇家宗人赵不敏除受襄阳司户之职死在任上,他本家兄弟赵不器院判在丧事完毕后即“带了灵柩归葬临安”。

(三)岁时节日风俗

岁时节日,是指与天时、物候的周期性转换相适应,在人们的社会生活中约定俗成的、具有某种风俗活动内容的特定时日。岁时节日也叫传统节日,如除夕、元旦、上巳、寒食、清明、端午、七夕、中秋、重阳等,每一个节日都有其特定的风俗。“三言”“二拍”对这些岁时节日风俗也多有描写。

《蒋兴哥重会珍珠衫》写到了除夕、元旦、元宵、清明、七夕等节日。小说写蒋兴哥外出经商不归,不觉一年将尽,人家过年的热闹,除夕之夜,“家家户户,闹哄哄的暖火盆,放爆竹,吃合家欢耍子”;正月初一岁朝,“人人要闲耍的”。小说也较详细地写到过七夕节的情景。七月七日七夕晚上,“看牛郎织女做亲”,“牛郎织女,也是一年一会”,“今夜牛女佳期,只该饮酒作乐,不该说伤情话儿”。小说没有写七夕晚上常见的妇女拜月乞巧的风俗活动,却隐约地叙述了这一习俗所包含的牛郎织女传说故事。这篇小说还写到元宵节和清明节,但只是一笔带过。

《王娇鸾百年长恨》和《独孤生归途闹梦》也写到了清明节。前者写河南南阳卫千户王忠的女儿王娇鸾,清明节在后花园打秋千玩耍,为墙缺处美少年周廷章所见,因此机缘而互生爱情。清明节打秋千,是古代常见的游艺民俗活动。南北朝时期宗懔《荆楚岁时记》写到寒食节、清明节时,就提到打秋千的活动,可见其历史之悠久。后一篇小说写唐代贞元年间洛阳城内独孤遐叔之妻白氏,因丈夫远赴成都而独自过清明节,“姑姊妹中,都来邀去踏青游玩”,她没有心情,故推辞不去。这天晚上她独自出城经过襄阳、荆州,来到夔州府巫山神女庙,梦中受神女指点又回到洛阳,却遭遇清明节出城春游的洛阳轻浮子弟,为他们所裹挟而进入洛阳城外龙华寺饮酒唱歌。唐代民众有春游的习俗,五代王仁裕《开元天宝遗事》中“游盖飘青云”“油幕”“裙幄”等条,就记载了唐代都城长安士女纷纷出城春游宴乐的盛况。由此记载可以推想,《独孤生归途闹梦》所写清明节出城春游的风俗活动,虽然发生于洛阳城外,但汉水流域地区也应该类似,因为像清明、七夕、元宵、中秋、重阳等节日都是全国性的,各地习俗大同小异。《俞伯牙摔琴谢知音》则写到了汉阳的八月十五中秋节之夜，但写景多于写风俗。

（四）其他风俗

除了上述3种风俗外，“三言”“二拍”在讲述汉水流域人物故事的时候，还写到衣食住行方面的物质生活习俗、过生日或祝寿的人生礼俗、妇女纺绩或织布的物质生产习俗和一些语言民俗或民俗语汇等。

《蒋兴哥重会珍珠衫》写到七月初七这天既是七夕节日，也正好是王三巧儿的生日。薛婆备下两盒礼给王三巧儿“做生”，王三巧儿留她吃面。这天晚上，孤独寂寞且被薛婆挑动情欲的王三巧儿为徽商陈大郎所乘，终于铸成人生大错。《白玉娘忍苦成夫》写镇守于鄂州的元将兀良哈歹五十诞辰，其部下张万户派遣程万里从兴元府到鄂州帅府送礼祝寿，程万里乘机逃脱回到南宋地面。这篇小说还写到纺绩或织布这种古代常见的妇女生产习俗。小说写白玉娘被卖给街上开酒店的顾大郎，顾家夫妻年近四十无子女，本想买她来给顾家生育男女，但她立志守节，只是日夜辛勤纺织，后来将织成的布匹抵还身价后出家为尼。“二拍”中的《错调情贾母詈女 误告状孙郎得妻》一篇，其入话部分写湖广承天府景陵县姑嫂的故事，也是写她们共居一小楼整天织布，空闲时看街景看中邻家一清秀学生，从而引来祸端。古代“男耕女织”形成的性别分工，使得纺绩或织布成为最常见的妇女生产方式，要对女性日常生活加以反映，必将描写到这种生产方式和习俗。

“三言”“二拍”也写到许多语言民俗。语言民俗也是民俗的一大类型，包括民间文学和民俗语言两部分。这里仅谈民俗语言。民俗语言以民俗语汇为主。所谓民俗语汇，是指那些反映不同习俗惯制主要特征或民俗事象的词语，包括成语、谚语、歇后语、惯用语、俚语等俗语，和一些江湖切口、行话、隐语等社会习俗语。《万秀娘仇报山亭儿》中写到“茶博士市语”一语，即属于一种由民间行业称谓语和民间行话构成的民俗语汇。“博士”本为古代一种官职名，后来经词语演变用来指称擅长某种手艺的人。唐代就有煎茶博士、医博士、弹琴博士、造塔博士等称呼，宋代继续沿用这一称呼，宋代孟元老《东京梦华录》和吴自牧《梦粱录》中就记载了“茶饭量酒博士”“量酒博士”的称谓。“市语”即行话，是各行业的专门用语。职业三百六十行，每行都有其行话。据宋曾慥《类说》卷四所引唐人《秦京杂记》和明田汝成《西湖游览志馀》等古籍记载可知，从唐代至明朝，市语作为一种民俗语汇一直存在着。《万秀娘仇报山亭儿》中对茶博士市语有较详细的解释：“元来茶博士市语，唤做‘走州府’，且如道市语说：‘今日走到余杭县’，这钱，一日只稍得四十五钱,余杭是四十五里;若说一声‘走到平江府’,早一日稍三百六十五足。若还信脚走到‘西川成都府’,一日却是多少里田地!”本篇小说还写到“强人市语”,其唤杀人做“推牛子”。此类民俗语汇,本文所论其他“三言”“二拍”小说还有许多描写。

二、风俗描写的艺术功能或作用

上文只对“三言”“二拍”写到汉水流域风俗的小说做了考察,其实如果做一整体性观照,就会发现注重风俗描写是“三言”“二拍”小说一个比较突出的特点。这一特点早已为学者所关注。如有学者就指出:“读‘三言’中的大量作品给我们一个突出的感受,就是故事发生的典型环境和人物的活动,典型性格,心理活动的开展,故事发生的背景,往往都和深厚的民俗文化传统紧密相连。……几乎每一篇小说都可以说是在中国深厚的民间风俗和美好理想的基础上铺展开的。”“三言”如此,“二拍”何尝不是这样。那么,“三言”“二拍”何以大量描写风俗呢?这些风俗描写在小说中到底起到了什么作用?参考上述学者的观点,我们从以下3个方面来探讨这一问题。

首先,风俗描写作为情节发展转变的契机或关节,在小说叙事结构上具有重要的作用。作为通俗小说,“三言”“二拍”中的小说大都讲述了一个个曲折生动、引人入胜的传奇故事。在这些传奇故事的讲述中,风俗描写往往是情节发展变化的关键环节。以《蒋兴哥重会珍珠衫》来说,过七夕节是王三巧儿命运转变的重要时刻,也是整篇小说情节转变的关节点。正是在七夕这天晚上,由牛郎织女一年一会想到自己丈夫出外经商一年半了还没有回家,伤感、孤独、寂寞的王三巧儿被薛婆子挑动了情欲,失身于徽商陈大郎,终于铸成了人生大错。过七夕节无疑是小说情节转变的关键环节,它预示了后来王三巧儿、蒋兴哥、陈大郎等主要人物的命运变化,因此在小说结构上具有重要的作用。另外,《王娇鸾百年长恨》正话故事开头所写的清明节,在小说结构中也具有重要的作用。正是在清明节这天,王娇鸾和周廷章两个男女主人公相见且互生情愫,由此开启了一段才子佳人的爱情故事。在这篇小说中,风俗描写是主要情节开展必不可少的铺垫或契机,其重要性是显而易见的。美国学者利昂·塞米利安指出:“发现或称认识,陡转或称突变,灾难或称痛苦,是构成故事情节的3个著名的内容,它们可以构成激动人心的场景。”上述小说中,如果说过七夕节具有情节“陡转”的特点,那么对清明节的描写却具有情节“发现”的意味。正如塞米利安所说,“这些发现将在具体的场面中产生决定性的变异和成为场面的转折点”。

其次，风俗描写既可成为人物情感的衬托、品性的隐喻，也在一定程度上反映了民众的时代精神特征。“三言”“二拍”写到汉水流域的小说，其风俗描写往往可以从旁烘托人物的情感、心理，也可以暗示和隐喻人物的品德性格。《蒋兴哥重会珍珠衫》中对人家过年热闹和欢乐的描写，反衬出王三巧儿丈夫出外经商不归，她一人在家过年的冷清和孤寂。后文写七夕节提到牛郎织女一年一会，对比王三巧儿丈夫一年半都没有回家，由此衬托出王三巧儿落寞、感伤甚至不无幽怨的心理，为紧接其后的人生错误提供了内在动机。《俞伯牙摔琴谢知音》中两次对八月十五中秋之夜景的描写，也起到映衬人物心理、情感的作用。不过，第一次描写，因为俞伯牙、钟子期成为知音而结拜为兄弟，具有团圆之意，因此是正衬关系；第二次描写，由于钟子期因病去世爽约，俞伯牙一人独对明月，因此良夜反衬出人物孤独、凄凉的心情。《白玉娘忍苦成夫》中写到纺绩或织布的古代妇女生产习俗，从作品所写宋末元初的时代背景看，此时所织之布应为麻布，麻布色白而性韧，正可以隐喻或象征日夜辛勤纺织、立志守节的白玉娘的品性。

风俗描写也可以反映出民众普遍的心理愿望、思想观念和价值取向。民俗学者普遍认为民俗具有集体性，各种民俗既是民众集体创造的，也是集体传承的。因此，个体的人参与民俗活动，不仅可以体现个人的情感、思想和价值取向，也可以反映民众集体的思想观念与心理诉求。民众集体的精神特征往往体现为一种普遍的时代精神。就本文所论的“三言”“二拍”小说来说，大部分反映了明代的社会生活和思想观念，从中可以看到明代的时代特征。明代中后期，随着工商业的发展繁荣，商人阶层获得了发展机会，不仅赚取了大量的社会财富，而且其社会地位也有很大的提高。整个社会的思想观念也比较开放，如不歧视商人、肯定妇女见识、反对儒家礼教、肯定人的欲望等。这在本文所论小说中都有反映，如《赠芝麻识破假形 撷草药巧谐真偶》中浙江商人蒋生对与仕宦之家通婚心有顾虑，不想身为缙绅的马少卿却说：“经商亦是善业，不是贱流。”可见当时社会已视经商为好的职业，不再歧视商人。再如《蒋兴哥重会珍珠衫》，也是讲述商人的故事，从蒋兴哥休妻、再娶寡妇，到最后又接纳了原配、夫妻重聚这一故事，我们可以看到蒋兴哥更看重的是夫妻的感情而非妻子的贞操，这应该也是当时人们普遍的思想观念。

第三，风俗描写增强了小说的文化内涵，提升了其艺术品质。“三言”“二拍”中的小说虽说都是故事，是带有传奇性的通俗小说，但因为许多作品对人物故事的叙述都与特定的风俗描写密切联系，风俗描写成为整个作品不可或缺的部分，而非可有可无的点缀。因此,这些小说实在可以称作风俗小说或风俗文化小说。比如《张舜臣灯宵得丽女》《陈可常端阳仙化》《乐小舍拼生觅偶》《乔太守乱点鸳鸯谱》《襄敏公元宵失子 十三郎五岁朝天》等小说,人物故事都在某一种风俗活动中展开、完成,风俗与人物故事水乳交融、密不可分,风俗具有与人物、故事同等重要甚至更为重要的地位,因此称其为风俗小说毫不为过。

当代文学有所谓"市井风俗派小说",以邓友梅、陈建功、陆文夫、冯骥才等作家为代表。学者在追溯其历史传统时,注意到了作为古代市井小说集大成者的"三言""二拍"。可以说,"三言""二拍"正是当代市井风俗派小说创作的历史先声。对于当代的市井风俗派小说,学者多强调其文化主题、文化视角、文化情致、文化品位等。同样,我们也要强调"三言""二拍"小说的文化特性。民俗本身就是一种文化现象,世间广泛流传的各种风俗习尚,都可称作民俗文化,包括存在于民间的物质文化、社会组织、意识形态和口头语言等各种社会习惯、风尚事物。本文所论"三言""二拍"小说对发生于汉水流域的诸多民俗文化事象的描写,无疑增强了这些作品的文化内涵,提升了其艺术品质。

三、风俗的普遍性与地域个性

风俗或民俗具有集体性,往往是全民参与的、全国范围内展开的,因此风俗不管从其参与主体还是从其流传范围来说,都具有一种极大的普遍性。风俗还具有传承性、变异性的特征,是一种世代相传的文化现象,在其传承过程中,除了相对稳定的内容和形式外,也会随着时空的变化而变化或变异。与风俗的传承性、变异性相联系,风俗又派生出历史性或时代性、地方性或地域性的特征。风俗除了会与时俱新外,也会因地域不同而有所变化。俗语所说的"十里不同风,百里不同俗",正是这种地方性或地域性特征的很好说明。地方性或地域性是风俗在地理空间上所显示出来的特征,"无论哪一类民俗事象,都会受到一定地域的生产、生活条件和地缘关系所制约,都不同程度地染上了地方色彩"。本文所论的"三言""二拍"小说所描写的汉水流域风俗,同样既具有普遍性,也具有一定的地域个性色彩。

首先需要注意的是,"三言""二拍"小说所描写的发生于汉水流域的风俗活动,其中许多风俗并非是本流域所特有的,而是为许多地方所共有,且传承于不同的时代。以《蒋兴哥重会珍珠衫》所写的七夕节为例,古代一些典籍多有记载,且大同小异。如南北朝时期宗懔的《荆楚岁时记》记载:"七月七日,为牵牛织女聚会之夜。……是夕,人家妇女结彩缕,穿七孔鍼。或以金银鍮石为鍼,陈瓜果于庭中以乞巧,有喜子网于瓜上,则以为符应。”此记述既提到牛郎织女的传说故事,也谈及妇女乞巧的习俗。宋代孟元老的《东京梦华录》这样追忆北宋东京汴梁的七夕节俗:“七月七夕……贵家多结彩楼于庭,谓之乞巧楼。铺陈磨喝乐、花、瓜、酒、炙、笔、砚、针、线,或儿童裁诗。女郎呈巧,焚香列拜,谓之乞巧。妇女望月穿针,或以小蜘蛛安合子内,次日看之,若网圆正,谓之得巧。”宋代周密《武林旧事》和吴自牧《梦粱录》都写到南宋都城临安的七夕节风俗,也大致类似。再看明人张瀚《松窗梦语》中的记述:“七夕织女渡河,诣牵牛所,其说肇于汉武帝。……今世俗七夕妇女陈瓜果于几筵,望月穿鍼以为乞巧,不知何昉。”这里不惮繁冗反复引述古人关于七夕节的记载,试图说明这一节日风俗从南北朝时期到北宋、南宋,再到明代中后期,从荆楚地区到汴梁,再到临安,在广阔的时空中流布而基本没有太大的变化。小说《蒋兴哥重会珍珠衫》虽然没有全面而详细地描写七夕节的节俗,只是根据人物故事发展的需要隐约提及牛郎织女一年一会的传说,但仍不出古人关于七夕节的记述范围。七夕节如此,“三言”“二拍”小说写到的汉水流域其他风俗,像过年、清明、中秋,以及婚嫁、丧葬等,也大都能够在古代典籍中找到相关记载,且记述大同小异。

但“三言”“二拍”小说写到的汉水流域风俗,除了具有跨越时空的稳定性、普遍性外,也还具有自己的地域个性特点。这里仅举两篇小说加以论述。一篇是《万秀娘仇报山亭儿》对茶文化风俗的描写。这篇小说除了上面提及的“茶博士市语”民俗语汇外,还写到茶叶的经营及其行业组织。小说写万员外在襄阳府城市中心“一壁开着乾茶铺,一壁开着茶坊”,既卖茶叶又卖茶水。从后文万员外女儿的万贯陪嫁和万员外出了千贯赏钱捉拿凶手又主动出钱给孝义尹宗修庙等情节内容来看,万员外的茶叶生意经营得相当不错,利润应该是很丰厚的。这也从侧面反映了当地民众茶叶消费的情况。当发现茶博士陶铁僧偷拿茶钱后,万员外为了惩罚他,“分付一襄阳府开茶坊行院,教不得与铁僧经纪”,从而使他彻底失业了,没处吃饭。这里所谓开茶坊的“行院”(也经常写作“衏衏”),是指开茶馆的行业组织行会或行帮。后文还写到失业的陶铁僧想找“周行老”介绍工作,这周行老,是指姓周的茶叶或茶馆的行会头目。行老是宋代对行会头目的称呼,唐代则称行首、行头等。据学者研究,汉代就有茶饮的明确记载,唐代以后饮茶之风逐渐遍及全国,茶成为与米盐同等重要的食物,宋代以后社会各阶层上自帝王下至乞丐无不饮茶,茶成为民众日常生活中不可或缺的消费品。茶叶的消费既然如此历史悠久和人员广泛,《万秀娘仇报山亭儿》对茶文化风俗的描写又有什么独特之处呢？我们觉得应该考虑小说所写的襄阳府这一地区,它不仅是茶叶消费区,也是重要的产茶区。唐代陆羽的《茶经》把茶叶产区分为八大产区,首先谈及的是山南道,包括峡州、襄州、荆州、衡州、金州和梁州,所在多属汉水流域,其中襄州茶产自南漳县山谷。由此可见,襄阳早在唐代就是著名的产茶区,历史悠久。因此,如果考虑到小说故事发生地点的物产特点,那么很显然,小说所写的茶文化风俗不仅仅是一种普遍的社会消费现象,也是具有一定地域特色的文化现象。

总之,“三言”“二拍”小说所描写的汉水流域风俗,既是共有的、普遍的,也是具有独特地域色彩的。通过这些风俗活动、风俗文化现象的描写,作家可以达致小说情节叙述巧妙、有趣,人物刻画有层次、有深度,以及增强小说文化内涵、提高小说艺术品质等功效。同时,也使我们读者既可看到古代民众的日常生活面貌,也能窥探到当时人们的内心深处,了解他们的文化观念和价值追求。这种对古代历史的了解、认识,其实也是一种独特的古代文化史教育。

清诗选本视野下《山南诗选》的文学文献价值论析①

刘昌安

《山南诗选》是清代汉中知府严如熤编辑的一部山南地区的诗歌选集。严如熤在道光五年(1825)编竣,尚未付梓,次年即逝世。城固县进士高万鹏在光绪八年(1882)任湖南常德知府,后调任长沙知府,专程前往距长沙近千里的严如熤家乡湖南溆浦县,访严氏遗孀,并嘱咐溆浦县令对严氏遗孀加以存恤。严如熤妾、长媳任氏,俱已八十多岁,泣嘱其亲戚将《山南诗选》手辑稿本寄给高万鹏。该稿严如熤生前尚未最后选定,由其长子严正基(字仙舫)在任郑州知州时亲自删削,编辑未定。因母去世,回家奔丧,怀揣未定稿归家。诗稿存在严家六十年了,始由严正基之妻任氏转交高万鹏。高万鹏后擢升顺天府(今北京市)知府,在任内将《山南诗选》稿本详加校订,光绪十三年(1887)在北京付梓刊印。这部诗选历经严如熤、严正基、高万鹏等诸名家之辛劳,终于面世。现代研究者认为,高万鹏卸任后,将此书刻版捐赠汉南书院(今陕西汉中中学),是书部分版刻仍存今汉中中学图书馆。

作为一部地域性的诗歌选集,《山南诗选》的地域和文化价值如何,在地域文化史和文学史上有何意义,是值得探讨的问题。

一、《山南诗选》的版本内容与研究概述

中国是一个诗的国度,从古至今诗作不计其数,留下的总集、别集也是数不胜数。其中,以总集的另一种形式出现的诗歌选集,历代也屡见不鲜。清初以来,通过对前代诗歌发展的经验总结和受文人诗风的熏染,编辑诗集、诗选成为普遍的文学现象。如陆次云辑《皇清诗选》、魏宪辑《皇朝百名家诗选》、汪观辑《清诗大雅》、沈德潜辑《国朝诗别裁集》、王相辑《国初十大家诗钞》等一批全国性的诗集,也有如王鸣盛采录《江浙十二家诗选》、毕沅辑《吴会英才集》、梅成栋辑《津门诗钞》、杨淮辑《国朝中州诗钞》、邓显鹤辑《沅湘耆旧集》等一批地方性的诗歌选集。严如熤所辑的《山南诗选》就是山南地区(清代汉中、兴安二府)诗歌的选集。

① 原载于《陕西理工大学学报》(社会科学版),2019 年 8 月第 37 卷第 4 期。

所谓山南者，指的是秦岭以南的地区。唐初以秦岭为界，置山南道，玄宗时析为东、西二道。宋代以降，文人雅士常讲的山南即专指今陕西的汉中、安康二市。

《山南诗选》共四卷，辑录了唐、宋、元、明、清时期山南地区（今汉中、安康地区）129 位诗人之作，凡 728 首，是古代山南地区第一部诗歌选集。其体例、内容，编选的目的、标准以及该书的流传等相关问题，在编辑者严如熤的“例言”和刊行者高万鹏的“序言”中都有说明。

通过查询国家图书馆和相关省图书馆以及著名高校的图书馆馆藏古籍，检索日本学者松村昂著《清诗总集叙录》中有关《山南诗选》的版本，可知严如熤于道光五年（1825）编订例言，高万鹏于光绪十三年（1887）补注序刊的《山南诗选》是目前唯一版本，没有翻刻本。该版本在国家图书馆、首都图书馆、上海图书馆、北京大学图书馆、中国人民大学图书馆、南京大学图书馆、南开大学图书馆和汉中市博物馆均有收藏。对于这样一部地方文学作品集，生活于山南地区、汉水上游的人们，除了极少数研究汉水流域文化的学者关注过、阅读过外，一般的人并不能见到，就更谈不上阅读这部诗歌作品了，由此使这部作品长期束之高阁，难睹其真面目。2017 年，郭鹏整理的《山南诗选》，作为“汉中文库”系列丛书，由西安出版社出版。据该书“整理说明”言：“本次整理，主要是对原著断句、标点、勘误、纠错”，整理本虽然有将原著面世之功，但在字句上还存在错讹，且没有校注，对一般读者而言，阅读欣赏仍然存在障碍。

对《山南诗选》的研究，学界的关注很不够，研究也很少。据笔者检索可知，原汉中市博物馆冯岁平馆长在《陕西省博物馆馆刊》上曾发表《〈山南诗选〉：山南历史上重要的诗歌选集》一文，是较早、较系统地对《山南诗选》进行介绍研究的专文。该文对《山南诗选》的收集整理过程、体例、内容以及版本做出考证和研究。认为收辑《山南诗选》是当时严如熤在陕南后期百废待兴之际表现出来的文化关怀，是倡导太平盛世之风的一种尝试与努力，并提出将文献记载与所存实物结合起来，换个角度审视考察山南诗歌史很有必要。后来，冯岁平又有《乾嘉时期的山南学风》一文，探讨了清代乾嘉时期山南地区安康、汉中学者的概况，分析了山南的学风特点，肯定了他们的学风深受地域的影响。

除此之外，唐景珏《严如熤其人及其作品研究综述》《严如熤与清代湘陕书院关系考略》分别对严如熤的生平事迹、著作及其与湖南、陕西二地重要书院的关系加以考证并做出评价，梳理了严如熤经世致用思想的渊源关系。其中提及《山南诗选》对研究清代文学、民族民俗、社会状况以及陕南诗歌创作和风土人情具有很重要的史料价值。夏勇《论地方类清诗总集的成就与特点》,认为清代是中国地方类诗歌总集编纂的鼎盛时期,地方类清诗总集在行政级别分布这一方面取得了很大进展,而《山南诗选》就是未按照四大行政层级分布的典型诗集之一,其所收诗作不限于某一个省、府、县、镇。

我们注意到,在对严如熤的研究中,学者们更多的是介绍严如熤的《洋防辑要》《苗防备览》《三省边防备览》《三省山内风土杂识》《屯防书》《乐园文钞》《乐园诗钞》及其主持撰修的《汉南续修郡志》(即《汉中府志》)等,并没有提到《山南诗选》这部诗集,这不能不说是一个遗憾。

目前学界关于《山南诗选》的研究成果非常稀少,系统的研究成果更是罕见,有关《山南诗选》的版本流传、内容、思想、历史影响等很多重要问题仍有待进一步梳理和深入研究。另外,国内外学界对严如熤的研究多偏重于其经世思想、文献方面,对山南地区则主要集中在其经济、政治、军事的发展与地位等方面,系统地注释《山南诗选》将为学界提供很有价值的基本文献史料,为进一步研究清代诗歌发展,山南地区诗歌史、文化史,山南地区在不同历史时期的地位以及严如熤本人等问题有极大的帮助。

二、《山南诗选》所体现的地域文学文献价值

地方文献是某一地域内各个时期的自然现象、社会现象以及人的群体活动方式的记录之和,是地方文化的积淀,是人们认识某一地域的工具。它本身具有历史资料性,反映一地各时期的历史文化、科技、政治经济和社会生活的方方面面,除了具有一般文献的特性之外,还具有明显的地方特征。

中国很早就有了地方文献。孔子曾"使子夏等十四人求周史记,得百二十国宝书"。(《春秋公羊传注疏·隐公》卷一)《周礼》上说:"小史掌邦国之志""外史掌四方之志"。(《周礼·春官》)可见春秋时期各地都有自己的史志,号称"百国春秋"。孔子西观周室藏书,问礼老子,周游列国,晚年回到鲁国后,"删《诗》述《书》,定《礼》理《乐》"。(《孔子家语·本姓》)据《鲁史》而著《春秋》,所得郡国地方文献肯定不少,但仍感到地方史料的缺乏。"夏礼吾能言之,杞不足徵也;殷礼吾能言之,宋不足徵也。文献不足故也"。(《论语·八佾》)这是在我国史籍中最早提到"文献"一词,并且指的是地方文献。

地方文献作为人类社会珍贵的文化和知识遗产,在整个文献资源中占有特殊

的地位。它是一个地区长期以来精神生活和物质生活创造的结晶,是一个地区宝贵的文化财富和文明的体现。地方文献资源是反映特定区域政治、经济、科教文史的知识宝库和信息源,是某一特定地域内自然现象、社会现象以及人类群体活动方式的记录,是地方文化的沉淀,是了解和研究某一特定地域工农业生产、科教文化、历史和现状,预测未来的主要资料来源。我们知道,汉水流域地方文献非常丰富,涉及该地区的地方政治、经济、历史、天文、地理、社会、文化、科学、教育、军事、边防、民族、宗教、风土人情、自然资源等,它的承载形式多种多样,有图书、报刊、古籍、画册、地图、拓片、手稿、图片、照片、影片、音像资料、数据光盘等。如果按照传统的对地方文献的看法,应该包括以下3个方面的内容。

第一,地方史料。主要是历史上流传下来的方志类著作、家谱、族谱、地方公私档案、各类文物古迹资料、地方丛书、墓志、碑刻和拓片等,反映了一个区域历史的发展和演变过程。在汉水上游地区,历代的府州郡志书就有10余种,县志60余种,还有大量的地方史志类书籍,如《华阳国志》《汉中府志》《汉南续修郡志》《十三州志》《汉中纪闻》《郡国志》《郧台志》《汉中地区志》《汉中地区地理志》及各县县志等。除府州厅县志以外还有专志,如《忠武侯祠墓志》《陕西南山谷口考》《褒谷古迹辑略》等,还有《石门颂》《鄐君碑》《杨淮表记》等摩崖石刻,保存了极为珍贵的地方历史文化资料。

第二,人物著述。包括文集、专著、论文、诗歌、信札、日记、奏折、照片以及纪念文字、讣告、哀思录、传记等。汉水流域历史悠久,在远古时期就是人类理想的栖息之地,文化内涵丰富,《诗经》《楚辞》《尚书》《国语》《战国策》《史记》《汉书》《三国志》《资治通鉴》《水经注》《山海经》等典籍均记载了汉水流域的历史文化进程和社会发展等情况,记录着中华民族的先哲在此奋斗跋涉的足迹。众多的历史人物与汉水流域各个时期的政治、经济、军事、文化、历史等有着密切的关系,《诗经》"二南"体现的是汉水流域的社会历史风貌,《诗·周南·汉广》有"汉有游女,不可求思。汉之广矣,不可泳思",《诗·小雅·大东》有"维天有汉,监亦有光",《诗·小雅·四月》有"滔滔江汉,南国之纪",《诗·小雅·沔水》有"沔彼流水,朝宗于海",展现了汉水流域文化悠久的历史渊源。屈原放逐汉北,《楚辞》"望嶓冢之西极",是早期汉水流域文化追踪溯源思想的体现。汉水流域更是两汉、三国文化的发祥地,刘邦开汉业,张骞通西域,蔡伦造纸术,诸葛亮北伐,曹操征汉中,不朽功业载史册,诗文辞章传后世。唐宋明清的文人墨客入蜀宦游,在蜀道留下了诸多佳话,也留下了他们的许多著述经典。

第三,地方出版物。除正规出版社的出版物外,还有地方编印的资料,如年鉴、地方志、内刊、杂志、报纸、文件汇编、研究文集等。汉水流域包括甘、陕、川、豫、鄂5省79个县市,历史上各地区都曾出版过大量的地方性出版物,但由于受地域的限制,大多仅限于在本地区流传,对于这些地方性的出版物只能通过各地区图书馆进行收藏。对本地方刻的古书更应注意收藏,收集应从文献的地方性和史料性出发,兼收并藏,给后人留下宝贵的历史资料。《山南诗选》是汉水上游地区最重要的一部诗歌选集,也是汉水流域上游重要的地方文献,更应该是汉水上游地区的精神文化产品,有强烈的地域文化特色。《山南诗选》辑录了兴安(安康)、汉中两府129位诗人的作品728首,时间跨度千余年,这是山南地区唯一的一部文学选集。在这些诗作里,既有这个地域文人集体情感的表达,又有对山南地区的山水、城镇、乡野、历史遗迹、名人遗址等的描写。这些作品不仅展示了文人们的仕宦道路、朋友别离、亲人团聚等友情亲情,也有农业生产、灾异瑞祥、烈女贞妇、匪患贼盗等方面的记述,是汉水上游地区社会文化生活的生动体现,极具文献价值。

从文本的角度来看,《山南诗选》保存了山南地区100多位诗人的作品,除个别诗人如岳震川、刘应秋等人有诗文集传世外,很多诗人的作品没有专集,赖以《山南诗选》而流传于世,这对于保存山南地区的文学资料有着重要的价值。通过对这些诗人作品的阅读,可以很好地挖掘山南地区的诗歌传统和文献价值,结合清乾嘉时期文学的时代风貌,探讨山南诗人的文学成就和山南诗歌演变的历史。尤其是对书中所收的重要诗人的研究,包括安康的董诏、刘应秋,南郑的王德馨、余汉翔、余士鹏、余道隆,城固的高绥宇、高建翎,洋县的岳震川,勉县的严公均、严庆云、严景云等,他们诗歌所体现的时代特色,展示了山南地区诗歌演变的历史。

从文学与地域的关系角度来看,《山南诗选》作家群体基本上出生于汉水上游地域,因此作品更多地是展现山南的地域风貌和民俗风情,其中有许多抒写山南士子的人文情怀,反映他们仕宦、流放、战乱以及人生追求的诸多方面,是一个时代、一个地域文化精神的集中再现,对研究地域文学有极好的借鉴作用。

从诗辑与编辑者的作品对比角度来看,诗辑《山南诗选》与编辑者严如熤所著《乐园诗稿》有密切的关系。《乐园诗稿》内容极其丰富,有《汉南集》一卷,《汉南感旧集》一卷,《汉台咏史》一卷,《苏亭集乐府》一卷,《苏亭集》二卷,其诗歌或抒情或写景或纪事或抒怀,都如实地反映出严氏真实的情感与思想。民国徐世昌编选的

《晚晴簃诗汇》，在评价《乐园诗稿》中的诗时称："《华阳吟》及《木厂》《铁厂》《纸厂》诸咏，《塞堡行》《团练行》《前后乡兵行》，皆关于山南风土、形势、军事，亦采风者所必取。"这些丰富的内容与《山南诗选》的内容正好相互呼应，相映生辉，是汉水上游社会生活的形象反映。

三、乾嘉学术与地域文学传统的建构

清代乾隆、嘉庆年间，是中国学术史的辉煌时期。这不仅表现为乾隆组织天下文人编纂的巨型丛书《四库全书》总结了古代文化，而且还因为受政治的影响，学人们大多潜心于学术研究，形成了众多的学术流派，尤其是以戴震为首的皖派和以惠栋为首的吴派（浙派）影响深远。虽然后人对乾嘉时期的考证之学还有微词，但平心而论，乾嘉朴学（或称小学、考据学）在学术方法、学术理念、学术成就方面，是空前绝后的。值得称道的是严谨扎实的治学精神和客观务实的学理追求，直至今天，都应该是学人追求真理、探寻本真的科学态度。但是，乾嘉考据之学，也确实有很多值得反思的地方，学术成为纯粹的学术，与社会生活有很大的距离，甚至对学术研究的实践功能鄙视，认为不是学术之正道。这种倾向在道光、咸丰以后因社会的变革而有所改观。

王国维在《沈乙庵（曾植）先生七十寿序》一文中曾论及清代学术的发展，说：

> 我朝三百年间，学术三变：国初一变也，乾嘉一变也，道咸以降一变也。顺康之世，天造草昧，学者多胜国遗老，离丧乱之后，志在经世，故多为致用之学。求之经史，得其本原，一扫明代苟且破碎之习，而实学以兴。雍乾以后，纪纲既张，天下大定，士大夫得肆意稽古，不复视为经世之具，而经史小学专门之业兴焉。道咸以降，涂辙稍变，言经者及今文，考史者兼辽金元，治地理者逮四裔，务为前人所不为，虽承乾嘉专门之学，然亦逆睹世变，有国初诸老经世之志。故国初之学大，乾嘉之学精，道咸以降之学新。

王国维所谓"学术三变"，是将清代学术分为3个变化的历史时期，第一时期为顺治、康熙之世，第二时期为雍正、乾隆、嘉庆之世，第三时期为道光、咸丰以后。若以学术之气质言，顺、康、道、咸之学皆可谓之"经世之实学"，雍、乾、嘉之学可谓之"纯学术之实学"。梁启超在《清代学术概论》中亦将清代学术之发展分为三期：启蒙期、全盛期与蜕分期（衰落期），分别相当于王国维所说之国（清）初、乾嘉与道（光）咸（丰）以后。两位大家所论，皆立言较大，厘清了清代学术发展之大要。

但需要注意的是，道咸之时的经世派多因缘际会，或为封疆大吏，如林则徐、贺长龄、陶澍、包世臣等，得展其经世致用之能；或为思想巨擘，如魏源、龚自珍等，以其社会思想、学问主张而留名青史。而乾嘉之间的经世派学者或长年持筹幕府、甘居幕后，或局处一州一县，以学问缘饰吏事，声名不显；其所著述也往往限于一地一事，议论则温柔敦厚，精华内敛，不露锋芒。正因为如此，他们在思想史上的地位与作用长期以来均受到忽视，迄今未能引起学术界的充分重视。然从思想与学术发展史的角度观之，他们实可视为道咸经世派的先驱。

严如熤正是在这样一个文化思潮中，被忽视的经世派的重要人物。学术界对严如熤其人及其作品的研究，一方面受到阶级史观局限性的影响，因其参加镇压川楚白莲教和苗民起义，对其评价颇倾向于消极。另一方面，鉴于史料整理、注释、校对等工作尚不完善，所以尚未对其人做出较为客观公允的评价。因此，客观评价严如熤及其作品，是对乾嘉时期汉水上游历史文化的很好记忆。

《山南诗选》的编辑，正处于嘉道时期，是严如熤由经世致用的学理向事功转化的阶段，主张学术要为社会政治服务，要与现实社会相结合，要研究明体达用之学。编选地方诗集，是唐宋以来出现的文化现象，而清代在诗集编辑的类型、数量等方面比前代更多、更丰富。“这种编纂态势的形成，有主、客观两方面的原因。一方面，由于清代处在中国古代社会的末期，其文献积累、文化积淀自然远较前朝丰富，加之清人诗歌创作的风气空前兴盛，数量异常庞大，从而为通代、本朝两类地方清诗总集都提供了极其丰富的源头活水。另一方面，也和清代编者的思想观念有关。清人普遍有着保存文献的自觉意识，而搜集整理乡邦文献、表彰乡贤诗学成就，在他们看来，更是责无旁贷”。清代人重视地域文学选本的编辑和整理，从清初至清末一直未有中断，有家族宗亲编辑本族先辈贤人的诗文集，也有地方官员编辑本府、本县优秀学人的诗文集，立足点就是同一区域，基本上属于同一地理范围。这一点明显区别于宋、元、明等历史时期。

叶德辉对清代为同里乡邦编辑、刊刻图书的文化现象，有过一段总结：

荟萃乡邦郡邑之书，都为丛刊。自明人梓吴一书始，樊维城盐邑志林继之。国朝嘉庆间，有赵绍祖刻泾川丛书，宋世荦刻台州丛书，祝昌泰刻浦城遗书，邵廷烈刻娄东杂著。道光朝有伍元薇刻岭南遗书，同治朝有胡凤丹刻金华丛书，孙衣言刻永嘉丛书。光绪朝此风尤甚，如孙福清刻槜李遗书，丁丙刻武林掌故丛编，又刻武林先哲遗书，陆心源刻湖州先哲遗书，赵尚辅刻湖北丛书，王文灏刻畿辅丛书，盛宣怀刻常州先哲遗书。力大者举一省，力小者举一郡一邑。然必其乡先辈富于著述，而后可增文献之光。

从上可知，清代中后期的地方文献图书种类较多，《泾川丛书》，今甘肃泾川县；《台州丛书》，今浙江台州市；《浦城遗书》，今福建浦城县；《娄东杂著》，今上海市松江地区；《岭南遗书》，今广东、广西和海南地区；《金华丛书》，今浙江金华市；《永嘉丛书》，今浙江永嘉县；《槜李遗书》，今浙江嘉兴市；《武林掌故丛书》《武林先哲遗书》，今浙江杭州市；《湖州先哲遗书》，今浙江湖州市；《湖北丛书》，今湖北地区；《畿辅丛书》，今河北地区；《常州先哲遗书》，今江苏常州市。计 14 种，所涉地域遍及全国，尤以江南地区为盛。张舜徽在《清人文集别录》一书中也收录 22 部为同里乡邦编刊的文集，并对此做了精辟的论述。可见，清人喜欢编辑、刊刻乡邦文献图书等文化活动，是清代近三百年时间里，区别于其他历史时期最显著的特征。

严如熤仕宦于汉十余年，对山南有着深厚的情感，在《山南诗选》的“例言”中说：“兴、汉两郡，俗尚醇朴，儒者多无刻本。”“山间向学之士，蒸蒸蔚起，不独科第联翩，穷经汲古，后学迭出。搜岩采干，司土者与有责焉。”因此，编辑诗选，“表彰前贤，所以风厉后进”，成为他义不容辞的责任。他编选山南诗歌选集，有感于乡邦先贤文献散佚、事迹无考的缺憾，认识到如果乡邦先贤的事迹不遇表扬、文献不被保存的话，则将湮没无闻，故要通过编选选本来阐扬先辈，“俾诸前辈著作不致湮没，吾乡文人学士亦可以见先正典型”。清人吴元炳《国朝洛学文征序》指出，李翰华编选《国朝洛学文征》“洵足以嘉惠来许。吾知乡人士必有亹然念先民励实学以期无愧乎邦之人者”，以接续地域文学传统。

由于地域选本编选宗旨与选诗内容的独特性，其文化价值主要表现为：一是保存了大量地方文献。选集特别注意选本区域作家的作品，使大量名声不著的作者的作品得以保存。二是具有珍贵的史料价值。其所选内容多关乎地方沿革、物产、风俗、人物传记等，从而为研究地方史提供了大量的材料。在《山南诗选》中，有事关政治和军事方面的，如兵事、武功、军器、城防等；有事关社会生产方面的，如水利、农田、树艺、蚕桑、纺织、商贾等；有事关灾害方面的，如霖雨、旱灾、蝗虫、祈祷等，涉及政治社会和民生多方面的问题。诗集里体现了历代山南文人寄情山水、托物吊古的灵性和感悟，在朋友、同僚的酬唱赠答、宴游送别中表达了友情的珍贵与祝愿；还有那些关注民生、感叹世事的诗篇，具有强烈的批判意识和现实意义；还有亲情无间、敦励慰勉的诗作，更是彰显了诗作者的情感世界和人生际遇，如此丰富的内容，成为汉水流域文化的重要组成部分。

蒋寅在《清代诗学与地域文学传统的建构》一文中认为，明清以来区域经济的普遍开发，促进了地域文化的多元发展。人们对地域文化差异和地域传统的认识，随着交通和传播的发达而加深。与地方志编纂相伴的地方性文学总集、选集和诗话不断涌现，使文学的地域传统日益浮现出来，并在人们的风土和文化比较中得到深化，由此形成与经典文本所代表的“大传统”相对的地域性的“小传统”。这种小传统以方志、总集和领袖人物的影响等多种力量左右着地方的文学风气，同时成为文学批评中重要的参照系。当小传统与大传统在审美趣味和创作观念上出现差异，趋向不一致时，小传统往往具有更大的影响力。透过清代诗学，可以清楚地看到小传统与大传统的互动，以及从中不断建构起来的地域文学传统。

地域文化传统，依赖于长久的特定的地域生活，人与地方易于形成有机的互动关系，并逐渐养成特有的地方趣味与地方感觉，这种趣味与感觉构成了地方文化传统的深层内涵。尤其是像诗歌这样的精神文化的载体，是一个地域的形象标志，富于时代气息和独特个性，是一个地域的灵魂。《山南诗选》的文化价值与历史底蕴正是在这里。

全域旅游视角下的西北联大文化旅游资源开发①

陈海儒

随着我国经济发展进入新常态,旅游业以其有效整合各种资源的能力而成为发展经济、增加就业和满足人民日益增长的美好生活需要的重要战略性支柱产业。同时,改变传统旅游业有效供给不足、市场不规范等现状,探索新的旅游发展模式势在必行。2010 年,北京巅峰智业旅游文化创意股份有限公司在《大连市滨海旅游经济圈产业规划》中提出的“全域旅游”概念,很快引起了学术界的关注与讨论。2016 年 1 月 29 日,国家旅游局局长李金早在海口召开的全国旅游工作会议上所作的《从景点旅游走向全域旅游,努力开创我国“十三五”旅游发展新局面》的工作报告,全面拉开了我国全域旅游发展的序幕。报告指出:“全域旅游是指在一定区域内,以旅游业为优势产业,通过对区域内经济社会资源尤其是旅游资源、相关产业、生态环境、公共服务、体制机制、政策法规、文明素质等进行全方位、系统化的优化提升,实现区域资源有机整合、产业融合发展、社会共建共享,以旅游业带动和促进经济社会协调发展的一种新的区域协调发展理念和模式。”2016 年 2 月和 11 月,国家旅游局公布了两批国家全域旅游示范区创建名录,共有 500 个城市入选。陕西省汉中市作为历史文化名城,进入国家第一批全域旅游示范区创建名录。

汉中市位于陕西南部,境内山体、河流、盆地等自然地貌,以及独特的森林、动物、植物、水等资源体系,为汉中发展全域旅游提供了丰富的自然资源。此外,汉中拥有深厚的历史文化资源,不仅是中国汉文化奠基之地,有一批两汉三国遗址,而且是抗战时期有名的后方军事与文化重镇,留存有众多的抗战文化遗迹。为了创建全域旅游示范区,使“全域范围内一切可资利用的旅游吸引物都被开发形成吸引旅游者的吸引节点,旅游整体形象突出、旅游设施服务完备、旅游业态丰富多样,能吸引相当规模的旅游者的综合性区域空间”,2016 年 8 月,汉中市

① 原载于《陕西理工大学学报》(社会科学版),2020 年 6 月第 38 卷第 3 期。

公布了《汉中市全域旅游发展总体规划》，作为汉中市全域旅游开发、建设和管理的纲领性文件。可惜，此规划对以国立西北联合大学（以下简称西北联大）遗址为代表的汉中抗战文化资源没有给予应有的重视。

西北联大研究从2012年以来逐渐得到学术界关注，涌现出大量的研究成果，如姚远著《国立西北联合大学的分合及其历史意义》，余子侠、王海凤著《国立西北联合大学合分成败论》，张亚群著《论西北联合大学的学科发展及其贡献》，梁严冰、方光华著《抗日战争与中国高等教育》，陈海儒著《西北联大的筹设与抗战时期西北高教战略》等。同时，基于民国期刊、档案资料的西北联大史料库建设也取得了相当丰硕的成果，如西北大学西北联大研究所编《西北联大史料汇编》，陕西省档案局（馆）编《国立西北联合大学档案史料选编》，西北师范大学编《国立西北师范学院史料摘编（1937—1949）》。这些史料基本上囊括了目前所见的档案资料及期刊资料，为西北联大研究奠定了坚实的史料基础。但是，关于西北联大遗址文化旅游资源开发的研究尚没有展开。本文拟在实地考察和研读相关史料、政策文件的基础上，探讨全域旅游背景下西北联大文化旅游资源的开发，以期达到保护西北联大遗址、传承西北联大精神，为地方全域旅游开发建言献策的目的。

一、西北联大遗址的文化旅游禀赋

（一）西北联大遗址的形成及现状

汉中素有“西北小江南”之称。在历史时期每逢乱世，汉中常成为一方避乱的乐土。两汉三国及抗战时期汉中的繁荣和发展就是典型的例证。

1938年4月，由国立北平大学、国立北平师范大学、国立北洋工学院、河北省立女子师范学院等院校组成的国立西安临时大学迁至汉中，改名为国立西北联合大学。因当时的汉中没有能够全部容纳上千师生员工的校舍，国立西北联合大学的6个学院只得分设在三县六地：农学院设在勉县武侯祠；医学院先借用位于当时南郑城区（今汉台区）的汉中联立中学校园，后移至古汉台，再迁至城区东郊马家庙，附属医院设在马家庙附近的文家庙；校本部、文理学院及工学院的大部分学系设于城固县城区的考院；教育学院（后改称师范学院）设在城固县城区的文庙；法商学院借用位于城固县城郊的简易实业学堂的校园；体育系、地理系、土木工程系、文理学院教工分部及西北联大附中高中部设在城固县城南约20余千米外巴山浅山地带的古路坝天主教堂。

1938年7月和1939年8月，国立西北联合大学经两次分立，并融进新的办学力量,组合成5所独立的院校:国立西北农学院、国立西北工学院、国立西北医学院、国立西北师范学院、国立西北大学。国立西北农学院一成立,即迁往当时的武功县张家岗(现在的杨凌)办学。国立西北工学院办学地址为城固县古路坝和七星寺。国立西北医学院依然设在当时南郑城郊(今汉中市汉台区东郊)的马家庙和文家庙。国立西北师范学院位于城固县文庙,1944年全部迁往甘肃兰州办学。国立西北大学办学地址在城固县考院及简易实业学堂。

1946年夏,国立西北大学、国立西北工学院、国立西北医学院奉命迁往西安、咸阳,原国立西北联合大学及其分立的5个独立大学在汉中办学的历史至此结束,在汉中的校舍归还原租借单位。70多年来,原国立西北联合大学及其分立的5个独立院校在汉中的办学遗址和遗迹(为行文方便,下文统称为"西北联大遗址")有的被损毁,有的被拆迁,有的被挪作他用,也有的被较好地留存了下来。

目前保存较好的西北联大遗址有:医学院办学地——汉中联立中学旧址(在现汉中市汉台区中学巷汉南书院旧址)、古汉台(现汉中市汉台区东大街汉台博物馆),师范学院校舍——城固县文庙大成殿(现城固师范学校附属小学内),法商学院旧址(现城固第一中学校内),西北工学院旧址古路坝修女院等。城固第一中学校园内的"西北联大法商学院旧址"、城固县董家营乡古路坝村的"西北工学院旧址"、城固县文庙大成殿,2019年被列为全国重点文化保护单位。

(二)西北联大遗址的历史价值

抗战时期,西北联大吸引了大批知识分子,使汉中迅速成为知名的后方文化重镇。同时,西北联大的组建、分立,有众多高校参与其中,一方面担负着收纳战区优良师资及学生的重任,为保留中国高等教育的文脉做出了不可磨灭的贡献,另一方面为西北地区培养了大量建设人才,成为西北大开发的智力之源。比如,参与组建国立西北联合大学的高校有国立北平大学、国立北平师范大学、国立北洋工学院、河北省立女子师范学院;参与组建国立西北工学院的院系有:国立西北联合大学工学院、国立东北大学工学院、私立焦作工学院等;西北联大在办学过程中还生发出一些学校,如由国立北洋工学院部分师生建立的国立西康技艺专科学校(今西康学院的前身)等。

西北联大的成立不仅是汉中作为抗战时期后方文化重镇的标志性历史事件,还是陕西和甘肃高等教育的"老祖母",以完整的学术体系和高等教育体系奠定了中国西北高等教育的基础,有效地改变了西北地区高等教育极端落后的面貌,成为西北地区高校的源头。现在陕甘地区高校中70%都是由它生发出来的,比如今天的西北大学、西北工业大学、西安科技大学、西安工程大学、西安建筑科技大学、西安理工大学、陕西师范大学、西北政法大学、西安外国语大学、西安交通大学、西北师范大学等无不与西北联大有着一定的“血缘关系”。据不完全统计,与西北联大有直接或间接继承关系的高校有20余所。随着西北联大研究的深入,这些与西北联大相关的高校不仅组建了以互帮互助、加强交流为目的的“西北联大联盟”,而且日渐形成组织师生员工赴西北联大旧址寻根的热潮。

可以说,西北联大遗址既是抗战时期高校内迁的重要标志物,是西北高等教育源头的见证,又是西北联大相关高校联络情感、共同追寻办学精神的重要纽带,具有极其重要的历史与文化价值。

(三)西北联大遗址的文化旅游禀赋

“文化是旅游的灵魂,旅游是文化的重要载体”,近年来已经成为共识。旅游和文化的有机融合就是文化旅游,它以文化现象为旅游对象,实现“旅游+”和“文化+”,最终达到“社会各行各业+文化+旅游”的全域旅游模式。2018年3月,国务院办公厅发布的《关于促进全域旅游发展的指导意见》指出,提高旅游产品的品质不仅要“深入挖掘历史文化、地域特色文化、民族民俗文化、传统农耕文化等,实施中国传统工艺振兴计划,提升传统工艺产品和旅游产品文化含量”,而且要“科学利用传统村落、文物遗迹及博物馆、纪念馆、美术馆、艺术馆、世界文化遗产、非物质文化遗产展示馆等文化场所开展文化、文物旅游,推动剧场、演艺、游乐、动漫等产业与旅游业融合开展文化体验旅游”。文物遗存、遗址或遗迹具有很高的文化价值,是能够满足人们探究欲的重要旅游资源,完全可以打造成具有很高社会效益的旅游吸引节点。

西北联大遗址的强大文化魅力,可以从改革开放以来围绕它开展的文化寻根活动略见一斑。20世纪八九十年代,不时有抗战时期西北联大的师生从海外到汉中寻访当年的老校舍。2001年7月,北京师范大学和西北师范大学的师生共同组织了“西迁之路‘蓝天情’大学生自行车寻访活动”,开展了寻访西北联大在城固及古路坝旧址的系列活动。2004年西北工业大学在古路坝建立了“国立西北工学院旧址”纪念碑,此后每年都组织多批师生赴古路坝进行研学考察。2007年10月,西北大学在城固考院小学建立了“昭学励志碑”,并着手系统研究西北联大史。2014年4月,西安交通大学在国立西北医学院附属医院旧址——汉中市汉台区文家庙小学内树立了“医学教育抗战纪念碑”。2015 年以来,天津大学多次组织教师和学生到汉中进行西北联大研学考察。2017 年 5 月,西安科技大学在古路坝建立了题写着“溯源志远”4 个字的纪念碑,纪念与西北联大的血脉之缘。近几年,西北大学每年都组织新进教师重走西北联大南迁路,考察西北联大旧址,聆听有关西北联大的讲座;西安科技大学、西安工程大学等以古路坝为研学基地,开展了多次古路坝研学考察活动。尤其是 2012 年 10 月第一届“西北联大与中国高等教育发展论坛”在西北大学召开,引起了国内学术界对西北联大的深度研究。此后,随着每年一届的“西北联大与中国高等教育发展论坛”的开展,越来越多的学者和高校到汉中考察西北联大办学遗址,挖掘西北联大文化资源。

不难看出,西北联大遗址是西北联大师生和他们的后人寻根的重要依托,是弘扬抗战精神、追溯中国高等教育史的重要基地,具有明显的文化旅游禀赋。

(四)西北联大文化旅游资源开发的 SWOT 分析

在旅游资源开发中,经常用到 SWOT 分析法,其中的 S(Strengths)指优势,W(Weaknesses)指劣势,O(Opportunities)指机会,T(Threats)指威胁。SWOT 分析,就是将与研究对象密切相关的各种主要内部优势、劣势和外部的机会和威胁等,通过调查列举出来,并依照矩阵形式排列,然后把各种因素相互匹配起来加以系统分析,从中得出相应的结论,并以此作为决策依据。

西北联大遗址文化旅游资源开发的 SWOT 分析见表 1。由表 1 可以看出,西北联大遗址具有很强的文化旅游资源开发与利用价值。在全域旅游背景下,西北联大遗址作为汉中文化旅游的亮点之一,会越来越成为汉中旅游的强劲生发点,甚至会成为汉中创建全国全域旅游示范区的重要支柱和特色项目。

二、西北联大文化旅游资源开发的原则

在全域旅游背景下,为了充分发挥具有很强文化旅游资源禀赋的西北联大文化旅游功能,把西北联大遗址从旅游吸引物成功打造成旅游节点,在旅游开发中除了实施差异化、精品化、可持续发展战略外,还必须遵循遗址保护优先原则、研究宣传并重原则、全行业统一规划原则,促进西北联大文化旅游资源和现有“绿色 +”和“红色 +”旅游资源融为一个有机整体。

第一,遗址保护优先原则。全域旅游是一种积极有效的区域保护性开发理念,注重区域旅游发展与资源承载力的协调,强调对文化遗址的活态保护与高效利用,从而使遗址在区域内发挥应有的文化和经济价值。西北联大现有旧址的保护优先

表1　西北联大遗址文化旅游资源开发的SWOT分析

	内部能力	
	优势(Strengths)	劣势(Weaknesses)
外部因素	1. 西北联大遗址承载的精神形象越来越受到重视； 2. 西北联大遗址的本真性，核心区易于规划； 3. 西北联大遗址的社会教育性，特别适宜开展游学； 4. 游客持续、稳定，文化互动性强	1. 西北联大遗址分散于三县区，大部分校舍已不可见； 2. 西北联大分合引发归属纷杂，造成游客分散； 3. 城固县城内的遗址大都位于中小学内，对外开放性较差； 4. 部分遗址损毁严重，亟待修复
机会(Opportunities)	SO	WO
1. 全域旅游的启动，文物部门、文化部门与旅游部门归并，易于整体规划、连片开发利用； 2. 政府文物保护的责任、高校大学精神的追溯、企业的文化担当	1. 政府部门主管，全域规划、全域开发； 2. 企业主导经营，整体规划、文化优先； 3. 高校积极参与，寻根之旅、研学之旅	1. 遗址保护优先，文旅充分结合； 2. 打破学校之间的樊篱，由政府、企业、中立机构推动； 3. 城固县城内静态展示，古路坝动态融入，两者以适当的交通工具串联，打造全域旅游新模式
威胁(Threats)	ST	WT
1. 两汉三国的优势宣传，西北联大的宣传尚不够； 2. 校际不同的利益需求； 3. 旅游开发的前期投入较大	1. 加强研究及宣传，充分挖掘西北联大的文化内涵； 2. 将西北联大文化旅游和风光旅游、两汉三国文化游等结合起来，作为汉中旅游的综合形象； 3. 调动拥有大量客源的高校参与的积极性、主动性	1. 核心遗址以西北联大为主，一般遗址和其他旅游资源相结合； 2. 淡化各子体学校，统一以“西北联大”命名； 3. 落实全域旅游，创建全过程、全时空的旅游品牌

原则，是指尽量保持遗址的“本真性”，少建或不建虚假的遗址；在西北联大遗址原有建筑完全流失、遗址被其他单位占用的情况下，可以由文物部门树立遗址标识进行简要介绍，以供参观者观瞻、纪念，同时作为全域旅游中的一个旅游吸引节点参与到区域旅游建设中。

第二，研究与宣传并重原则。对西北联大的研究和宣传不仅是象牙塔里的学术研究，还是西北联大精神的传承，更是西北联大造福汉中人民、普惠社会大众之举。西北联大的研究工作主要由学者来完成；西北联大的宣传工作由西北联大各相关学校及相关政府部门来进行，可以通过影视剧、话剧、旅游演艺等视听艺术手段来完成。

第三，全行业统一规划原则。全域旅游本身就是“全行业”的构建。“全行业”不仅限于政府管理部门，而且是社会各界，既要有稳定的研究队伍、相应的宣传部门，又要有当地老百姓的支持。西北联大的部分遗址分散于乡村之中，道路尚不通畅，周边环境也亟待改善，这些都需要政府部门进行全域道路的提升，包括道路的加宽、绿化，特色化标识的树立，周边环境的整治如“乡村厕所革命”等。另有部分西北联大遗址位于教育机构内，如何协调发挥西北联大文化遗址的旅游功能与现有教育机构正常运作之间的关系，还需要文化旅游部门与相关机构深层沟通与合作。

三、西北联大遗址文化旅游资源开发规划

在全域旅游背景下，有必要以西北联大遗址为主线，串联起周边各种文化遗产，将线性空间充分填充，将汉中奇山秀水（绿色）自然旅游资源与独特的西北联大文化旅游资源（包括红色文化和抗战文化）充分结合起来，将自然、人文景点串联起来，丰富旅游线路，形成新的旅游格局。

下面将以点域规划、线域规划、面域规划、全域规划分层级阐明西北联大文化旅游资源的开发利用。

（一）点域规划

点域规划即通俗上讲的景点规划，是指在相对独立的空间内对旅游资源进行规划。从空间分布上来看，西北联大遗址分散在汉中市的勉县、汉台区、城固三县区多处，基于这种分散性及保护、利用现状的不同，西北联大遗址的开发可分为若干点域分别规划，如表 2 所示。

点域规划中划定的核心景观均为全国重点文物保护单位，可重点予以规划和建设，核心景观以外的几个点域已经不可见明显的西北联大相关信息，因此在规划上应以立碑为主，形成旅游节点即可。点域规划中的西北联大文化旅游资源适合当地人的休憩自主游及西北联大相关学校的专项游学，可以选取一点或多点。一般来说旅游的时间不长，以半天至一天为限。

表 2　西北联大遗址开发点域规划

<table>
<tr><th>编号</th><th>点域名称</th><th>地理位置</th><th>标志物及现有文物级别</th><th>规划内容</th><th>备注</th></tr>
<tr><td>1</td><td>西北联大农学院办学遗址</td><td>汉中市勉县</td><td>武侯祠(全国重点文物保护单位,2013)</td><td>在武侯祠门口树立“国立西北联合大学农学院旧址”碑</td><td rowspan="2">碑后简介</td></tr>
<tr><td>2</td><td>西北联大医学院、国立西北医学院办学遗址</td><td>汉中市汉台区</td><td>汉南书院(市级文物保护单位,2000),古汉台(省级文物保护单位,1992),马家庙旧址,文家庙小学</td><td>在汉南书院、古汉台树立“国立西北联合大学医学院旧址”,在马家庙和文家庙小学选择合适地点树立“国立西北医学院旧址”碑</td></tr>
<tr><td rowspan="3">3</td><td rowspan="3">西北联大校本部、文理学院、师范学院、工学院等办学遗址</td><td rowspan="3">汉中市城固县</td><td>城固师范学校及附属小学</td><td>在校内适当地点树立“国立西北联合大学校本部、文理学院旧址”碑及“国立西北大学文理学院旧址”碑</td><td rowspan="3">核心景观(三处相距较近,大都在封闭的学校内,故宜在体育场门口树立醒目标志物)</td></tr>
<tr><td>城固文庙大成殿(全国重点文物保护单位,2019),城固二中</td><td>在适当地点树立“国立西北联合大学师范学院旧址”碑及“国立西北师范学院旧址”碑</td></tr>
<tr><td>城固县体育场</td><td>在体育场门口合适地点树立体量较大的“国立西北联合大学城固办学纪念碑”或纪念石</td></tr>
<tr><td>4</td><td>西北联大法商学院、西北大学法商学院旧址</td><td>汉中市城固县</td><td>城固一中“西北联大法商学院旧址”(全国重点文物保护单位,2019)</td><td>已经有省级、市级两块文物保护碑;在旧址内建立“西北联大法商学院旧址办学纪念馆”</td><td>核心景观</td></tr>
</table>

续表

编号	点域名称	地理位置	标志物及现有文物级别	规划内容	备注
5	西北联大文理教工分部、国立西北工学院办学旧址	汉中市城固县	古路坝“西北工学院旧址”（全国重点文物保护单位,2019）	修复修女院,搬迁坡上及坡下居民,在坡下复建西北工学院校舍、操场、围墙等,与古路坝国际研学小镇配套规划	核心景观
6	国立西北工学院分院办学遗址	汉中市城固县	七星寺	在七星寺门口树立“国立西北工学院分院旧址”碑	碑后简介

（二）线域规划

线域规划是在已经搭建好的点域规划基础上进行组合,尽可能形成旅游环线,一般来说要和食宿有机地结合起来。

根据目前汉中的交通及客源情况,西北联大遗址可开发东、西两条旅游线路。东路借助西成高铁、西汉高速、十天高速、汉中机场等交通线,以及汉中火车站、城固火车站、汉中机场等附近便捷可靠的租车平台。具体线路为:城固高铁站或西汉高速公路城固出口—城固县体育场及周边景点—城固一中—七星寺—古路坝—马家庙旧址、文家庙小学—古汉台、汉南书院—勉县武侯祠。此线适合两日游,食宿在汉中。西路为:西安—宝鸡—凤县—留坝张良庙—勉县武侯祠—汉南书院、古汉台、文家庙小学、马家庙旧址—七星寺—古路坝—城固县城各遗址。西线基本上是国立西安临时大学 1938 年初春迁往汉中所走的路线,穿越秦岭所需的时间较长,总体上需要 2 ~ 3 天行程,食宿在汉中、城固两地,这条线路特别适合大、中、小学校师生短期游学。

（三）面域规划

西北联大历史系师生曾对汉中丰富的两汉三国文化遗址如张骞墓、武侯墓、武侯祠、定军山、马超墓、萧何墓、樊哙墓、汉王台、张良庙等做过考察或开展过考古活动;西北联大地理、经济、矿冶工程等系师生曾考察过秦岭及巴山谷地、汉江流域及古渡口、汉中周边村镇等,可谓足迹遍布汉中域内。

面域规划是在线域规划的基础上,进一步拓展旅游半径,将西北联大师生游学、科研考察过的地点均包含在内,增加旅游的深度和广度,形成向外扩张的旅游网图。它以勉县、汉台区、城固县为核心，兼及南郑区、留坝县、宁强县、洋县等，将乡村旅游、秦巴自然风光旅游和汉中市正在规划的“两汉三国城市旅游发展核”有机融合。比如，结合汉中市与西安迈科集团正在打造的“古路坝国际研学小镇”项目，以国立西北工学院遗址为核心，恢复抗战时期古路坝教堂的主要建筑，复原国立西北工学院的校舍、操场、围墙等，建设西北联大遗址公园，形成西北联大核心旅游园区。西向将勉县、汉中等地的西北联大点域旅游节点有机地和“两汉三国城市旅游发展核”相结合；北向打造以橘园风景区、湑水河小北河流域、五门堰水利遗址为核心的旅游网面；南向从古路坝国际研学小镇向外延伸，加入古路坝周边的盐井坝盐井遗址、霸王寨日食观测点遗址、巴山红色文化遗址等的考察与寻访，以及富有地方特色的茶文化旅游、观光农业旅游、秦巴动植物参观、巴山天坑景观探险等项目；东向延伸至洋县境内，以蔡伦墓祠、开明寺塔、智果寺、良马寺觉皇殿等全国文物保护单位为中心，串联起洋县境内的历史文化项目，如抗战时期国立七中遗迹、谢村镇东韩民居等，形成东向旅游面。

西北联大文化旅游资源的面域规划中，每个面均以3～5天为宜，食宿在相关县城及旅游景点，客源以西北联大师生后人及对地方历史文化感兴趣的旅客为主。

（四）全域规划

全域规划以全域旅游为指导思想，在西北联大面域规划基础上继续向外扩展，将整个汉中市域纳入西北联大文化旅游视野，为游客提供多方位、多层次的旅游产品，主要包括以秦蜀古道为依托的秦岭旅游带、以生态资源民俗文化为依托的巴山旅游带及以两汉三国历史文化为重点的盆地旅游带。即将汉中各区域的优势旅游资源发掘、整合、建设出来，形成既合作又竞争的“竞合理念”，以生态环境可持续、人文资源可持续、乡土环境可持续三大理念为抓手，使汉中城乡空间、资源环境得到充分利用和合理开发，为汉中全域旅游发展提供支撑，最终实现生态、经济、社会、文化效率最大化。当然，在整个全域旅游规划中，依据旅游者兴趣点的不同，西北联大文化旅游资源将起到主旨、主导作用，以满足不同旅游者的旅游兴趣。

全域旅游的实施可以有效地“活化”西北联大遗址的文化资源，有利于切实保护西北联大遗址，更好地发挥西北联大遗址的文化旅游功能，使西北联大精神、西北联大孕育出的心系祖国发展的理念得到广泛传承，同时也可以有力地激活和促进汉中的区域文化旅游发展。

陕南茶歌的地方文化特色与传承①

王　旸

几千年历史文明古国——中国,在其漫长的发展过程中凝结了厚重的传统文化,如茶文化、戏曲文化、丝绸文化等。茶文化的衍生可以追溯到秦汉时期,那时茶开始被人们重视。到了唐代,饮茶之风盛行,并形成了多个"茶"贸易中心,茶文化在当时发展到顶峰。作为一种更高层次的文化需求,与茶相关的音乐和人们的日常生活开始紧密相连,以"茶"为中心的一系列文化产物应运而生,如茶具、茶歌、茶服装等,这些无不体现着茶农在种茶、制茶过程中的智慧。陕南茶歌是劳动者在茶园劳作时为了缓解疲劳,提升劳作乐趣而即兴创作出来的歌曲,一直是陕南茶农的精神食粮。在采茶月份②,茶农无论是心情舒畅的开嗓抒情,还是劳动强度较大时放松身心,都会用茶歌来抒发情感。

前期的茶歌音乐文化研究,主要涵盖云南、四川、福建等地。如通过对云南茶文化及茶歌的分析,重点阐述云南茶歌《采茶调》的艺术特征与音乐特点,反映了早期民众在采茶过程中的审美体验和独特享受,进一步归纳了云南茶文化的美学特征。四川北部的茶歌研究,通过分析阆中和剑阁两地《采茶歌》发现,无论从调式、旋律趋势、音型片段,还是采用的"合尾"的创作技法,与广泛流传于赣南地区的《采茶谣》都有太多的相似之处,充分体现了两地文化的频繁交流。还有对皖西地区茶歌及文化属性的探讨,从古代、近代和现代 3 个历史时期出发,分析了皖西茶歌在思想情感上的变化,展示了茶歌歌词对历史时期的再现性和记录性。此外,对福建安溪茶歌的研究反映了闽南地区的音乐文化,其研究在方言特点、结构特点、调式、演唱等方面均有涉及。

陕南地区的音乐文化研究多从宏观视角出发,或探索陕南民歌的历史、题材、

① 原载于《陕西理工大学学报》(社会科学版),2019 年 6 月第 37 卷第 3 期 。

② 我国大部分茶区,季节分界明显。一般每年 3 ~ 5 月采制的茶叶称为春茶,6 ~ 7 月采制的茶叶为夏茶,8 ~ 9 月采制的茶叶为秋茶。

体裁和种类，或研究陕南民歌的地域文化和风土人情，梳理其与文学和艺术创作、与旅游生态环境发展关系的资料，但重点研究茶歌艺术文化的内容较少。因此，本文关注陕南茶歌音乐文化研究及其传承和发展，以期为陕南茶文化与音乐文化的融合进行更深入的探索。

一、茶歌源起

所谓茶歌，指的就是在茶叶生产和饮用过程中派生出来的一种茶文化现象。通过对我国史料的查找，发现关于茶歌的记载最早可以追溯到西晋时期，孙楚在他的《楚歌》中写道："姜桂茶荈出巴蜀。"荈指的是茶的老叶，而茶荈泛指茶叶。同代左思的《娇女诗》中写到"止为茶荈据，吹嘘对鼎立"，描写了两个玩渴了急着喝茶的小女孩，对着烧水的器皿吹气，娇憨可爱。

能够查阅到的唐代文献更多，陆羽的《茶歌》中体现了茶音乐的基本特色，但由于时间久远只能猜测作品的大致方向，其中的具体内容已经无从得知。《全唐诗》中亦有茶歌的一些记载，如皎然被人们称为"茶僧"，他创作的《饮茶歌送郑容》和《饮茶歌诮崔石使君》都有相关的描写。除此之外，"诗豪"刘禹锡和温庭筠等文人都在其各自的诗歌中提到茶歌，如《西山兰若试茶歌》。说到茶歌，不能不提及重量级人物卢仝的作品，他被后人称为"茶仙"，是初唐四杰之一卢照邻嫡系子孙，他的《走笔谢孟谏议寄新茶》在《会稽风俗赋》和《学林》中都曾被引用，在那个时期，卢仝所作的茶歌也会配以章曲、器乐而广为流传。

茶歌源起主要有 3 个方面，一是古代劳动人民根据与茶相关的诗词作品改编而成；二是文人在民谣基础上进行填词谱曲，然后再流传到民间传唱；三是劳动人民自创的茶歌，他们在生产劳动过程中为缓解疲劳、抒发情感所做的音律，此类茶歌更加贴近劳动者自己的生活，因此种类繁多、生命力旺盛。在我国陕南地区，存在大量与茶有关的歌曲，譬如陕南地区的《上茶山》《采茶调》《请茶调》《倒采茶》及《茶山小曲》等。

茶歌源于民间，最终回归民间。因此，茶歌在韵律上朗朗上口，内容上比较通俗朴素，紧紧围绕茶农的生产生活，是他们在劳作过程中自己创作出来的音律，通过口头方式流传至今。由此可以看出，茶歌的群众基础是非常广泛的。

二、陕南茶歌的地方文化特点

陕南地区北靠秦岭、南倚巴山，汉江自西向东穿流而过，与湖北、四川、甘肃三地接壤。因此,陕南茶歌还融合了这三地的文化特点,尤其是四川地区①。据《新唐书·地理志》中的记载,贡茶有山南道、剑南道、淮南道,这里的“山南道”就是指巴山地区,可见陕南茶叶作为宫廷饮料的历史已经非常悠久,伴随而来的茶歌文化也同样丰富多彩。

(一)茶歌融入历史、生活,传承礼仪文化

反映人民群众真实生活是所有地方民歌具有的共同特点,但更重要的,还有借助茶歌融入历史故事、民间传说来教化人的,让人们对一些积极向上的事物有更多的了解,从中接受爱国诚信或与人为善的正面教育。如小调中的《顺采茶》,唱的是从正月到十二月在茶山上采茶的事情,这种排比式的描写,使歌曲别开生面,内容更为丰富:

正月采茶是新年,
收拾打扮看娇莲,
自从今日看过你,
朋友约我上茶山,
你在家中放耐烦。
二月采茶百花开,
……
三月采茶是清明,
……

与《顺采茶》相对的《倒采茶》,从腊月唱到正月看似时间顺序颠倒,实际更重要的是用故事来传达伦理教义:

腊月采茶下大凌,王祥为母卧寒冰。
王祥为母寒冰卧,天赐鲤鱼跳龙门。
冬月采茶冬月冬,秦琼打马过山东。
他在山东为好汉,丢下妻子受孤单。
十月采茶冷凄凄,孟姜女子送寒衣。
走一步来哭一声,万里长城崩在地。

① 据考证,历史上湖北、湖南、广西、广东、江西、福建等十几个省份大量移民迁往四川、陕西,时间前后持续多年,涉及人口数百万。据史料记载,清康熙年间最大的移民浪潮被记载为“湖广填四川,四川填陕西”,陕南地区处在移民浪潮的最前端。

九月采茶是重阳，菊花造酒满缸香。

太白喝了菊花酒，下笔赋诗几十张。

八月采茶是中秋，张飞打马站桥头。

站在桥头抗曹兵，大吼三声水倒流。

……

另外，“以茶为礼”是陕南人自古就有的传统习俗，除了客人到家敬茶外，还以茶为礼品馈赠亲友。自古以来，茶礼在民间的婚嫁习俗中极为讲究，这一习俗传承至今。这首《手提二封茶》也正是反映陕南茶俗，描写女婿拜见丈人的情形：

小郎打扮一枝花，

遥遥摆摆到姐家，

手提二封茶。

不觉走在堂屋中，

怀里掏出茶二封，

礼轻人意重。

客官这里把话提，

二老爹娘在哪里？

出来见一礼。

（二）茶歌关注细节，情感真挚

陕南地区的茶歌在创作方面，主要体现了两个特点，一是世俗性，二是多样性。茶歌源于茶农劳作，最终还要回归到茶农种茶、制茶过程中，因此陕南茶歌在创作时一个最基本的特点就是反映劳动人民的真实生活。茶农在茶园劳作过程中能够根据自己的心情张口即来，是他们在劳作过程中产生的真切情感体验。茶歌真正关涉“茶”的内容并不多，很大一部分都是表达男女之间的浓情蜜意，通过歌词展示小伙子和姑娘之间真挚、细腻的情感。如这首《采茶调》：

左手采茶采四两，右手采茶采半斤，越采越有劲。

那边来了个小哥哥，年纪不过十八春，实在爱坏人。

……

前三句唱出了采茶的情景，后面转而唱远处走来的小哥哥，茶山的事，茶山的情都包含在这优美的茶歌中。在陕南茶山不管是劳作还是歌会，确实可以见到不少让人喜爱的青年，男女双方通过劳作、对歌一见钟情而喜结姻缘的事也是常有的。

还有的作品借高山点茶，兴起采茶女子盼望丈夫早日回家的急切心情。如这首《高山点茶行对行》中唱道：

高山点茶行对行，
手扳茶枝眼望郎，
新官上任衙门紧，
活活欠坏两个人。

（三）茶歌注重方言特点，表演形式丰富

虽然在陕南茶歌中包含了毗邻地区的文化特色，但从总体上来看，结构还是比较完整的，感情表达也十分真挚，节奏朗朗上口，具有很强的地域流传性。陕南茶歌地方特点还表现在语言和形式上，在充分体现“美”的同时融合了陕南方言和衬词，符合当地群众的审美和语言习惯，不仅韵味更强，而且缩小了劳动人民与艺术之间的距离，使民歌艺术真正走进了广大人民群众之中。如胡远清作词、康华伊作曲的《茶韵》：

大巴（呦）山（呃），云雾山，
茶歌声声醉（呀么）醉茶园，
情哥情妹（呦）云中舞（呦喂），
风情万种（噻），
似（呀么）似茶仙……

一些茶歌体现的是茶农的辛苦劳作，当茶农参与繁重的劳作时，就会用这些茶歌来缓解疲劳的身心。还有一部分茶农在茶园劳作中有感而发即兴创作出来的茶歌，不仅仅只包含“歌”，还含有采茶的肢体动作，与采茶舞蹈相配合。

另外，还有一部分根据古诗词创作的茶歌，被广泛用于茶艺表演中，如清嘉庆年间任兴安（今安康）知府的叶世倬曾在《春日兴安舟中杂咏》中提到陕南茶叶，被后人编曲创作成音乐作品：

桃花未尽开菜花，
夹岸黄金照落霞。
自昔关南春独早，
清明已煮紫阳茶。

这首诗歌反映出紫阳的茶叶在历史上曾盛极一时，该作品突破了传统的民歌形式，而改用陕南地区流行的地方剧种汉调二黄①四平调创编而成，有很强的地域戏曲色彩。

三、陕南茶歌的文化价值

陕南地区毗邻多省，茶歌在艺术表现上融合了多地的特色和魅力，不仅包含陕南当地语言和韵律特色，还包括临近地区的语言和韵律特色，所以陕南茶歌既有奔放的一面，又有细腻的一面，既有高亢的一面，也有婉转的一面，这和生活环境、文化传统等有着密不可分的关系。陕南茶歌的文化价值既是艺术审美价值更是社会认知价值，在新时代，深入研究陕南茶歌的文化价值，对我们抢救、继承和发扬传统文化十分有利。目前，陕南茶歌作为陕南民歌的一个重要分支，同样也是我国非物质文化遗产的一部分②，这无疑是对历史的尊重，是对陕南茶歌艺术价值的肯定。

（一）社会认知价值

艺术来源于生活并高于生活，陕南茶歌同样如此。一方面，陕南茶歌是茶农在茶园劳作的艺术体现，将茶农的情感总结和提炼出来并最终凝结在陕南茶歌中，只要听到茶歌就能够感受到茶园劳作的气氛；另一方面，陕南茶歌还包含着“礼仪之邦”的文化精髓，是中国优秀传统文化的重要组成部分，具有独特的文化底蕴，是传播中华文化的最好载体之一。党的十八大以来所倡导的文化自信是民族生命力中更基本、更深沉、更持久的力量，打造强大的“文化软实力”，需要凸显“中国特色”。这是茶歌的文化价值，同时也体现陕南劳动人民的心理和审美观念。

（二）民俗文化价值

陕南茶歌反映出一种独特的民俗文化，比如茶礼和茶歌中包含的各种节气、民间故事、传说。还有以当地富有特色的语言作为基础创作的茶歌歌词质朴，是人们真实情感的流露。通过茶歌这种形式表达当地群众的生产生活和喜怒哀乐，是劳动人民的精神寄托，也承载着他们对美好生活的向往。陕南茶歌歌词反映人民生活的各个方面，把陕南茶歌的民俗文化价值体现得淋漓尽致。

---

① 汉调二黄也称“陕二黄”或“二黄戏”，陕西省地方戏曲剧种之一。流行于陕南等地，是二黄腔调从湖北沿汉水进入陕西而形成的。汉调二黄因它是在汉水流域由西皮、二黄结合形成，故又多称“汉调”。

② 2006 年，国务院批准文化部确定第一批国家级非物质文化遗产名录，紫阳民歌名列其中，序号为 585，编号为Ⅱ -86。2008 年，国务院批准文化部确定第二批国家级非物质文化遗产名录，镇巴民歌名列其中，序号为 49，编号为Ⅱ -18。

（三）传承和发展的文化价值

每一种艺术形式在其产生和发展过程中都会受到社会环境、地区文化以及历史背景等方面的影响。随着时代的变迁和发展，在现代社会，陕南茶歌和其他地区的茶歌、民歌一样，都面临着如何继承和发扬光大的共同问题。自改革开放以来，我国的对外开放水平逐步提高，其间其他国家的文化也大量涌入，吞噬和影响着现代人的思维和审美，对我国传统文化形成了巨大的冲击。从 20 世纪 80 年代开始，我国经济取得了飞速发展，物质水平不断提高，人们逐渐意识到传统文化的重要性，对传统文化的保护意识不断增强，越来越多的传统文化被相继列入国家或省级非物质文化遗产名录，一些几乎要消亡的传统文化被发掘拯救，并通过一系列有效措施将它们继续传承、发展。2019 年 5 月 22 日，陕南（镇巴）民歌传承基地揭牌成立，这对于陕南民歌的保护具有重要意义。对陕南传统茶歌进行继承和发扬并不是一朝一夕就能够实现的，而是一项长期、艰巨的任务，虽然已经取得了一些成绩，但任重道远。

四、继承和发扬陕南茶歌的有效途径

陕南茶歌是陕南地区劳动人民世世代代流传下来的宝贵财富，具有不可复制性，因此需要对其进行继承和发扬，不能让这颗明星陨落。具体来说，可以从以下几个方面入手。

（一）科学有序的收集和整理

要想将陕南茶歌一直传扬下去，最关键的就是对陕南茶歌内容的挖掘整理。因此，我们首先要做的就是对陕南茶歌进行挖掘，并对现有茶歌进行抢救和整理，政府及文化部门应当加大经费投入，确保茶歌尽可能都被挖掘、保护起来。在搜集陕南茶歌的过程中，有文字记载的要保留文字，并且还要录音、录像，编纂成相应书籍、音像资料，书籍中至少要包含歌词、曲谱、背景等重要信息。需要注意的是，不是任何人都能担当这一工作的，研究团队必须由民俗、民间音乐方面的专家组成，只有如此才能详细整理、准确描述。

在茶歌资料的整理上应尽量进行细致归类，比如对历史积淀深、传唱度高、相对完善的陕南茶歌，应该推进更深层次的内涵研究，不仅要从歌词内容入手，更要对曲式、结构进行分析研究，并以此为基础推出更好的作品。同时，应加强专题性研究，寻找与茶歌相关的历史记忆，结合当代发展，将陕南茶歌打造成一种具有时代感的文化形式。

（二）在继承的基础上进行创新

时代是不断发展和进步的。对陕南茶歌的保护如果一味地强调原汁原味，不仅达不到继承和发扬的目的，反而很有可能将其推向消亡。一方面，陕南茶歌的结构比较短小、单调，已经不能满足当代人的需求，所以应当进行改革和创新，创作出与现代茶园劳作、茶农审美观念相适应的歌词和旋律。另一方面，在推广初期，创作的旋律要避免过多地使用技巧性较强的演唱方式，如高腔音、甩腔、滑音、“得儿”音等。通过对陕南茶歌传播限制因素的研究发现，陕南茶歌最主要的传播限制因素之一就是装饰音过多，旋律变化较大，“好听不好唱”，自然也就使部分人丧失了学唱的兴趣。因此，不方便传唱和形式单一对陕南茶歌的继承和发扬是非常不利的。

需要强调的是，对最原始民歌的创新创作，要做到旋律的“集约保护性”开发。很多具有代表性的陕南茶歌都有很强的地域色彩，甚至用这些作品中的某一句作为发展动机，都可以创作出很多民歌衍生作品。因此，我们在利用这些最原始的茶歌元素进行创作时，需要集约保护性开发，争取在原生态陕南茶歌土壤锐减的情况下创作出更丰富、更原汁原味的陕南茶歌作品。

（三）积极鼓励和扶植青年一代保护与传承

过去在茶园劳作的主要是男女青年，随着中国经济的高速发展，很多年轻人不甘于整日在茶园间劳作。因此，陕南地区会唱茶歌的年轻人越来越少，陕南茶歌正面临着后继无人的尴尬局面，令人担忧。面对这一局面，需要我们做好以下工作：首先，对现有陕南茶歌传承艺人进行大力扶持，鼓励其创作，为其提供创作条件，可以对陕南辖区内进行一次全面调查，掌握目前还有多少人会唱、能唱；其次，要加强对年轻人的培养和教育，可以在政府机关、企业单位推广茶歌，鼓励在校学生在课堂上和业余生活中学习茶歌，教师要向学生详细介绍陕南地区茶文化和茶歌的发展历史，并要教会他们一些经典的茶歌。近几年来，陕南镇巴、紫阳等民歌聚集地大力推广陕南民歌，当地的歌手在各种大型演出活动中精彩亮相，如在《中国民歌大会》《星光大道》等平台上进行展示和宣传，受到全国人民的喜爱和认可。

（四）融合旅游文化产业多纬度创新发展

陕西省人民政府在2019年召开的全省文化和旅游高质量发展推进会上，把文化旅游产业高质量融合发展作为落实习近平总书记“扎实推进文化建设”重要指示的突破点，全力做好重要景区建设、文旅线路打造等方面的工作。陕南地区应抓住这一机遇，发展具有特色的茶文化旅游产业，以茶文化内涵作为开发背景，让游客在旅游中领略茶文化的内涵与魅力，这是茶文化旅游开发的意义所在。近年来，陕南各地政府统一规划，打造了一系列茶园生态旅游景点，但茶文化旅游的发展还处于初级阶段。可在不摒弃优秀传统文化的基础上结合现代人们的喜好，组织茶叶养生品鉴会，策划“学茶歌，懂茶礼”青少年传统文化夏令营项目，开发特色茶叶体验，带领大家从茶历史、茶种植加工、茶园采摘、茶叶品鉴、学唱茶歌、创作茶歌等方面全面地体验茶文化旅游。

积极发展茶产品非常关键。近年来，陕南有很多茶产品得到了行业的一致认可，并用茶歌的形式进行了很好的推广。如陕南茶叶“茗门谣”就邀请汉中民歌手彭光琴对其进行宣传，在原产地汉中镇巴茶山上放歌：“白云搂山千年的腰，古道漫步茶山高。百灵巧嘴千年的叫，且听茗门好歌谣。山歌入茶好味道，茶曲独唱茗门谣……”（作曲胡远清，作词梅冬盛）良好的产业基础是产业融合发展的前提，茶产业的大力推广可为茶文化旅游提供更加优质的旅游资源，旅游产业的蓬勃发展又可以为茶文化旅游提供更广阔的旅游市场和更专业的文化旅游人才。这样的良性循环是我们应当鼓励的，同时还应当鼓励创新，大力推进“互联网 + 茶文化”构架体系，让陕南茶文化通过互联网走向全国、走向世界。

文学地理学视域下的汉水流域爱情婚姻剧[①]

姚秋霞

汉水即汉江，源自陕西省宁强县，经流勉县与褒河相汇，途经湖北省西北部和中部，达武汉入长江，其干流全长1 500多千米，流域面积约17万平方千米。汉水流域介于黄河流域与长江流域之间，是中国南北自然地理的分界线，四季分明，雨水丰沛，气候温润。这种地理位置决定了汉水流域的自然环境及社会经济文化的各个方面，都明显地具有南北交汇、过渡的地理特征。这里是汉文化的发祥地，有着丰厚的文化底蕴。汉水文化主要由秦陇文化、巴蜀文化、荆楚文化、中原文化融汇而成，既具有中华文化的主体特征，又具有明显的地域特点。同样，汉水流域的戏曲创作及演出一方面与中国古典戏曲的发展基本同步且一脉相承，有共通之处，另一方面在反映生活及审美特征上又显示出浓郁的民俗特点。当代新型学科文学地理学探讨的问题之一就是地理环境与文学创作的关系。文学作品受地理环境的影响较大，两者有很强的相关性，汉水流域的戏曲创作明显体现出这种关系。汉水流域的戏曲剧种较多，主要有汉调桄桄、汉调二黄、楚剧等，内容繁杂，包罗了生活的方方面面，板式多样，流派众多。仅从题材的角度来看，就有三国戏、水浒戏、包公戏、爱情婚姻剧、其他历史剧等。其中，爱情婚姻剧是其重要的组成部分，剧目较多，特色各异，无论是汉调桄桄，还是在楚剧、汉剧中，这类题材的剧目都很受当地百姓的喜爱。汉水流域的爱情婚姻剧从题材的角度大致可分为以下几类：

其一，大胆追求爱情，女性意识突出。如《赶潘》(《秋江河》《秋江送别》《白云楼》《云楼会》)、《尼姑思凡》(《思凡》)和《补背褡》《绣荷包》等。

其二，对爱情婚姻的坚守。如《鸳鸯冢》《吕蒙正泼粥》《秋胡试妻》《高文举观星》等。

其三，对封建婚姻及女性生存状态的关注。如《小媳妇回娘家》《宋美卖妻》等。

---

① 原载于《陕西理工大学学报》(社会科学版)，2019年8月第37卷第4期。

从相关剧目及题材内容上来看，尽管每个剧目都有其自身的特色，但总体来说这些爱情婚姻剧存在明显的共有特征。

一、对传统爱情婚姻剧的继承

中国古典戏曲自元杂剧以来，就有大量的爱情婚姻剧，其中尤以才子佳人剧为盛。许多文人作家在其人生价值追求遇阻的境况下，往往在创作上开始背离传统的人生价值追求，继而去寻求另一种人生慰藉，在创作上通过对才子佳人爱情的演绎与阐释，表达人生的另一种理想，以抚慰在现实中心灵的创伤。在这类剧目中，虽然有不少作品从人性出发，歌颂爱情对“天理”的冲击，对礼教加以挑战，但其剧作体现的核心价值仍不脱传统主流价值观。诚如中国古典戏曲特有的“凤尾”结局一样，才子佳人剧以才子高中状元，有情人终成眷属作结，在既富贵又风雅的状态中，使一切矛盾得以和谐，“青年男女要追求自己的爱情婚姻幸福，就必须与种种困难作斗争，冲破阻隔，尽管阻碍多种多样：封建家长、封建礼教、压抑的环境、无良小人，甚至包括自己内心的矛盾等，但最终的结局是一致的，那就是‘金榜题名大团圆’。在最高的人生理想、人生追求上封建家长与反叛的青年男女趋于一致，达成和解，所有的矛盾在夫贵妻荣的光环下消融了，喜剧成为必然”。这样的模式叙写“正是文人才士借以慰藉功名失意的心灵的审美需求”。

汉水流域不少爱情婚姻剧仍然秉承了这一传统，在描写情爱的同时，杂糅了主流的人生价值取向，坚守着传统礼教的底线，往往在叙写才子佳人故事时，仍念念不忘在风流佳话中融入伦理教化，以使其符合“发乎情而止乎礼仪”的古训。作家在寄托理想，弘扬美好人情人性的同时，不脱才子佳人剧之窠臼，故事结尾也大多是要么金榜题名，要么得到家人及社会认可，最终回归到社会许可的道德范围内，如《凤冠梦》《芙蓉剑》(《孟丽君脱靴》)等。

《凤冠梦》是汉调桄桄中的经典改编剧目，源自对其他地方戏中同名剧作的改编，该剧在秦腔、评剧、越剧、川剧等地方剧中都是受民众欢迎长期演出的保留剧目，内容大致相同，但因剧种不同而风格各异。故事写嘉靖年间御史沈炼之子沈少卿虽满腹才华，但因家父得罪严嵩而被迫逃难，原有与官家小姐的婚约也被迫解除。逃难至江边被善良的渔家女春娘所救，两人在交往过程中产生了感情，遂私定终身。剧中虽有中了状元又被取消功名等曲折经历，但最终恢复了状元功名，娶了春娘，有情人终成眷属。该剧在叙事模式上仍然是才子佳人剧的形式，只是女主角的身份已有所变化，其主要思想的表达仍然在传统道德、社会规范的框架内。

《芙蓉剑》是根据清代陈端生弹词《再生缘》及传统戏曲剧目《孟丽君》改编而来，虽然增加了不少情节及具有地方色彩的唱词，但其主旨思想依然保留了传统的内核。该剧讲述了一段才子佳人的故事。元代兵部尚书之女孟丽君与才子皇甫少华相恋，遇国舅刘奎璧从中构陷，刘奎璧意欲杀害皇甫少华，夺娶孟丽君，后皇甫少华逃难途中考取武状元，并挂帅东征立功封王。其间孟丽君离家出走女扮男装参加京试也高中状元，于朝中为官，二人经历诸多磨难之后，在剧目最后一回，即第二十六回“脱靴”（团圆）中，朝堂之上孟丽君现出绣花宫鞋，回归女儿身，才子佳人大团圆：

江进喜：（诗）亭亭丹桂傍瑶阶，
一种天香此地开；
桂子叫谁拾得去，
月宫飞出素娥来。
拜天地，拜高堂，
夫妻交拜，入洞房。
花烛之礼已成。

不仅如此，男女主角还深沐皇恩，加官晋爵：

太监：圣旨下，命夫命妇咸听宣读：“奉天承运，皇帝诏曰：朕闻人伦以夫妇为先，王化自闺门肇始，故有关雎而后有麟趾，有鹊巢而后有虞也。兹尔黄甫敬，既以功臣而作国戚，尔子又以国戚而上王爵，爵位已致其极，荣光美莫大焉。兹封：忠孝王封为都督，京国兵马大元帅……”

至此，文人的富贵风流梦都已在戏曲舞台上全部实现。

二、地域文化影响下的主题偏移

由于汉江及其支流串起了大小不等的平坝盆地，且刘邦又在汉中称王，并以汉水的“汉”字作王朝的名称——汉朝，人们无形中就把汉水流域与汉民族、汉文化联系起来，自然对汉民族的主流文化也产生了认同感，崇祖意识明显，这使得主流文化在汉水流域文化中从未缺席。但这更多的是官方文化。而在民俗文化层面，荆楚文化、巴蜀文化对人们的影响更为直接。自明清以来，戏曲演出是该流域普通民众最重要的娱乐活动之一。因此，剧目的撰写、演出必然更趋于平民化或民俗化。

娱乐性是戏曲演出的重要目的。自明中叶以来，尤其是汤显祖的剧本创作成为范本之后，戏曲创作案头化倾向日益突出，许多作品更多表现的是文人士大夫的思想情感及理想追求，许多爱情婚姻剧也多是文人美好愿望的表达。而与生产、生活更加贴近，更加民俗化的汉水流域戏曲，其剧目及演出内容更贴近大众，所表达的主题与传统的婚恋剧相比，自然而然地发生了偏移，更多的是普通民众的人情人欲、婚恋生活中的琐事，甚至借助于婚恋故事中的调侃、揶揄、打闹等，达到娱乐的目的，喜剧色彩明显。戏曲作为一种文化载体，它是百姓日常生活的真实写照，戏中更多体现的是普通百姓的愿望和理想。

在我国，由于各地的地貌、水文、生物、气候等自然地理环境的差异，以及由此而形成的政治、经济、文教、风俗等人文地理环境的差异，文学的地域色彩一直是很鲜明的。汉水流域的爱情婚姻剧正是在继承传统主题的基础上，把该流域的地域文化色彩凸显出来，生长在这方水土上的剧作家及戏曲演员受该流域独特地理环境、人文环境的影响，在剧目的创作、演出过程中，很自然地把他们对生活的感悟及生命的体验沉淀到作品中，即使不脱传统窠臼，也依然体现出明显的"差异"，正是这种"差异"赋予了地方戏曲新的活力，戏中的人们更直接地表达个人的情感、个人的喜怒哀乐、生命的原始冲动。剧中的男主角也不一定非要通过科举来体现自己的博学多才及人生价值的实现，那种功成名就、衣锦还乡、封妻荫子不再是人生的唯一，现实生活的普通美好更值得追求。汉水流域地方戏中的多数男女主角在表达爱情时更为直接，他们更看重个体对情感的美好体验，自然也就加大了对传统伦理道德及原有社会规范的冲击，削弱了儒家思想对人们的影响。尤其是在汉水上游，巴蜀文化更注重对原始自然的崇拜，对人性本真的肯定。许多作品所反映的婚恋之情，就是普通百姓的男欢女爱及美好婚姻生活的愿望。传统才子佳人剧中那种不切实际的"私定终身后花园，落难才子中状元，奉旨成婚大团圆"的固有模式被打破，无论是主题内容还是情爱模式都出现了创新，都更加接近生活，如楚剧中的《荞麦馍赶寿》《赶会》《小放羊》《小媳妇回娘家》等。《荞麦馍赶寿》中的女主角翠花嫁给穷秀才，回娘家给父母拜寿时，因贫穷只带有荞麦馍而被赶出家门，其后丈夫高中状元，生活得以改善，而其娘家因失火家道败落，其母流落街头，翠花不计前嫌最终收留了母亲。这出戏中虽然仍有高中状元的桥段，但更多的是民间普通人的生活及亲情的写照。而《赶会》直接描写的就是一对普通劳动青年的爱情故事。《小放羊》同样，讲述了放羊娃吴明达野外遇到了摘野菜的白大姐，两人相互同情，进而产生感情，最终结为夫妇。《小媳妇回娘家》则描写了小媳妇在婆家遭受了诸多的磨难,公婆的打骂、小姑子的欺凌、丈夫的无情等,戏中表现的就是女性在现实婚姻中的真实状态。豫剧中也有民间小调《小媳妇回娘家》,剧目内容具有相似性,都反映了封建男权社会下,不合理的婚姻制度带给女性的不公与创痛,从中我们也可看出即使地域不同,但由于相同的婚姻制,造成了女性家庭生存状态的相似性。因此,一些民俗剧目具有共通性,都非常贴近生活本身。从汉水流域的剧目中,可以看出多数爱情婚姻剧描写的就是普通人的真实生活与美好愿望。

三、"佳人"形象的拓展及重构

中国古典婚姻剧,尤其是大量的才子佳人剧中,佳人形象一直笼罩着玫瑰色的花环,她们不仅貌美如花,且独具才情,在追求爱情上蔑视功名、金钱、门第等外在物化的东西,更注重精神上、情感上的契合,往往能冲破"父母之命,媒妁之言"以及各种障碍,即使有些如崔莺莺之类,内心矛盾重重,追求爱情一波三折,但最终都能突破"三从四德"等清规戒律,得到幸福,一方面体现人欲对天理的胜利,另一方面也在戏曲舞台上实现了读书人不切实际的幻想。而汉水流域的婚姻剧,很多剧目虽然保留了传统"佳人"的一些形象特点,但更多的作品在塑造"佳人"形象时进一步拓展,把古典戏曲中那些较为完美、具有梦幻色彩的女主角拉回到现实中,更多地叙写了贴近生活本真的女性形象。

(一)戏曲中女主角的"泛佳人"化

中国古典戏曲中的"佳人"形象最典型的有两种类型:一类是官家或高门大户的小姐,身份地位比较高;另一类则是极具才情及人格魅力又比较独立的青楼女子。这些"佳人"形象的塑造,往往是男性作家或文人根据自身的精神需求加以想象而创作的,离现实生活很远,浪漫而虚无缥缈。汉水流域爱情婚姻剧中的"佳人"相较而言更生活化、更平民化,许多形象要么如邻家女孩,要么是村中少妇,展现的是普通女性的生活常态及生存状态,体现的是该区域普通民众的精神需求及美好愿望。因此,作品中的女性形象不再像传统"佳人"那样单一,而是更加多元化、更加大众化,具有"泛佳人"化的特点。汉水流域爱情婚姻剧中,既有貌美如花、满腹经纶的女子,也有更多相貌平平、从事普通生产劳动的女性,如楚剧中的《张二妹赶会》,天沔花鼓戏中的《掐菜薹》《绣荷包》等。在这些戏中,剧作家并不专门描写女性的外貌或突出其貌美如花,甚至连名字都是再普通不过的民间称呼,如"小媳妇""张二妹""幺妹"等。

(二)率情率性、质朴纯真的民间色彩

汉水流域的爱情婚姻剧中,青年男女在表达情感及追求爱情婚姻幸福时更加率性而行,很多女性形象受"闺阁"文化的影响较少,传统礼教虽然对她们也有一定的约束,但戏曲中的女主角在表达情感诉求时更多的是出自人性本真的情感表达,具有民间文学中那种率情率性、质朴纯真的色彩。例如,汉剧《秋江河》(《赶潘》《秋江送别》),该剧源自明代高濂创作的戏曲作品《玉簪记·追别》,汉水流域许多剧种里面都有对《玉簪记》中这段故事的借鉴与改编。在改编过程中,更加通俗化、口语化的语言等突出了女主角陈妙常对爱情的大胆追求与执着。

陈妙常:(唱平板)

潘郎吓!鸳鸯鸟乎,鸳鸯鸟乎!
它日间并翅而飞,到晚来交颈而眠。
奴与那潘郎谐和,露水夫妻,
是这等看将起来,人不如鸟乎,不如鸟乎。
一双双一对对水面上游,
羞答答羞答答赶上潘郎。

再如《绣荷包》:

幺妹:(唱绣荷包调)

清早把门开,扯满红绣鞋,
低头捡起书信来,低头捡起书信来。
打开书信看,拆开书信瞧,
却原是情哥要荷包,却原是情哥要荷包。
你要荷包袋,怎不亲自来?
为什么书来人不来,为什么书来人不来?
……

文学地理学在涉及文本研究时,强调要"解读好文学作品的人地观",重点关注"人地关系"。对汉水流域戏曲剧目的研究也当如此。汉水流域的爱情婚姻剧在继承中国传统戏曲精髓的同时,融汇了地理生态下的民俗民风以及民族性格和文化风格,展示了地理环境对文学的影响,由于这类剧作大多迎合了观众的心理需求及审美趣味,因此得到了百姓的喜爱,也促进了戏曲文化的发展与传播。

严如熤与山南书院补论[①]

冯岁平　项晓静

清代山南地区是汉中府、兴安府二地的合称，其地即今汉水上游地区以及嘉陵江上游的凤县（今属宝鸡市）、略阳县。[②] 清代嘉庆至道光初年，湖南溆浦严如熤曾长期在此为宦。嘉庆五年（1800）上万言策，次年任兴安府洵阳（今旬阳）知县。八年（1803）任汉中府定远厅（今镇巴）抚民同知，翌年丁母忧旋里。十三年（1808）九月为汉中府知府，直到道光元年（1821）始任陕安兵备道。在山南地区，严氏公暇于书院予极其重视，既关注洵阳敷文书院，又重视汉南书院，还对宁羌州汉源书院予以支持。当然严如熤此前曾师从罗典，在岳麓书院度过了至感而铭的一段日子，也曾在沅州明山书院任讲席。可以说终其一生，严如熤都与书院有着紧密的联系。已有学者注意到严如熤与湘陕书院的关系[③]，或限于篇幅和文献之不足，对严如熤与山南地区的书院论述较少，间有疏阙失论之处，故此做一补论。

一、严如熤与山南地区书院

严如熤（1759—1826），字炳文，号紫峰、苏亭，自号乐园，湖南溆浦县章池人。嘉庆六年（1801）二月，严始任洵阳知县。当时正逢白莲教起义如火如荼，严采用"坚壁清野"的策略打击，屡屡获捷，经略额勒登保、参赞德楞泰连奏其功，得旨加知州衔、赏戴花翎，这在当时引起了极大的反响。

洵阳地处僻壤，但这里"人士气质朴茂，与讲学为近"。乾隆十六年（1751），知县刘琪倡建敷文书院，位置在县治之东，但从洵阳知县邓梦琴（号篑山）之后的20

① 原载于《安康学院学报》，2020年6月第32卷第3期。

② 严如熤曾作《山南诗选》一书，辑录了清代汉中府、兴安府的诗歌作品，见光绪顺天府署本，版归汉南书院（今汉中中学），故本文以山南而名。其书由郭鹏整理，西安出版社2017年1月付梓问世。

③ 唐景珏：《严如熤与清代湘陕书院关系考略》，安康学院学报，2013年第5期，第13～15页。文章分严如熤与岳麓书院，严如熤与明山书院、敷文书院及汉中书院两个部分论述，认为其经世致用的思想源头应归于岳麓书院。

多年里，书院“不复延致师生”。严如熤一向认为“兴化以教学为先”，即便在公务极为忙碌的情况下，他对书院还是给予了极高的重视。李元春这样评价：严“尝重葺敷文书院，捐廉置产，议条规。军书旁午之时，稍暇即集诸生，讲明正学与经、史大义”。具体说来，主要反映在：一是生童为书院的教育之本，严氏除官课外还积极鼓励其生童。他的《示洵阳敷文书院生徒》二首云：“敦朴民情与古同，我来江汉景王风。愿将麟趾千年瑞，消尽狼烟万点红。芳树成行栽棫朴，青峦不断接岐丰。逵林知有干城寄，喜听弦歌到耳中。”“名山风雨忆吾师，拙宦宁忘北面时。吏不诗书真是俗，士能忠孝始为奇。灵光夜吐终南穴，锦浪春潆汉水池。自古三秦钟秀杰，瓣香云麓许分支。”这两首诗以至在后来严续纂《汉南郡志》时改名为《示书院生徒》，足见其重视程度。二是延请名师主讲，定课规，还竭力鼓励生童参与书院的管理事务。嘉庆二十四年(1819)，严如熤《敷文书院学地碑记》：“诸废典次第修举，乃于书院筹置学田，属门人何生自立、张生成业经理其事。延同学友武陵管君敬斋主讲席，属仿岳麓遗意定课规。”

嘉庆八年(1803)，严如熤调任定远厅抚民同知。定远厅，嘉庆八年新置，即今汉中市镇巴县。第二年，旋因丁母忧归里，所以严氏在此时间不长，且其首要的职责在于绥靖当地的社会治安。即便如此，他还“就城外东岳庙，延师训迪，讲贯优给无异洵阳”。

嘉庆十三年(1808)九月，严氏擢升为汉中府知府，道光元年(1821)始任陕安兵备道。作为府级书院，汉南书院是乾隆四年(1739)三月由岳礼、朱闲圣、侯天章“就北城废祠创斋舍，缮门垣，集诸生讲习其间”所设立的一所著名书院。嘉庆时期白莲教起义军进驻城内，汉南书院废作公馆，斋舍为隶人圉夫所毁，书院受到严重毁坏。此时松筠捐廉俸，延师儒，招童课试，并令郡守赵洵将城内外官地悉入书院，于是就形成了所谓“干戈之际不废弦歌”的局面。

第一，倡捐廉俸，以助发展。当时汉南书院被毁严重，当务之急莫过于修缮院舍，倡导募集捐款，以增加书院经费。严如熤“相院基过于湫隘，捐资购院西王姓地，命邑庠汪文元经理院务，改进大门、二门，增修斋房十间，仓二间，建文昌祠、奎星阁三重斋房，倾圮者修整之，檄从九张玉珂将书院田地，履亩清丈。南郑令杨大坦禀请将邑属各案官荒归书院，亦属张从九履丈定租，时移镇兵房衙署用书院地，杨令详请给地价银六百两，知府严公暨绅士马通、殷际昌、黄秉正等捐银九百两，共银一千五百两，发当商营运，按月一分五厘行息，南郑八百，城固五百，褒城二百，自是学舍修廪具焉”。

书院运转所需经费之中，还包括贡金、卷金等。书院生童参加乡、会试需要北上，“寒素之儒，艰于赀斧，有因而窘步不前者矣”。当时汉中府经历杨名飏首捐廉银三百，“嗣经乐园严观察、实斋万明府各分清俸，并劝士绅共捐银一千五百两，置买水田六十三亩，旱地七亩，岁征租钱一百一十缗，以作汉南书院贡举卷金，嘉惠士林，意洵美矣”。从此，汉南书院有了宾兴费。

第二，创建中梁书院，专课南郑生童。汉南书院专课汉中府属生童，但附郭首县南郑县的生童人数不断增加，故在汉南书院之中又增设了中梁书院，专课南郑生童。一般认为，中梁书院是道光初年汉中知府杨名飏创建的，现存汉中市博物馆的《杨太守存爱碑记》记载：“选各书院主讲，领口端堂程子学，则白鹿洞朱子学规以教之，咸知端品笃学。口修汉南书院，附廓口众，别建中梁书院以居之。考棚湫隧，重葺以宏规模。醵金四千置田以口口会试卷金。”此碑原在褒城县（今属勉县）鸡头关上，20 世纪 80 年代初搬移到古汉台保护。由于漫漶殊甚，所以多处文字模糊不清，抑被人为毁坏，但由“别建”则知为杨名飏所建。民国十三年（1924）夏，康耀辰编修《陕西汉中联合县立中学校志》时，也持如此观。

这种说法其实站不住脚。上引的碑石，乃道光十年（1830）“汉中府合属绅庶”合立，是纪念杨氏政绩而立的。但杨名飏本人则明确指出，中梁书院是由严氏创建的。杨名飏《汉南、中梁两书院记》记载：“方今圣教覃敷，人材蔚起，远方之负笈者众。南郑为附郭地，从游较多，书舍有限。前太守乐园严方伯与广庭杨明府捐赀六百金，于院之东隅购地五亩，建屋二十间，颜之曰‘中梁书院’。”道光二年（1822），杨名飏始任汉中知府，“又与实斋万明府倡捐金醵二千，增正厅五，左右舍六。于汉南膏火四十三分外，又增生十分，童十分，归于中梁书院。盖扩而充之，非歧而二之也”。次年因丁忧归里。道光六年，杨氏复任汉中知府，“见两书旧斋不悉整齐，兼多剥落，因与默斋王明府劝捐，又得八百金，因而作新之。兰庭何观察顾而乐焉，进诸生而讲以学道大义，方见人材倍兴，文风蒸蒸日上，有以媲美丰镐辟雍焉”。这就说明，中梁书院是由严如熤与杨广庭创建的，杨名飏只是道光二年、六年两任汉中知府之后，见其颓废，重新修葺而已。

第三，制订章程，力求规范。严如熤《续修汉南郡志》卷十三：“因为酌定书院规条，松公重制陕甘，详陈兴复颠末以请，公令勒之珉石，以垂久远。”随之撮录了《书院规条》十九条，规定了汉南书院官课、馆课及其奖罚措施等。但民国康耀辰修编《校志》时，则缺少"功宜专精""书读有用""学田及师生食米""奖励"等六条。按民国十四年阮贞豫《重刻府志序》中云："矧斯志为同所编，记载精宏，考据详密，向惟康次衡先生家有藏本，每一披览，觉汉水、梁州之政俗，咸厘然而可稽。"这次修志是因民国十三年陕西省通志开局纂修，檄县令采事迹以闻，因而蓝葆初、侯剑澄、王筱康重梓，林捷三校勘，这也是今天能见到的最流行的本子。由此可见，康次衡家有藏本，重修也是在这个本子的基础上重刻的。康次衡是康耀辰之父，因而康耀辰完全有条件看到这个本子。只是修《校志》时，略显仓促，故而留下这个遗漏。

除《书院规条》外，此志还有朱子《白鹿洞书院学规》、敬斋胡子《续白鹿洞书院学规》，康耀辰的《校志》则阙如，但杨名飏《关中集》则收录之，但两个学规均缺少《府志》详细的注释内容，最后尚有"以上十一条，体用兼赅，知行并进，乃入德之门户，上达之阶梯。以是为规，斯之谓正学"。可见杨氏将这两个学规视作一个整体。此外，杨书中又有《书院学规》十八条，分别是严朔望之仪、谨晨昏之令、居处必恭、步立必正、视听必端、容貌必端庄、衣冠必整、饮食必节、出入必省、读书必专、写字必端敬、几案必整齐、堂室必洁净、相呼必以齿、接见必有定、修业有余功、游艺有适性和使人庄以恕，而必专所听。且注明"以上十八条，本番阳端蒙程子学则，得小学之遗意，实大学之始基。谨照旧注参订，以作学规"。端蒙程子，即程端蒙（1143—1191，字正恩，号蒙斋）。说明这十八条学规，不同于上述的规条。按，杨名飏于嘉庆十四年（1809）任汉中府经历，与严氏关系甚密，亦曾积极参与汉中课士，可以说这十条学规是专为汉南书院制订的。

第四，聘请名师，入院主之。作为汉中府最高行政长官，严氏的关注和支持固然不可或缺，但书院山长的人选及其品行、学识直接影响着生童的教育，关系到书院长期、稳定、良性的发展。嘉庆十四年，严氏特请汉中府教授龚溥兼任书院山长。龚溥，字恩斋，甘肃武威人，进士。与严如熤一起，创新书院教育内容，其门生杨筠作《汉南书院》云：

> 乐育怀开善气冲，鳣堂太守倡儒风。昌明至道周虞部，妙解群经戴侍中。未必诸生真鹿鹿，休教古圣物熊熊。竭来江汉宣王化，莫负菁莪造士囊。微行几见惜宵中，果否遗经究始终。灯下赤文腾字绿，窗前白雪点炉红。棘闱鹗表钦融荐，栈阁囊钱助阮空。多少同人今不贱，个侬常愿坐春风。

但龚溥不久便离开了人世。杨筠《哭龚恩斋师》云：

> 不老蓬蒿知遇奇（夫子戊辰至汉，初视筠卷，有“应非老于蓬蒿弁”语），今朝何忍赋哀离。昌明博大钦前训，事业勋名付与谁。捧檄空传毛有母，遗经窃恨邓无儿。我怀搔首青天问，几度招魂废楚辞。

第五，集聚诸贤，共襄盛举。针对汉南书院办学的种种困难，严氏积极发动各方力量，努力予以解决。如嘉庆十四年，当时汉南书院大门尚非南向，乡饮正宾王居阳乐善好施，谊周族里，遂“慨然以后房二间、地基六分捐入书院，俾门路端方，人文蔚起”。对此严氏在讲堂勒石赞颂，还给予“尚义崇文”的匾额，以示嘉奖。汪文元被延入府中襄助军助，其后则“兼修汉南中梁书院，筹增膏火”，其后绅士念其贤劳，公请入礼书院的崇贤祠，以垂不朽。严如熤集聚了汉中社会各方面的力量，终于使汉南书院步入了较好的发展时期。

直至道光六年(1826)而卒，严如熤一生对书院之热情不减。“严公升任陕安道，尚捐廉为赴乡会，士子供旅费，交书院经理。”对曾经履职的洵阳县敷文书院的继续良性运转、新修的宁羌州汉源书院，严氏一如既往地予以关注和支持。于此，关学名家李元春评价：“郡城汉南书院，军兴后废为行馆，膏火田亩，多为吏侵民占，委员履亩丈量，俵佃纳租。谕士绅捐增经费，首出廉俸为倡，共得数千金，充修脯月米之需。重建讲堂斋舍，仿鹿洞苏湖学规。往者未仕时，姜中丞（指姜晟）聘主沅州明山院已然。莅讲外拔其尤者，置郡署汉台，亲教之，终汉中任如一日。”民国康耀辰编纂《陕西省汉中联合县立汉中中学校志》说：“教育尤以振兴，为汉南书院捐给廉俸，买地亩，拨给官荒，增修院舍，书院以扩张。公暇，辄至院集诸生讲解经义，以李司徒、张博望诸先达相勖，制定书院规则，示明管理法、教法，行之多年，均称妥善。”

二、“汉台家法”及其内容

上引李元春所说的，严如熤还亲自选拔优秀的生童，并聚集在府署古汉台栽植教育。

古汉台，今为汉中市博物馆馆址，相传为公元前206年刘邦为汉王时驻跸的行宫遗址，是汉中府署东北隅的花园，自古及今环境极为优雅，人在其间如行花簇地，步步皆芬芳，可谓汉中一方胜迹。汉中知府每每于公暇，便在此游赏，雅兴时还不免为诗作画。严如熤遴选优秀的生童，然后在古汉台训导。他的门生、城固高建瓴曾亲历其间，在《寿严乐园夫子（用族孙南渠太史原韵）》一诗中这样说：

> 桃李成荫满路隈，书声常绕汉家台（夫子选士入府署汉台读书）。兰言契处横经坐，花判闲时问字来。马帐风高丝竹静，鱼庭秋向绮筵开。终南佳气官斋霭，愿上台莱献寿杯。

严如熤对于书院教育方法的改进，不仅表现在他亲自为之，还邀请府中官宦名士课之。如任汉中府经历的杨名飏，严氏曾说：

> 郡旧有书院，余修复，召生徒讲习其中，又拔其尤者，亲教之汉台，屡以课事属杨君。郡试童八九千人，分校阅者三。杨君勤勤恳恳，连宵达曙，遇佳文欣然，见不佳蹙然。即不佳，无一不经评点。人或病其迂拘，杨君则曰："飏母之训曰：造就人材，作官根本。事教与养，未可缺一。视人子弟，当如自己子弟。飏曷敢以疏为敏耶？"

这里所说的杨君即杨名飏。杨名飏（1773—1852），字崇峰，云南大理云龙人。嘉庆十四年，杨名飏春闱下第后，铨陕西汉中府经历。"严太守如熤稔其才识，付以学校、水利、发审诸要政，赞襄裕如。"或因如此，道光六年任汉中知府后，杨名飏重修汉南、中梁两书院，增置膏火和乡、会卷金，十分重视汉南书院的发展，以至今天评价他治秦的卓著政绩之中，就有"重建书院、考棚，发展文化教育"一项。

马允刚亦曾在古汉台课士。马允刚，字雨峰，号见一，直隶开州人。嘉庆二年，任沔县知县。嘉庆十三年，为定远厅抚民同知，直至道光元年。其人"性刚毅明决，不可干以私"。在12年的时间里，"丹应祀庙祠及书院，皆所创建。暇与诸生讲学，甚至供给寒士膏火。立教素严，儆惰赏勤，丝毫不贷，并捐刻唐诗、明文及国初时艺授读，文风由是丕振"。马允刚在汉台课士，作为受教者之一的严正基，在他的《送杨崇峰明府之任安康》诗中为我们展现了当时的场景："步马天汉南，趋庭接时彦。卓哉题舆英，东厅数相见。读书廿载余，学海滋震眩。不惜滞泥途，毛丰自豹变。所嗟丛愆尤，褊衷苦习惯。方期药石言，为我儆疏慢。轩车去金城，美人隔岁晏。逝将京洛游，奋飞依朔雁。蚱非犹未知，今是奚由险。好凭双鲤鱼，缄书惠针砭。"

马允刚不光课士，还对汉台诸生寄予厚望。现藏汉中市博物馆的嘉庆二十三年九月《勖汉台读书诸生》就是极好的佐证。此碑落款"署府事候铨知府开州马允刚并书"。冷置一隅，文献亦不见著录，兹照录如下：

> 汉台登眺古，花木压层簷。烟火千家见，云山四面瞻。春风人满座，雅雨户垂帘。朗诵谐金石，清光映皎蟾。凉飔滋飒奕，秋露拟□□。弟子山如玉，先生水是廉。怀安真褦襶，战胜在韬钤。夜火期同奋，晓鸡借自

> 砭。光阴知应惜，疵累要须歼。披览探书富，攻磨取友严。清斋幽景足，嘉会逸情兼。马帐休窥丽，董帏莫畏炎。含毫芸阁草，插架石渠籤。地有词源涌，锋惊笔阵铦。万言成寸晷，一字值三缣。兴剧神偏王，思深意不厌。力深精义出，气盛浩波添。杂佩纫兰茝，名材贡杞柟。联翩登甲第，荣耀刊宫詹。仙乐清商奏，天厨法酒霑。飘摇游阆苑，蹀躞脱衔箝。铭载钟同鼎，羹调梅共盐。名儒追贾谊，才士过江淹。老马途曾识，鹏程华岳尖。①

严如熤省悟了括帖的弊端，一心追求经世致用。严氏如此教法的受惠者，其实不仅仅是汉南书院优秀的生童，尽管前后人数众多，更重要的还有一位特殊的人物，就是他的长子严正基。严正基《汉台》序："余自嘉庆己巳既癸酉、甲戌，两省家大人汉南，俱下帷读书于此。"即从嘉庆十四年（1809）到十九年（1814）间两省家严，即在古汉台读书。严如熤认为严正基"质虽笨，而气颇沉厚，近令其熟史事，浏览自汉来名臣奏疏。顾亭林《日知录》，为近世大儒，明体达用，实可见诸布敷，令其潜玩焉，而不必以科举之业为汲汲也"。咸丰十年（1860），严正基在《杂咏一百首》追述其父时说到了这种教法为"汉台家法"："文武收罗长吏庭，泽宫肆射石渠经。汉台家法储才俊，我亦推循旧典型。"

值得一说，"汉台家法"在当时影响还不小。前述的马允刚，尚擅长绘事，绘制了《汉台课士图》，可惜今天已不得存否。但严氏作了一首名为《和〈雨峰汉台课士图〉》的诗，为这段课士增添了一段佳话：

> 汉台轩豁俨兰台，风气如何郁未开？地有奇情千载启，人如嘉树十年培。经明共励匡刘业，策对都成贾董材。我是父兄期子弟，此邦合与植青槐。
>
> 李公忠节权公学，汉上风徽纪古来。祭酒漫余张鲁教，经师要重郑元材。堂前丛桂霏香雨，岩畔新篁放冻雷。再着庞眉老尊宿，只今狂简已知裁。

受教者中，还有严氏的以往门生。李元春《严方伯传》："门下易良俶需次知县，犹从学汉中署，诲之曰：为良吏，无利心并无名心，无欺心并无矜心。口言之，身必行之，随地随时无容，执以此往则得矣。"由此看来，"汉台家法"是严如熤课生童

① 现藏汉中市博物馆，《汉中碑石》《汉中地区志》均未载。

最得力的办法之一。

三、严如熤与山南地区的生童

早在洵阳知县任，严如熤教育生童时，十分注重发挥他们的聪明才智，如何自立、张成业经理敷文书院的学田，以保障其经费补给及其正常运转。同时还让参与当地的一些管理事务，如令弟子分段守江，“时令洵州弟子诸生王德林、刘楫、谢璠玙、何自立等，分段守江”。

嘉庆十三年以后，严如熤任汉中知府。按章程规定，他“每月十三日官课”，还改进教育方法，择优者在府署训导。李元春评价说：“所成就士张日章、高树勋、陈道坦、何星汉、李正仪、杨镳、杨筠、李鉴数十人，皆以文章政事知名于时。修志、旌节诸事以渐举，亦赖之。当是时，汉中严太守之名满天下，诸大臣交章荐。”

下面就几位知名生童作一简单介绍。

陈道坦，字履吉，号汉皋，南郑人。嘉庆十九年进士，曾与王德馨、杨筠等交好。道光二年(1822)五月，由东台县调任江苏上元县知县，次年即因政绩而大计卓异。此前知县武润泉(念祖)延请陈榕轩及贤士编辑县志，“分类编著，正其谬误，删其繁琐，当因者因之，当增者增之，书成计卷二十有六”。陈道坦上任后，“从诸君子后相与考订，而修明之，而乐观其成，不能相忘于无言也”。终于修纂成书，此即道光《上元县志》，“可以资考鉴，而征治理”。

杨镳，又作杨彪，字鸾声，号鞠坡，南郑人，拔贡生，举孝廉方正。嘉庆《汉中府志》记载，他与其兄杨森“兄弟怡怡。年既壮，无异孩提；镳少英卉，状貌魁杰，能文章，有节概，学使者多器重之”。严如熤《山南诗选》收入他的《赠别杨兆江回鹿原》。他受过严如熤的严格教育，所以对政务与文教亦格外重视。杨镳在湖北罗田知县任，“综理精确，尤力兴文教，劝捐修书院考棚，工未竣，改任去”。

高树勋，字建瓴，号南渠，城固人。道光元年(1821)解元，三年进士，官翰林院庶吉士。后出守直隶正定府，升直隶清河府署、直隶按察使，卒于任。高树勋师从严如熤，曾赋诗《仲春寿严乐园夫子五首》，赞颂严氏在汉中的政绩循声。据他的儿子高万鹏说，高树勋为文清真超俗，在词垣十余年，诗、律、赋最众，皆端庄流丽。他还喜好碑帖与书法，珍藏有《九成宫帖》，其门人将之付诸上石，以广流播；书追欧阳询，亦多建树。尤为可贵的是，城固高氏蔚为名门望族，“高氏则聚族于高家村，至道光以来，科第仕宦四世，称极盛矣”。

杨筠，字礼堂，号可亭，南郑举人，著有《听琴山房诗草》。据严如熤《续修汉南郡志叙》:“南郑孝廉杨生筠富文学,志洁行芳,其风徽盖慕乡先贤李司徒父子者,乃以绘山川、疆域、栈道、水利各图,采访、考订、校阅之事,属之二君(还有郑炳然)。”说明杨筠是编纂嘉庆《汉中府志》的一位重要人物。杨筠《校〈郡志〉成》云:“善善从长训语深,成仁取义费蒐寻。蝇青恐玷丰年玉,液黑曾严故友金。(时有以万钱求列《郡志》者,筠深斥之)兴废百年归指掌,编摩五载耐精心。莫愁此后无知己,多少前贤说至今。”他深受严如熤的影响,还与汉上名流如武威龚恩斋、王汉章、王德馨有着广泛的交流,但杨筠最崇尚关中大师李颙(二曲)。《垩室录》是李二曲的代表作,也是清代关学的名典。杨筠在《读〈垩室录〉感赋》中写道:“猗欤李夫子,前不愧古人。锐志继绝学,独行绍先民。贫也讵足病,性命存其真。居忧溯庸行,在在反诸身。嗟我入世来,已历三十春。日夕对前贤,胡为江于亲。父书慕手泽,北堂白发新。养体且未能,安望养志醇。低徊《垩室录》,雪涕频沾巾。”“嗟我入世来,已历三十春”,说明此诗写于杨30岁后;“日夕对前贤,胡为江于亲”,看来杨氏是一位具有高洁情趣者。联系到修撰《汉中府志》时,“时有以万钱求列《郡志》者,筠深斥之”,也就不奇怪了。

汪朝兴,字容斋,嘉庆丙子(1813)举人。“少游严太守之门,屡赴春闱,不售,遂拥皋比。为文工且速,常一日涂乙数十艺。及门贫者,不受其束修,且资助之,一时门下称盛焉。”

四、余说

嘉庆十四年七月十六日,陶澍入川途中行至宁羌州黄坝驿,他对比了陕西各地的风俗后说:“西安、同州、凤翔三府最富,汉中文风较盛,大率皆吴楚流入也。”此前的十三日在勉县武侯祠说:“严乐园太守自宁羌勘水灾回,相遇于此。”

清代的书院与科举考试,犹如孪生姊妹一样无法割裂,它像一块试金石不断检验着书院办学的质量和水平。据严如熤的门生杨筠说,嘉庆十四年,汉南书院“秋闱,领乡荐者六人,中副车二”,诚为前所未有的盛事。嘉庆《汉中府志》对之有载:嘉庆十五年庚午科有陈道坦、杨筠、张日章、刘文义和姚士珍等五人。嘉庆十八年则有刘翼、李盘和李南枝三人。

这样的记载还可从中国国家图书馆珍藏的拓本中得到印证。《陕西嘉庆十五年乡试题名碑》①记载:嘉庆十五年中式举人 61 名,汉中府有 4 人,分别是城固县

① 碑在西安,拓片高 138 厘米,宽 66 厘米,洪占铨撰,傅棠正书。

附生刘文义、学生张日章，南郑县副贡生陈道坦、附生杨筠；中式副榜12人，有汉中府学生韩毓之、南郑县附生赵启麟。《陕西嘉庆十八年乡试题名碑》记载：嘉庆十八年中式举人62名，汉中府有府拔贡刘翼、洋县学生李南枝；中式副榜12人，有洋县附生陈远猷、城固县增生孙承祖和洋县附生李景春。由于拓片个别地方模糊不清，故与嘉庆《汉中府志》略有出入。于此可见严如熤对汉南书院的重视和竭力携助，还是收到了明显的效果。

总的来看，严如熤在山南地区，这些书院的主体当然仍是考课式，主要为时文、帖括，但他以他的经历向这些书院灌输着经世致用的思想，而且延请的管敬斋、龚溥等山长，往往为知名度较高的学者，以此笼聚了该地区的才俊精英，从而形成较浓厚的学风，对山南地区学派的形成也有极大的促进作用。

顺便提及，上述所引李元春的评价比较多。李元春（1769—1854），字仲仁、又育，号时斋，朝邑（今陕西大荔）人，清代著名关学家。他与"乐园之弟子"的杨筠有着学术上的往来和切磋："七月末得王葵圃同年书，兼获尊翰，愧喜交集。所正《文庙备考》及《省志辑略》伪字皆是，此由刊成工人速于印刷，订本后又少校一过，故多欺悮耳。然于此见阁下平日读书心细，一字不肯放过，即凡事不肯苟且矣。孔子之郯一条，两处矛盾，仆亦疑之，以此等本难尽据，且学官容即在鲁之郯，容属后事，于此附及，是以仍依原文弗删也。"①说明杨筠一如既往对学术的重视和钻研。在这个背景下，李元春应杨筠之请作《严方伯传》。《答杨可亭书》云：

> 严乐园先生事业彪炳，他日定入正史，承命作传，恐笔秃不能揄扬万一，迟回久之，而有未敢辞者。仆知乐园先生久矣，往时临川杨中丞頀见拙著，恨当世大老知仆者少，谓关中惟严太宗能知之，即指乐园也。仆本不求知，乐园亦卒不知仆，而以阁下之命为《乐园传》，因此见文章亦有先兆。窃谓仆传乐园，即不啻向蒙乐园之知仆。况今见知于乐园之弟子如阁下者，又何异见知于乐园也？阁下所为《乐园小传》与《孙征君传》僭删润之，已各付梓。作《乐园传》，以事多可为后法，于原状每不忍弃，自觉殊少剪裁，然剪裁为文可，于事终略，作正史可，作野史不可。两疏亦宜传，移入论中，此又变诸史之例，阁下以为何如？旧刻拙著并希见教。

① 李元春《答杨可亭书》，《桐阁先生文钞》卷六，王海成点校整理《李元春集》，西北大学出版社，2005年1月，第192页。

可以看出,李元春知严如熤久矣,在杨筠诚邀下,他作了严如熤的传记,即《严方伯传》,但两人终未谋面。这篇传记“于原状每不忍弃”,“殊少剪裁”,而且传后附录严如熤《平苗议》十二条、《平定乱民疏》之大略,可视作信史。

汉水文化研究 区域经济篇

汉江水源地生态补偿资金分配的优化路径研究
——以汉中市农户视角的调查为例①

唐萍萍　唐士梅　胡仪元

党的十九大报告提出了绿色发展理念,要坚持"人与自然和谐共生""构筑尊崇自然、绿色发展的生态体系",走"生产发展、生活富裕、生态良好"的文明发展道路,构筑人与自然和谐发展的生命共同体,并把污染治理确定为第一大攻坚战。习近平总书记强调:"环境就是民生,青山就是美丽,蓝天也是幸福""保护环境就是保护生产力,改善环境就是发展生产力"。水是最重要的生态资源,水源保护是生态保护的重要内容,特别是跨境调水的水源地,没有水源保护,尤其是持续的水源保护,声势浩大的调水工程就成了无用工程。调水工程水源地生态补偿是为了激发水源地政府和人民保水节水护水的积极性,确保持续、长效供水的激励性政策措施。生态补偿实现了水源地人民生态保护与经济发展上的公平,把水源保护的责任与利益连接起来,有助于建立水源保护的长效机制。但是,生态补偿必须落地,使其资金得到有效、合理分配和科学使用,以使国家政策激励到位、民众生态保护成本补偿到位。而补偿资金的公平、合理分配必须体现水源保护相关利益主体的意志,满足其合理诉求。尤其是水源地的农户,作为重要的利益主体之一,他们对补偿资金分配的看法和建议对进一步增强水源保护的自觉性、长效性,推动补偿资金分配的优化有重要的参考价值。为此,课题组通过入户调研等方式,具体调查分析了汉江水源地的生态补偿分配情况以及农户对生态补偿资金分配政策的认知情况,并提出相应的对策和建议。

一、调研基本概况

(一)调研区域基本概况

汉江作为南水北调中线工程和引汉济渭工程双重水源地,供给着南水北调中线工程150亿立方米/年和引汉济渭工程15亿立方米/年的水量,4年多累计向北方输水200亿立方米,受益人口达到5 300多万人。汉中市位于汉江上游,其境内

---

① 原载于《陕西理工大学学报》(社会科学版),2019年8月第37卷第4期。

的宁强县是汉江的发源地，汉江干流由此向东流经勉县、南郑、汉台、城固、洋县、西乡等县（区），汉中市境内汉江干流长 277.8 千米，占汉江全长 1 532 千米的 18.1%；流域面积 19 692 平方千米，占汉江全流域面积 17.43 万平方千米的 11.3%。

对汉江水源地进行生态补偿已经达成了共识，并得到实质性推进。“十二五”期间，汉中市累计获得纵向财政重点生态功能区转移支付补助资金 39.5 亿元，①“十三五”以来，已经累计获得纵向财政重点生态功能区转移支付补助资金 26.746 亿元；②同时，根据已经实施的津陕《对口协作规划》和《对口协作工作实施方案》，“十三五”期间给予汉江水源地“每年 3 亿元的对口协作资金”，使汉江水源地获得了稳定的纵横向生态补偿。对于付出巨大生态保护成本的水源地而言，补偿资金的缺口还是很大的。因此，公平分配和科学使用这些生态补偿资金具有重要的意义。目前，分配到的生态补偿资金，主要由市、县政府统筹用于保护水源地生态环境、改善当地公共服务能力和促进脱贫攻坚等三方面的支出。就农户而言，他们中除了部分贫困人员担任生态保护人员外，其他农户无法直接获得生态补偿资金。

（二）调研基本情况

本次调研时间为 2018 年 7 月 18 日到 8 月 28 日，调研范围主要包括汉江上游汉中市的汉台区、宁强县、勉县、城固县、洋县和西乡县等 6 个县区。调研方式主要采用比例抽样调查，共确定建制镇 10 个和行政村 15 个，在村内采用偶遇抽样法，对问卷中有难以理解的问题，调查人员随时给予标准解释。共发放问卷 300 份，回收有效问卷 280 份，有效问卷率为 93.33%。在生态补偿资金分配过程中，需要科学合理地设计补偿资金供给主体、补偿资金用途、补偿资金受益主体及其内部利益分配标准、监督措施等内容。围绕这些内容，我们设计了调研问卷的内容，具体包括 4 部分：第一部分是农户对现行水源地生态补偿资金分配政策的了解程度，第二部分是农户对现行水源地生态补偿资金供给主体的看法与建议，第三部分是农户对水源地生态补偿资金受益主体及其内部利益分配的看法与建议，第四部分是农户对水源地生态补偿资金监督措施的看法与改进建议。受访农户基本特征见表 1。

① 汉中市财政局：《汉中市 2015 年财政预算执行情况和 2016 年财政预算草案的报告》。

② 汉中市财政局：《汉中市 2016—2018 年财政预算执行情况和 2017—2019 年财政预算草案的报告》。

表 1　受访农户基本特征

指标	类别	样本数/个	比重/%
年龄	<30 岁	4	1. 43
	30～40 岁	21	7. 50
	40～49 岁	100	35. 71
	≥50 岁	155	55. 36
性别	男	168	60. 00
	女	112	40. 00
家庭人口数	1 人	25	8. 93
	2～3 人	126	45. 00
	4～5 人	111	39. 64
	6～7 人	18	6. 43
受教育程度	文盲半文盲	11	3. 93
	小学及以下	82	29. 29
	初中	110	39. 29
	高中	74	26. 43
	大专及以上	3	1. 07
主要收入来源	转移性收入为主	50	17. 86
	农业生产经营收入为主	60	21. 43
	工资性收入为主	169	60. 36
	财产性收入	1	0. 36

二、调研结果分析

(一)农户对现行水源地生态补偿资金分配政策认知模糊

大部分农户只是知道国家和天津市对汉中市进行了生态补偿,但是补偿资金的具体数额没人清楚,能够知道国家和天津市每年给汉中市生态补偿资金大概数字的农户也分别只有 11. 79% 和 11. 43% ,还有 11. 07% 和 12. 15% 的农户根本不知道有纵向或横向生态补偿这回事。关于“是否知道自己所在村(社区)属于南水北调中线工程水源区”问题,有 57. 86% 的农户回答为“否”。大部分水源地农户不了解为什么要进行水源地生态补偿,仅有 5. 26% 农户十分清楚水源地生态补偿政策实施的目的。具体见表 2。

表2　汉江水源地农户生态补偿资金分配政策认知情况

问题	选项	选择户数	比例/%
您知道国家每年给汉中多少水源地生态补偿资金吗?	A. 知道具体金额	0	0
	B. 知道大概金额	33	11.79
	C. 知道有这回事	147	52.50
	D. 不太知道	69	24.64
	E. 一点都不知道	31	11.07
您知道天津市每年给汉中多少水源地生态补偿资金吗?	A. 知道具体金额	0	0
	B. 知道大概金额	32	11.43
	C. 知道有这回事	140	50.36
	D. 不太知道	74	20.07
	E. 一点都不知道	34	12.14
您知道汉中属于南水北调中线工程的水源区吗?	A. 是	118	42.14
	B. 否	162	57.86
您知道为什么要进行水源地生态补偿吗?	A. 十分清楚	15	5.26
	B. 清楚	59	21.11
	C. 隐约知道	110	39.32
	D. 不太清楚	59	21.16
	E. 一点都不清楚	37	13.15

由于大部分农户对水源地生态补偿政策不了解,因此,我们在进行后续访谈前,先将补偿政策的主要内容及其运行现状向受访农户进行介绍和讲解,在此基础上,再进一步询问他们对此的看法和建议。

(二)农户认为水源地生态补偿资金供给主体单一

当受访农户知道目前水源地生态补偿资金供给主体主要是中央政府和受水区政府的时候,绝大部分农户认为只有政府作为补偿资金供给主体的情形会造成补偿资金来源有限,进而影响到整个生态补偿政策的实施效果,受调研农户普遍认为,水源地生态补偿资金供给主体太过单一,见表3。他们建议要形成多元主体参与的补偿资金供给模式,即应该将因调水工程受益的企业、组织都纳入补偿资金供给主体的范围中,扩大补偿资金供给量,确保补偿政策达到预期的效果。

表3　汉江水源地农户对生态补偿资金供给主体的看法

问题	选项	选择户数	比例/%
您觉得目前以中央政府和受水区政府为补偿资金供给主体是否单一？	A. 是	275	98.12
	B. 否	5	1.88

（三）农户希望水源地生态补偿资金主要用于水源地的生态环境保护

实施水源地生态补偿政策的初衷是为了保护水源地的生态环境，同时兼顾水源地的民生改善和精准扶贫的需要。为此，水源地生态补偿资金主要用于生态环境保护支出、公共服务支出和脱贫攻坚支出。但目前，国家和陕西省对上述3种用途之间的具体比例并未做出明确规定，这就造成一些市、县将生态补偿资金的大部分用于改善民生与脱贫攻坚，少部分用于生态环境保护。以汉中市为例，2018年该市共获得国家和陕西省拨付的生态补偿资金89 960万元，其中用于节能环保支出44 163万元，占比为49.10%，未达到补偿资金的一半，这与生态补偿政策设计的初衷有一定的差距。水源地大部分农户对目前的这种做法也持不赞同态度。调研中，59.28%的农户认为既然国家和省上拨钱是为了让我们保护生态环境，那么就应该将大部分补偿资金用于生态环境保护，不能挪作他用；也有40.72%的农户认为水源地为了保护生态环境丧失了很多发展机会，为缓解贫困落后的状态将大部分补偿资金用于改善民生也无可厚非。具体见表4。

表4　汉江水源地农户对生态补偿资金用途的看法

问题	选项	选择户数	比例/%
您觉得目前将补偿资金的一半以上投入到改善民生是否合理？	A. 是	114	40.72
	B. 否	166	59.28

（四）农户应该成为水源地生态补偿资金的直接受益主体

目前的生态补偿资金没有直接分配给农户个人，而是由市、县政府统筹用于节能环保支出、公共服务支出和脱贫攻坚支出。三部分支出中只有用于脱贫攻坚支出的部分是与水源地农户发生直接关系的，主要体现在优先让有劳动能力的贫困人口就地转换成生态保护人员，每月工资300元左右，帮助他们直接脱贫，也就是说只有这部分水源地农户是直接被纳入水源地生态补偿资金受益主体中的。但这部分的比例特别低，每个村也就2~3人，还只能从贫困户中评选，大部分农户没被直接纳入水源地生态补偿资金受益主体中,无法与补偿资金建立直接联系,这就造成很多水源地农户不会因为现行的生态补偿政策而保护生态环境,或者说生态补偿资金对水源地农户的环保激励效应打了折扣。在调研中,针对水源地农户是否愿意被纳入补偿资金直接受益主体及其希望获得的受益比例,我们设计了这样两个问题——如果新的生态补偿资金分配政策,将补偿资金一部分分配给水源地政府集中用于环保和公务事业支出,另一部分直接分配给水源地农户用于激励其环保行为,作为水源地农户之一,您愿意接受这种直接补偿吗?您觉得直接分配给水源地农户的补偿资金占总补偿资金的多少合适?对于这个问题的回答,绝大部分农户都选择愿意,仅有3.51%的农户选择不愿意,具体见表5;关于希望获得的直接补偿资金占总补偿资金的比例,大部分农户选择30%,具体见表6。说明大部分农户希望自己被直接纳入水源地生态补偿资金受益主体中,他们希望水源地生态补偿资金在分配的时候能够划出30%直接交给他们使用。

表5 汉江水源地农户接受直接生态补偿的意愿

问题	选项	选择户数	比例/%
您是否愿意接受直接的水源地生态补偿?	A. 是	270	96.49
	B. 否	10	3.51

表6 汉江水源地农户对直接补偿资金占总补偿资金比例的诉求

问题	选项	选择户数	比例/%
您认为直接分配给水源地农户的补偿资金占总补偿资金的多少合适?	10%	2	0.71
	15%	3	1.02
	20%	12	4.36
	25%	29	10.53
	30%	137	48.84
	35%	44	15.79
	40%	28	9.98
	不确定	25	8.77
	没要求	2	0.71

(五)农户希望能够按照环保贡献度来分配农户内部生态补偿资金

紧跟前面关于农户参与直接补偿及补偿比例的问题,我们又进一步询问受访农户对于直接分配给水源地农户集体的30%的补偿资金，在他们内部如何进行合理分配，是按照每户人均耕地数分配，还是按照每户为当地生态环境做的贡献度来分配？这个问题基本上是让受访农户花费时间最长、最难选择的一个问题。究其原因，是这两种方案各有利弊。按照人均耕地数分配，优点是便于统计分配到每户的补偿资金，简单易行，缺点是不利于激发农户的环保热情，造成一些农户即便不注意保护生态环境，不进行绿色农业生产，但因为其土地数量多也能获得较多的补偿资金，而一些农户很注意保护生态环境，也积极地进行绿色农业生产，但是因为土地数量较少而获得不了较高的补偿资金，水源地农户内部形成生态环境保护贡献度与获得的生态补偿资金额不匹配的不公平现象，无法达到生态补偿政策实施的预期目标。按照农户环保贡献度来分配补偿资金，虽然比较公平，能够最大限度地激发农户环保的积极性，但因其具体操作费时费力，要运行这套分配方案，首先需要建立一套水源地农户环保行为贡献度评价指标体系，然后给每户建立环保贡献台账，再对每户的环保行为进行量化评价，最后才能确定每户获得的补偿资金额，整个过程花费的人力和时间成本要远远高于按照人均耕地数的分配方案。尽管很难选择，但是受访农户还是按照我们的访谈要求做出了自己的选择。最后的统计结果表明，56.28%的农户选择按照环保贡献度来分配农户内部生态补偿资金，43.72%的农户选择按照人均耕地数来分配农户内部生态补偿资金，具体见表7，说明大部分农户认为生态补偿资金在内部分配过程中最重要的是体现公平合理。

表7　汉江水源地农户对补偿资金内部分配方案的选择

问题	选项	选择户数	比例/%
您选择哪种补偿资金内部分配方案？	A. 按照户均耕地数分配	122	43.72
	B. 按照户均环保贡献度分配	158	56.28

（六）农户希望加强生态补偿资金的分配监管

目前的水源地生态补偿资金分配管理是以政府财政为主的自上而下的方式进行的，大部分受访农户反映这种分配管理方式容易出现不透明、管理者贪腐等问题，严重影响生态补偿政策的顺利推进和使用效率，他们希望能够加强水源地生态补偿资金的分配监管，具体见表8。对于具体的监管措施，他们觉得可以对补偿资金管理者的管理业绩进行考核并根据考核结果进行相应的奖励与惩处，通过奖罚分明的激励制度约束管理者廉洁自律,确保补偿资金高效运行,进而达到补偿政策的预期目标。

表 8　汉江水源地农户对加强补偿资金分配监管的看法

问题	选项	选择户数	比例/%
您觉得是否需要加强补偿资金的分配监管力度?	A. 是	269	96.12
	B. 否	11	3.88

三、水源地生态补偿资金分配的优化路径

梳理、总结农户对水源地生态补偿资金分配的想法与建议,总结国内外关于生态补偿资金分配与管理的理论研究和实践经验,结合汉中生态保护与生态补偿实际,提出以下优化路径建议。

(一)加强宣传,提高补偿资金分配政策的知晓度

农户作为水源地环境保护的重要主体之一,他们理应对水源地生态补偿资金分配政策享有知情权。也只有他们知晓、理解水源地生态补偿资金分配政策的具体内容及其运行机理,才能更好地激发他们作为水源地生态环境保护重要主体的自觉性、责任感和使命感,更好地保护好水源地的生态环境,更好地监督生态补偿资金的分配与使用,确保补偿政策预期目标的达成。针对目前水源地农户对水源地生态补偿政策及其相关内容知晓度低的现状,政府要采取多种途径,向农户宣传这项政策的实施目的、具体内容及其运行机制,逐渐帮助农户理解这项政策的宗旨及其要义,进而提高他们参与生态环境保护的积极性。

(二)多方参与,提高补偿资金供给量

国家"十一五"规划就已经提出"谁开发谁保护、谁受益谁补偿"原则,但是目前水源地生态补偿资金的供给主体仍然是政府,单一主体的资金供给容易造成水源地生态补偿资金供给量达不到实际需求,进而影响补偿政策的实施效果。以汉中市 2014 年的补偿资金额为例,经学者测算,该地区 2014 年应该获得的生态补偿资金额为 59.98 亿元,但其实际获得的生态补偿资金额仅为 10.06 亿元,只达到实际需求的 16.78%,补偿资金额满足不了实际需求,水源地在知识贫困与经济贫困的双重约束下,极易忽视其生态地位,也极易突破生态保护的要求与限制,造成严重的生态环境破坏。要避免这种现象的发生就要提高生态补偿资金额度,其根本要求是按照"谁开发谁保护、谁受益谁补偿"的原则扩大补偿资金供给主体,让相

关的企业、组织都参与进来，积极探索企业污染与生态破坏的赔付机制、生态保护效果的补偿机制、优质生态资源的购买机制，探索生态保护区粮食、绿色食品等产业发展给以商品价格补偿以及社会捐助的综合补偿机制，构建多渠道的水源地生态补偿资金供给模式。

（三）按照贡献度分配补偿资金，提高农户保护环境的积极性

水源地农户希望生态补偿资金在分配的时候能够划出30%直接交给他们使用，但目前水源地生态补偿资金是由当地政府统一调配用来保障调水工程的水源供给，生态补偿资金并未精准到户，这严重挫伤了农户的环境保护积极性。因此，要完善水源地生态补偿资金分配方式，合理划分政府统筹支配和农户个人支配的补偿资金比例，充分调动农户的环保积极性。在农户内部，按照每户环保贡献度再次分配补偿资金，具体做法可以通过生态环境保护贡献台账和生态补偿资金账户，将每户获得的生态补偿资金额与其生态环保贡献度挂钩，实现补偿资金在农户内部的公平合理分配。

（四）确保环保资金支出比例，提高补偿资金使用的精准度

生态补偿政策设计的根本目的是促进生态环境保护。因此，分配到水源地的生态补偿资金在使用过程中，其生态环境保护支出比例就不应该低于50%，只有坚守这一最低比例，才能保证水源地生态环境的持续改善，保证调水工程的长效运行。此外，在生态环境保护支出方面，应加大绿色产业发展、绿色技术研发的投入，践行绿水青山就是金山银山的理念，实现脱贫攻坚与生态环境保护的协同推进。

（五）加强考核，提高补偿资金分配的透明度和监督力度

要降低和减少生态补偿资金分配使用过程中出现的低效率和贪腐问题，就要提高补偿资金分配的透明度，形成全社会监督的有利局面。同时，加强对补偿资金监管者的考核力度，即制定监管者奖惩制度，对绩效好的监管者予以奖励，对绩效差的监管者予以惩罚，通过设定监管者绩效及奖励标准来激励监管者履行监管职责。

基于循环经济的陕南物流园区发展问题研究[①]

郑宽明　张桂花

随着物流产业的迅猛发展,物流园区作为物流产业发展平台日益受到重视。现代物流强调全方位对环境的关注,是循环经济发展的重要基础。如何在物流基础设施建设以及运营中贯彻循环经济理念,抑制物流活动对环境造成的危害,使物流资源、自然资源及社会资源得到最科学合理的利用,成为当下亟待解决的课题。物流园区建设应该向着更加科学合理的方向发展,以最低的资源消耗率最大限度地满足地区发展的物流需求,为促进区域经济发展创造条件。

一、物流园区发展与循环经济的关系

物流运作过程既有价值的增值和转移,又有物质能源的转化、循环利用。随着经济的快速发展,物流活动对生态环境的影响也越来越大,资源浪费、废气污染、噪声污染、交通拥堵、废弃物增加等问题日益突出。实施物流现代化标准作业、建立更为合理高效的运输体系、实现设施共享,是物流市场高度信息化的结果,是物流实现由粗放式的经济增长向集约式经济增长方式转变的重要途径,符合循环经济发展的方向。

物流园区是区域经济范围内物流产业协同发展的产物,是一家或多家物流企业在空间上集中布局的场所,是具有一定规模和综合服务的物流节点。物流园区能够有效整合地区物流资源,不仅直接为物流企业获得规模效益和集聚效益,并且与调整城市用地结构、缓解城市交通拥堵和环境压力密切相关。一直以来,我国物流园区的发展是以“高资本投入、高污染排放、高资源消耗”等牺牲环境为代价的传统粗放型的模式,但随着全球化进程的加快,政府、企业和公众对环境保护越来越重视,建设面向循环经济的物流园区,开展符合循环经济发展要求的物流运作将是必然的选择。

---

① 原载于《农村经济与科技》,2019 年第 30 卷第 6 期。

二、陕南物流园区建设和发展存在的问题

陕南（陕西南部地区，包括汉中、安康、商洛三市）地处秦巴山区，资源环境约束、区域发展竞争压力决定了发展循环经济是其必然选择。《陕南循环经济产业发展规划（2009—2020年）》对于陕南发展有了一个明确定位：用循环经济理念，走"科技含量高、经济效益好、资源消耗低、环境污染少、人力资源优势得到充分发挥"的路子。由此可见，陕南循环经济的发展对物流园区的建设和发展提出了更高的要求。但陕南的物流园区建设和发展仍然比较粗放，存在以下问题。

一是整合协调功能差。陕南各地通过物流园区建设进行物流资源的整合，这种整合的出发点是提高企业物流运作效率、降低成本，从而提升城市整体经济运行效率，但在实际建设和发展过程中仍存在简单的整合，导致物流园区建设未能充分考虑区域经济发展和有关企业的需求，造成现有仓储设施等物流资源未能得到充分利用而形成极大的浪费，最后土地资源也可能转化为其他用途。

二是集约化程度较低。陕南物流园区内物流企业经营方式比较原始，信息化、专业化和社会化程度较低，没有实现标准化物流技术导致物流各环节融合性差，物流效率降低，资源利用率较低及浪费严重。譬如运输环节，不合理运输使车辆燃油消耗加大，还加剧了噪声和废气污染；仓储环节，不当储存方法容易导致储存货物泄漏或腐败变质，尤其是化学危险品的泄漏，对环境和人造成重大影响；装卸搬运环节，野蛮操作方式容易发生货物损坏，造成物流资源浪费和废弃；包装环节，多数商品的包装方式、包装材料选择不当，造成资源的极大浪费和环境严重污染，如塑料袋、易拉罐、玻璃瓶等包装材料，给自然界留下长久污染隐患。

三是技术含量低。尽管陕南各地物流园区已经开始物流园区的网络化建设，但网络的覆盖率还比较低，同时协作的软件也不配套，致使物流园区的信息化、网络化运作比较困难，这在很大程度制约了陕南物流园区与全国乃至世界物流的接轨。很多物流企业没有配套的信息化管理系统，而少数拥有建立信息系统能力的企业，也仅仅用在人力资源管理、财务管理以及建立企业网页和网站等方面，使得实用性差。

四是物流设施建设与发展滞后，影响物流效益。陕南各地的物流园区中，现代化的物流储运和集散设施较少，能够高效连接不同运输方式的大型综合货物运输中心，服务于城市内部或区域经济的各种物流基地、物流中心还比较缺乏，物流信息化管理手段和技术手段都还比较落后。不少中小型物流企业往往只是被动地满

足客户需要，在对市场敏感度、服务项目的开拓、自身的价值定位等方面均有所欠缺。

三、面向循环经济的陕南物流园区发展策略

（一）建立完备的循环物流体系

由于产品在供应、生产、流通和消费等环节中会产生大量包装物和废弃物，一旦这些包装物和废弃物得不到正确的回收和处理，必然引起生态环境的恶化和社会资源的枯竭。因此，物流园区功能设计应从资源角度出发，考虑加工处理更多的返还品，将逆向物流放在物流园区的功能设计当中，使供应链中逆向物流与正向物流相互协调，最终形成具有循环回路的逆向物流体系，即建立起包括供应商、制造商、分销商、消费者、园区回收处理中心和自然生态环境在内的基于循环经济的物流体系，既能保障生产、流通企业的正常运营，又能有效减少资源消耗和废弃物排放，促进资源的循环利用。

（二）改革物流管理体制，重组物流业务流程

制定一致的专业化的服务规范、装备及技术标准，打破全社会物流市场条块分割的物流畸形管理体制，促进形成专业化社会化的物流系统和跨区域、跨行业的整体性综合物流网络体系；改变企业“小而全”“大而全”的粗放式经营运转方式，将物流企业内部效率比较低的人员、设施以及相关组织进行有效分离，促进专业化、社会化物流企业的良性发展；按照专业化、社会化、高效精干的原则，建立采购统一化、配送统一化的物流配送中心与物流管理中心，着力发展物流企业，加速物流市场功能进一步多样性发展，加快发展以多元化为主体的新兴综合型的物流企业，提供有效的第三方物流服务，并在物流管理方式、运行机制、经营理念等方面快速发展，尽早实现与国际接轨。

（三）实施园区绿色物流管理

物流园区管理应该做到标准化，合理规划、安排作业时序与作业程序，最大限度降低物流资源的浪费，这就需要尽快地实施绿色物流。绿色物流就是要在物流运作过程中节约、高效地利用各种资源，减少和抑制物流活动对环境造成的各种污染，并实施对物流环境的高度净化，使物流发展与社会人文及生态环境和谐共存。

1. 提高信息化水平和物流作业配套能力

物流园区应协同相关生产企业建立更为完备的物流信息系统平台，以便适应企业供货、生产、销售等环节的分散化以及市场环境的快速变化，提高快速应对市

场变化的反应能力。另外,现代化的物流园区强调综合性的系统观,要求各子系统的物流作业要整体配套,如不同物流节点的装卸、搬运、储存、运输能力和包装能力要配套,节点上的货物快速的疏导能力与运输能力要配套,港务、清关、检疫检验等业务能力与运输能力要配套。物流园区应该最大限度地加强时间、人员、设备、物资等资源的使用效率,取得最大化的社会效益和循环经济效益。

2. 建立绿色物流指标

积极推进 ISO1400 环境管理体系的标准化,运用国际标准来规范物流的自身行为。物流园区应该设定实施绿色循环物流具体的目标值,定量定性控制各项物流活动。绿色循环物流指标应该能够有效协调有关物流活动环境效益和经济效益,表现环境效益的具体指标是“三废”排放量、货物输送过程中的抛洒率、能源利用率、包装回收率的高低、员工是否具有环保意识等。

3. 发展绿色装备

绿色装备是实现循环物流的重要基础。绿色物流装备一般来说指的是能够循环使用的装备,能最大限度节省各种物资资源并对环境没有污染和损坏。绿色装备的最强功能除了能够减少污染物排放量、提高设备的效率和功率外,主要还体现在对不同物流设备的使用、调度和维护等方面。物流产业所倡导和发展的绿色循环装备目前主要有集装箱、厢式货车、电瓶叉车等。绿色装备更多的是代表一种循环理念和支撑绿色理念的技术,随着循环经济的快速发展,绿色装备定然成为物流产业运营必需的标准化装备。

集中连片特困地区农村电商物流服务满意度调研与对策——以秦巴山区为例①

田京京　谢立雄　谭新喜

秦巴山区等14个集中连片特困地区为脱贫攻坚主战场。2018年5月国务院出台《关于开展2018年电子商务进农村综合示范工作的通知》,强调在贫困地区建设、完善农村电商公共服务体系。2019年中央一号文件指出要“不折不扣完成脱贫攻坚任务”,并提出要“巩固和扩大脱贫攻坚成果”。农村电商已成为农村脱贫攻坚的重要抓手和经济增长的新亮点,在贫困地区推广农村电商已成为国家战略。物流服务是农村电商发展的最主要影响因素之一,关系农村经济发展和扶贫工作的绩效,受到政府的重视与学者的关注。

现有文献多立足于宏观角度研究农村电商物流,以实证法研究脱贫攻坚背景下特困地区农村电商物流的成果相对甚少。本文以集中连片特困地区之一的秦巴山区农村电商经营者为调研对象,通过问卷调查和访谈调研了农村电商物流服务满意度,分析得出物流服务满意度的显著影响因素,根据数据分析结果,结合秦巴山区经济社会、地理环境等特点,提出该地区以及同类型国家集中连片特困地区农村电商物流发展的对策建议。

一、数据来源

用Cronbach’s系数法对问卷内部一致性效度进行检验,结果值大于0.7,说明问卷的内容效度和结构效度良好,可用该问卷进行正式调研。以秦巴山区农村电商经营者(农村电商产品销售者、采用电商方式交易的农副产品生产者)为调查对象。于2018年10—12月进行了调研,实地发放调查问卷207份,与部分被调研者进行了深度交流。同时收到网络问卷130份。本次调研共收到问卷337份,其中有效问卷308份,有效回收率为91.3%。

① 原载于《农业经济》,2020年第5期。

二、调研结果与分析

（一）样本的群体特征

308 份有效样本中，年龄 30～40 岁和 40～50 岁的分别占 35.4% 和 27.9%，年轻群体 20～30 岁的占 25.3%，而 50 岁以上的仅占 11.4%，由此可知 50 岁以下的中青年是电商物流使用的主体。高中学历和中职学历比重最大，占 42.2%；大专及以上学历者占 28.2%，这与地方政府近年出台政策鼓励大中专毕业生返乡创业有关。经营者中女性占 45.1%，男性占 54.9%。偏重选择收费低的中通、圆通、邮政，分别占 20.4%、24.1% 和 22.3%。曾被认为价格昂贵的顺丰，比例达到了 11.1%，这与其服务质量较高有关。85.1% 的被调研者认为与城市物流相比，农村电商物流收费偏高；办理物流会员服务的占 65.4% 以上。经营的商品中，茶叶占 36.7%，腊肉等干货占 30.1%，禽畜生鲜食品占 13.0%，水果蔬菜占 16.2%。经营地点属浅山丘陵村落占 55.2%，近郊村落占 20.1%，乡镇街道社区占 24.0%。

（二）农村电商物流服务满意度影响因素分析

从物流公司服务便利性 A、可靠性 B、配送货效率性 C、配送货态度 D 以及实时性 E 这 5 个方面建立起由 5 个维度 16 个满意度指标向量构成的秦巴山区农村电商物流服务满意度指标体系，如表 1 所示。由方差分析，得 Dubin-Watson 统计量为 1.899，显著性水平为 0.00，因此可进行回归分析。将物流服务满意度设为 y，网点分布的便利性、顾客按时上门取件、商品货到付款提供订单实时追踪信息等 16 个指标分别设为 $x_1, x_2, \cdots, x_{16}$。物流服务满意度 y 与这 16 个指标间的回归分析结果如表 1 所示。

显著性水平为 0.05 时，依据表 1 中的标准化系数 β 来分析各因素对满意度的影响。

将自变量的标准化系数 β 进行比较，发现网点分布的便利性（$\beta = 0.195$）是便利性维度 A 中对物流满意度影响最大的量，说明应重点改进和设置物流营业网点，提高网点的合理性与便利性。配送过程中的无损性（$\beta = 0.12$）和受损赔偿性（$\beta = 0.148$）是服务可靠性维度中影响较大的量。从配送货效率性维度分析，发货频率（$\beta = 0.158$）以及退换货速度（$\beta = 0.16$）对该地区的电商物流满意度影响较大，这与复杂的地貌造成物流配送频率低耗时长有关。从态度性维度分析，退换货服务态度（$\beta = 0.126$）对物流满意度影响较大。从实时性维度分析，订单实时追踪信息对物流满意度影响（$\beta = 0.106$）较大，这与该地区农村电商网点较少且员工人数多

表1 回归分析

<table>
<tr><th>维度</th><th>二级指标</th><th>非标准化系数 B</th><th>标准化系数 β</th><th>T</th><th>显著性</th></tr>
<tr><td rowspan="4">服务便利性 A</td><td>网点分布的便利性(x_1)</td><td>0.097</td><td>0.195</td><td>3.798</td><td>0.00</td></tr>
<tr><td>顾客按时上门取件(x_2)</td><td>0.042</td><td>0.072</td><td>1.481</td><td>0.14</td></tr>
<tr><td>商品货到付款(x_3)</td><td>0.03</td><td>0.051</td><td>1.037</td><td>0.301</td></tr>
<tr><td>沟通便利性(x_4)</td><td>0.019</td><td>0.036</td><td>0.712</td><td>0.477</td></tr>
<tr><td rowspan="2">服务可靠性 B</td><td>配送中的无损性(x_5)</td><td>0.059</td><td>0.12</td><td>2.318</td><td>0.021</td></tr>
<tr><td>受损赔偿性(x_6)</td><td>0.076</td><td>0.148</td><td>2.938</td><td>0.004</td></tr>
<tr><td rowspan="4">配送货效率性 C</td><td>退换货速度(x_7)</td><td>0.076</td><td>0.16</td><td>3.076</td><td>0.002</td></tr>
<tr><td>配送中心到物流点的时间(x_8)</td><td>0.051</td><td>0.1</td><td>1.983</td><td>0.048</td></tr>
<tr><td>发货频率(x_9)</td><td>0.075</td><td>0.158</td><td>3.205</td><td>0.002</td></tr>
<tr><td>处理订单数与实际输出订单量一致性(x_{10})</td><td>0.011</td><td>0.026</td><td>0.488</td><td>0.626</td></tr>
<tr><td rowspan="3">配送货态度性 D</td><td>主动询问顾客需求服务态度(x_{11})</td><td>0.043</td><td>0.1</td><td>1.885</td><td>0.06</td></tr>
<tr><td>退换货服务态度(x_{12})</td><td>0.064</td><td>0.126</td><td>2.602</td><td>0.01</td></tr>
<tr><td>业务咨询服务态度(有效解决问题)(x_{13})</td><td>0.035</td><td>0.074</td><td>1.464</td><td>0.144</td></tr>
<tr><td rowspan="3">实时性 E</td><td>客服在线反应能力(x_{14})</td><td>0.042</td><td>0.082</td><td>1.605</td><td>0.11</td></tr>
<tr><td>货物与客户的订单信息相匹配(x_{15})</td><td>0.026</td><td>0.053</td><td>1.042</td><td>0.298</td></tr>
<tr><td>订单实时追踪信息(x_{16})</td><td>0.052</td><td>0.106</td><td>1.98</td><td>0.049</td></tr>
</table>

为2~3人的小型物流点有关。他们多忙于为取快递者服务,不能及时处理寄件者的订单,甚至压货在物流点。因此,及时更新订单查询信息成了对物流满意度较大的因素,而在城市物流中这一点几乎无法成为显著影响因素。

将上述各维度中系数β较大的量进行比较发现,物流满意度的影响因素按影响程度大小排列分别是x_1(网点分布的便利性)、x_9(发货频率)、x_7(退换货速度)、x_6(受损赔偿性)和x_{12}(退换货服务态度)。

三、结论与建议

(一)结论

基于上述分析和访谈情况,得出如下结论。

1. 整体满意度较低，满意度与扶贫增收呈正相关

发现仅有3%的被访者表示“非常满意”，“不满意”和“一般”超过60%，表明农村电商物流的整体满意度较低。这与访谈中绝大多数农村电商对物流服务有不同程度的抱怨是吻合的。调研同时发现，满意度与扶贫增收呈正相关，对物流服务满意度持肯定态度的农村电商经营者收入增长较快，满意度低者收入增长缓慢或呈负增长。部分贫困户在政府的帮扶下从事农村电商未能致富，认为经营状况不达预期目标的主因是电商物流服务不能满足需求。如有部分被访者感叹，过去没文化，除了种地不知道还能干啥，现在在政府扶贫人员的引导下养土鸡到网上卖，但物流慢，常常不能及时将货物送至顾客手中，在保鲜措施不足的情况下，顾客有时收到变质的商品投诉，网店被降级，现在生意冷淡，一家4口劳力投入进去，但家庭总收入不过1万元，从而对从事禽类电商实现脱贫失去信心。

2. 农村物流网点稀疏，分布不均衡，物流便利性的满意率低

秦巴山区地形复杂多样，盆地、河流、丘陵、高山、谷地等交错，加大了物流基础设施建设难度。村庄分散兼常住人口减少，导致经营成本偏高、效益不佳，物流网点分布稀疏，以至于某些山区仅邮政可达。2018年京东云仓进入汉中，解决了汉中盆地核心地带生鲜冷链运输问题，但规模较小的个体经营者和远郊深山电商经营者无法享受此项目的福利，更无法全面改变物流营业点近郊扎堆、远郊分布稀疏的状况。

3. 货物保护措施少，受损货物理赔难，服务可靠性不满意

农业产业化与商品化程度低，以农户散养种植为主，经营地域相对比较零散，货物包装比较落后。同时，地形因素增加了货物破损的可能性，部分物流公司又在运输途中未根据货物实际情况进一步包装，为赶时间，在坡形地段飞驰，因而造成本地区商品在物流途中屡屡破损。许多农村物流网点为同村老乡所办，一些电商经营者反映除了碍于情面放弃申请理赔外，还存在无法获取明确的赔款规则和害怕日后网点拒收货物等原因，不敢申请理赔，或是申请了也很难得到补偿的现象，这让他们对物流服务的可靠性不满意。

4. 费用高，时效性差，以至对物流效率和质量不满意

被访者普遍反映物流价格较高，一般省内发货运输费占总售价的25%。省外发货运输费占总售价的35%，有些农村电商经营薄利多销的农产品，总售价不过是20~30元，然而省外运输费超过售价，甚至是售价的一倍以上。因物流成本高，

放弃电商创业想法的农村电商经营者占25%。另外,秦巴山区农村电商物流运作专业化程度不高,在顾客要求退换货时处理速度慢、发货频率低、退换货态度差,导致满意度低,从而降低了回购率。秦巴山区一些生鲜时令农产品受限于此,不能顺畅运往山外,脱贫攻坚战不能顺利展开。

(二)建议

1. 多渠道筹集电商物流扶贫专项资金,优化物流网

物流点建设和运营成本高、效益低,网点分布不均衡,是贫困地区农村电商物流普遍存在的问题。它让财政捉襟见肘的地方政府无能为力。对此,课题组认为,集中连片特困地区除争取国家电商物流扶贫专项资金外,还应与东部发达地区签订协议相互合作,贫困地区向合作城市销售优质的农副产品时让利,发达地区提供专项资金支持农村返乡创业大学生创建以村为站点的加盟型中小型快递物流公司,使贫困地区村村有物流网点,并在物流网点增加的同时,利用复杂网络理论分析优化农村物流网。这样既能促进农村电商产品上线,更为经济发达而生态环境处于恢复期的东部地区提供健康优质食品,互利共赢。

2. 整合物流资源,降低费用,增强时效性

各物流公司均有自身优势,或价格实惠,或速度快捷,或服务贴心,但也存在种种不足之处,因而亟须整合物流资源,扬长避短,建立区域联合物流营运模式。例如,邮政在部分偏远山区也有网点,但货运速度慢。若邮政收件,顺丰运输,将会降低物流公司运营成本和农村电商经营者的物流费用,可增加商品的时效性。同时,为了解决"最后一公里"问题,可以增加近郊村落共享电车、共享单车的投放量,并雇佣农村富余劳动力做兼职物流人员。对于偏远山区,每村既要有专职的快递员,又要招聘部分兼职快递员,在聘期内向他们提供交通工具和基本的通信设备,以弥补专职人员的不足,防止旺季出现物流不畅的问题。这样既可增加送、取货的便利性,又给贫困者增加就业增收的机会。

3. 依据货物特点进行包装,降低受损率

秦巴山区农村电商货物既有干货,也有生鲜时令产品。为了降低货物受损率,提高消费者对秦巴山区农村电商的满意度,应依据秦巴山区农村电商货物特点,分类制订包装措施。对于保鲜度低、易受损坏的蔬菜和水果,比如橘子、猕猴桃、野山柿等,物流公司可以增加发货频率来提高新鲜度,或者在货车上加装冰柜等冷藏设施来保持物品的新鲜度。对于易受损坏的货物,开发适应山地运输的包装箱,增加

保护措施。比如土鸡蛋,物流公司应提供在包装盒内使用加厚珍珠棉鸡蛋托,增加气泡膜用量,以及充气型塑料防震垫等。对于农村民间传统艺人手工酿制的原浆黄酒等单价高且使用陶罐罐装的物品,除对物品包装盒内部填充防震材料外,还需使用高强度材料对外包装进行再次包装。

4. 利用惠农政策开发农村电商物流理赔专用险,提升服务质量

秦巴连片特困地区地形多样,地貌复杂,交通不便,因而电商物品受损率高于平原地区。对于受损的物品,如果按照行业传统规则,完全由物流公司赔偿或是由保险公司赔付,那将吓退刚刚进入贫困地区的物流公司和具有运费险险种的保险公司。受经济和消费习惯的影响,贫困地区大部分电商经营者购买运费险的意愿偏弱。利用国家的惠农政策和脱贫攻坚政策,开发享受国家和各级政府补贴且低于现价物流理赔险的连片贫困地区农村电商物流理赔专用险十分必要,将使农村电商物流理赔难问题得到解决,为全面脱贫提速增效。

集中连片特困地区乡村振兴与绿色发展协同推进的长效动力机制构建①

王淑新　胡仪元　唐萍萍

《中国农村扶贫开发纲要(2011—2020)》划定的六盘山区、秦巴山区、武陵山区、乌蒙山区、滇桂黔石漠化区、滇西边境山区、大兴安岭南麓山区、燕山—太行山区、吕梁山区、大别山区、罗霄山区及西藏、四省藏区、南疆四地州14个集中连片特困地区集民族地区、革命老区、生态敏感地区于一体,区域生态环境脆弱,地质灾害、自然灾害频发,经济社会发展水平较低,是脱贫攻坚最难啃的硬骨头。随着脱贫攻坚进入决胜期,至2020年年底将整体消除绝对贫困现象,推进后扶贫时代乡村振兴战略的实施成为新阶段的重要任务。集中连片特困地区特殊的地理空间格局、脆弱的自然生态环境与落后的经济社会发展水平客观上要求在乡村振兴过程中须坚持绿色发展观,统筹考虑、协同推进乡村振兴与绿色发展。本文尝试构建集中连片特困地区乡村振兴与绿色发展协同推进的长效机制,突破区域经济社会发展与生态环境保护传统政策措施在可持续性、协同性等方面存在的局限性,推动区域生态、经济、社会实现可持续发展,为后扶贫时代集中连片特困地区的乡村振兴提供建议、参考。

一、相关研究进展

已有研究对乡村振兴与绿色发展进行了有意义的探讨,其研究内容主要涉及3个方面:①探讨乡村振兴过程中的绿色发展战略。2018年,中共中央、国务院发布的《关于实施乡村振兴战略的意见》明确提出:"推进乡村绿色发展,打造人与自然和谐共生发展新格局。"在乡村振兴战略实施过程中坚持人与自然和谐共生的绿色发展道路成为研究者的普遍共识。绿色发展不仅是巩固脱贫成果的根本保证、全面建成小康社会战略目标的重要基石,而且是实施乡村振兴战略的重要推动力,能够保证经济发展与人口、资源、环境相协调,是实现乡村可持续发展的必然选择,有利于推动乡村振兴的实现。②分析脱贫攻坚与乡村振兴的关系。乡村振兴是

---

① 原载于《当代经济管理》,2021年4月第43卷第4期。

2020年后脱贫时代巩固脱贫攻坚成效，实现政策梯度优化，促进乡村发展的重要战略，贫困地区是乡村振兴战略实施的重点区域，短期内脱贫攻坚政策的梯度跟进仍然是主要任务，尤其需要继续实施产业扶贫政策。乡村振兴与脱贫攻坚具有内容上的延续性、时序上的连续性和战略上的协同性，打赢脱贫攻坚战是乡村振兴实施的基础，乡村振兴有助于巩固脱贫攻坚成果，能够从更高层面、更广领域、更实举措等方面为经济社会发展提供战略支持。③提出乡村地区绿色发展路径。如何推动乡村地区的绿色发展成为研究者关注的焦点，乡村振兴着力破解乡村转型发展过程中面临的突出问题和矛盾，其中农村人力资本、技术进步、财政支农和农村金融水平是重要影响因素，需要以包容性绿色发展为指导，重点通过政治、经济、文化、社会、生态等方面的建设增强农村内生动能和造血机制，包括弘扬生态文化，变革价值观念，推进生产、生活方式绿色化转型，振兴乡村人才队伍，推动绿色金融的实施，以贫困地区生态环境等绿色资源为基础，大力发展旅游、康养、文化产业，培育发展绿色优势产业，打造绿色发展品牌，健全生态补偿与碳汇交易机制，加强生态环境污染治理与修复，通过坚持农民的主体地位、尊重农民意愿、提升农民素质激发农户绿色生产行为选择，构建绿色资源与贫困地区经济、社会价值循环机制，高效、合理、有序地利用好区域优势资源，实现生态、经济与社会的协调、持续发展。

现有相关研究成果较深入地探讨了贫困地区乡村振兴的策略、路径与措施，为集中连片特困地区乡村振兴与绿色发展协同推进提供了重要参考，但理论上对于农村发展的一般性探讨较多，针对深度贫困地区如何发展的研究还不充分，指导乡村振兴的理论体系和长效机制尚未形成。在实践过程中，集中连片特困地区仍然存在比较重视经济利益与减贫脱贫效果、忽视生态环境保护、绿色集约程度不高等现象，尚未构建起集中连片特困地区乡村振兴与绿色发展协同推进的长效机制。有鉴于此，探讨集中连片特困地区乡村振兴与绿色发展协同推进的长效机制，对巩固脱贫攻坚成果、促进经济社会可持续发展具有重要意义。

二、乡村振兴与绿色发展协同推进面临的主要挑战

（一）教育发展滞后

教育落后是造成贫困地区深度贫困的重要原因，并由此引起能力贫困。当前集中连片特困地区教育体系仍然存在不少薄弱环节，主要表现在乡村基础教育设施落后，教育水平不高，尤其是偏远民族地区，农牧民受教育程度明显偏低。课题组调查表明，四川省甘孜、阿坝藏区平均受教育年限仅为6.4年，比全省平均水平

低 1.8 年。同时,集中连片特困地区职业教育发展滞后,技术培训欠缺,人才培养模式单一,人才队伍发展乏力,可持续发展支撑能力不足。教育发展滞后直接导致集中连片特困地区贫困农牧民思想观念保守,信息获取能力较差,绿色发展意识不强,内生发展能力较弱。

(二)体制机制存在梗阻

制度建设在区域经济社会发展进程中发挥着重要作用。习近平总书记指出:“推动绿色发展,建设生态文明,重在建章立制。”当前集中连片特困地区尚未构建起一体化的乡村振兴与绿色发展协同推进体系,多方力量共同参与的乡村振兴与绿色发展协同推进格局尚未形成,利益相关主客体互动性不强,不同要素的协同性较差,资源配置与利用效率不高,良好体制机制的促进作用尚未有效发挥,需要疏通、创新乡村振兴与绿色发展协同推进体制机制运行过程中存在的梗阻,充分发挥其在集中连片特困地区可持续发展过程中的基础性作用。

(三)产业振兴基础薄弱

产业是区域经济社会发展的核心推动力。当前集中连片特困地区产业发展基础仍然比较薄弱,在脱贫攻坚任务约束下,地方政府更倾向于选择经济效益上具有“短平快”特征的产业项目,而较少考虑产业发展战略、市场前景、布局方式、差异化等因素,直接表现为集中连片特困地区产业发展缺乏系统规划,造成项目短期化、同质化现象严重,特色农牧业、旅游资源开发层次低。同时,集中连片特困地区市场主体弱小、市场机制运行不畅,与市场联结松散,产业发展缺乏龙头企业支撑,尚未形成完整的产业链条、产业体系和区域互补的产业网络。

(四)生态补偿机制不健全

绿水青山是集中连片特困地区最宝贵的资源,守护好绿水青山是乡村振兴与绿色发展协同推进的前提。集中连片特困地区与退耕还林还草地区,生态脆弱地区,国家重点生态功能区中的限制、禁止开发区域在空间上具有高度重合性,发挥着极为重要的生态功能,为其他地区提供了大量生态服务,但自身经济社会发展机会受到严重限制,生态环境保护的财政支出严重不足。生态补偿机制是促进集中连片特困地区生态环境保护与区域经济社会发展的重要推动力量,但实践中因生态补偿机制不健全,导致集中连片特困地区生态环境保护资金投入不足,部分区域的生态破坏、环境污染难以有效遏制,生态修复与环境保护进展乏力。

(五)灾害风险防治体系缺乏

集中连片特困地区生态环境极为脆弱,长期以来,干旱洪涝、水土流失、滑坡泥石流等自然灾害、地质灾害频发,青藏高原、西南石山区常年遭受严重自然灾害的村庄占到40% ~50% 。因集中连片特困地区环境监测薄弱,缺乏必要的气象、地质等灾害规避和风险防治应对体系,导致抵御自然灾害、地质灾害的能力严重不足,频发的自然灾害、地质灾害引起人员伤亡、房屋倒塌、田地淹没、作物绝收,导致群众多年积累的财产瞬间化为乌有,陷入贫困境地,区域经济社会发展停滞不前。频发的自然灾害、地质灾害成为乡村振兴与绿色发展协同推进的重大威胁,亟须构建集中连片特困地区灾害风险防治体系。

(六)基础设施与服务设施供给不足

集中连片特困地区公共服务总体供给能力偏低,尤其是末端基础设施与服务设施供给不足,乡村一级道路、电力、饮水、住房、通信、卫生、文化体育等基础设施与服务设施落后,不能有效发挥毛细血管作用与功能,无法满足乡村振兴发展需求。对广西的调查表明,基础设施问题制约发展的贫困村约占 90% 。同时,与产业发展配套的基础设施与服务设施不足制约了集中连片特困地区绿色发展水平的提升。调查表明,目前农村地区的污水处理率仅约为 10% ,未处理的污水排入河湖水系,成为其主要污染源。

三、乡村振兴与绿色发展长效机制

集中连片特困地区乡村振兴与绿色发展协同推进具有多维性与复杂性,单一的措施难以实现预期目标,需要构建囊括多种措施的乡村振兴与绿色发展协同推进的综合体系,发挥不同措施的相互支撑和促进作用,持续增强自我发展能力。根据集中连片特困地区面临的主要挑战,构建六位一体的乡村振兴与绿色发展协同推进的长效动力机制。其中,促进教育发展是基础,创新体制机制是前提条件,发展绿色产业是关键,健全生态补偿机制是抓手,构建灾害风险防治体系是支撑,完善基础设施与服务设施是保障,如图 1 所示。

(一)促进教育发展,奠定坚实基础

教育是乡村振兴与绿色发展协同推进的基础。后扶贫时代集中连片特困地区需要大力巩固教育成果、持续提升教育质量、全面拓展教育培训范围。具体措施包括:①加强基础教育发展,全面推动小学、初中、高中 12 年免费教育落地实施,支持乡村幼儿园、普高、寄宿制学校扩容,确保学生基本教育权利有保障,有效增加集中连片特困地区群众知识,提高群众认知能力;推动高等教育发展,加大高等学校在集中连片特困地区的招生计划,推动高校定向特办集中连片特困地区实用人才培

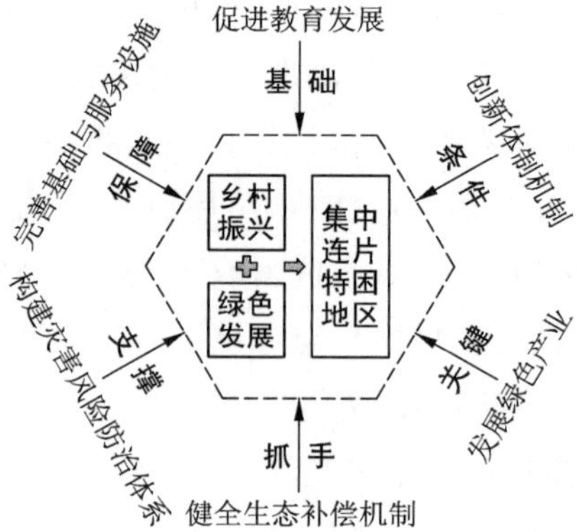

图 1　集中连片特困地区乡村振兴与绿色发展协同推进长效机制

养班。②加强职业技能培训，充分结合区域发展导向与战略，考虑新环境下的市场需求，选择具有较大发展空间和创新能力的培训项目，积极开展订单式农牧、旅游技能培训，与区域主导产业、优势特色产业实现无缝对接，通过培训提高非农就业技能；制订科学、合理、有效的创新创业培训计划，加强集中连片特困地区群众的创业培训，有效拓展群众的眼界，积极扶持和鼓励群众自主创业。③加强乡村振兴与绿色发展宣传教育，营造绿色发展氛围，以通俗的语言、贴近生活的方式，采用环保宣传画、科普、经验交流介绍等形式，宣传绿色发展理念和知识，提升集中连片特困地区干部、群众的绿色发展意识，推动“绿水青山就是金山银山”绿色发展理念深入实施。

（二）创新体制机制，创造良好条件

顺畅的体制机制是乡村振兴发展的基础条件，能够有效促进不同要素协同，提升资源配置效率。集中连片特困地区应不断创新体制机制，充分发挥制度变革对生产力的促进作用。具体措施包括：①充分发挥“政产学研用”合力作用，构建政府、企业、院校、社会力量共同参与、分工协作的乡村振兴与绿色发展协同推进体系，增强不同主体之间的互动，解决乡村振兴过程中的绿色发展技术难题，建设集中连片特困地区绿色发展示范区。②强化乡村振兴与绿色发展不同要素的协同效应，构建县级一体化乡村振兴与绿色发展开发项目与资金管理平台，提升资金、人才、政策等不同要素的协同效率；完善区域内外协作机制，利用财税政策优惠鼓励发达地区企业到集中连片特困地区投资，加强与区外对口帮扶省市在资金、技术、人才、“飞地园区”建设方面的协作，实现要素双向流动。③创新、完善人才引进政策，有效地实现人才本地化，加大内地优秀人才对口支援的力度，通过优惠待遇、提高补助标准，实施安居工程，改进激励政策，保障人才培养、引进和稳定同步提升。④构建集中连片特困地区乡村振兴与绿色发展协同推进大数据系统，充分利用互联网、物联网、大数据、云计算、人工智能为代表的大数据技术提升综合分析能力、动态监管能力，促进乡村振兴与绿色发展协同推进的路径革新，提高资源配置效率。

（三）发展绿色产业，把握振兴关键

产业兴旺在乡村振兴战略总要求中居于首位，是实现乡村振兴的“牛鼻子”。绿色产业发展是集中连片特困地区乡村振兴与绿色发展协同推进的关键，需立足集中连片特困地区的优势资源，构筑资源、市场、产业紧密结合的绿色可持续发展体系。主要措施包括：①因地制宜加快发展具有比较优势的特色现代农牧种养业，着力落实“一村一品”和“一县一业”工程，加快绿色农业标准化、透明化、规范化管理，倒逼农业生产主体参与绿色化、产业化经营，发展农牧有机产品，塑造绿色品牌，形成农牧精深加工产业集群。②充分利用集中连片特困地区独特的山水风光、良好的自然生态环境、丰富的人文旅游资源得天独厚的优势，加快国家、省级旅游振兴示范区建设，推动健康疗养、休闲观光、民俗风情体验等旅游形式发展，形成绿色旅游产业集群。③加强市场体系培育，引进、培育龙头企业，充分结合集中连片特困地区在农牧有机产品生产、绿色旅游方面的优势与发达地区品牌管理、市场营销方面的经验，打造乡村振兴与绿色发展协同推进的产业跨区合作链条；构建具有区域特色的“公司＋农（牧）户”模式，形成前连市场、后连农户的完整产业链，推动电商平台、物流配送发展，加快实现特色产品与国内外市场无缝对接，切实融入国内外市场。④改造与绿色发展方向不相适应的传统产业，有机融合一、二、三产业，着力培育和打造与集中连片特困地区资源环境特点相协调的主导产业与新兴产业集群，促进循环、低碳模式发展，推动集中连片特困地区实现经济发展与环境保护双重效益，为区域经济社会发展提供内生动力。

（四）健全生态补偿机制，形成重要抓手

生态补偿有助于实现贫困地区经济增长和生态改善目标。健全生态补偿机制，构建完善的生态补偿体系，是集中连片特困地区乡村振兴与绿色发展协同推进的重要抓手。具体措施包括：①构建基于政府、企业和消费者的多元补偿主体，积极发挥政府补偿的指导、引领与示范作用，促进企业成为市场补偿机制运行的主体，尤其是推动中央所属企业、国有企业对集中连片特困地区乡村振兴与绿色发展协同推进进行补偿的带动作用，通过税收减免、优惠政策充分激发民营企业进行补偿的积极性，同时推动受益地区的消费者积极对所享受的资源消费、生态环境改善进行补偿。②构建基于财政转移支付、政策倾斜补偿、市场交易补偿、绿色金融补偿、教育人才培训、基础设施建设、灾害补偿、就业补偿、消费补偿等多种形式的补偿模式，逐步扩大生态补偿的实施范围，提高补偿标准，尤其是要加大对森林、草原、湿地等重点生态功能区转移支付的力度，建立水电资源开发、流域水资源补偿制度。③构建以政府为引导、以企业为主体、以社会力量为支撑的集中连片特困地区乡村振兴与绿色发展协同推进的区间对口支援机制，充分发挥发达地区对口支援的巨大潜力，促进资源使用地区、生态功能受益地区与集中连片特困地区形成利益共享格局，加快生态建设、生态修复步伐，实现自然环境稳步改善、生态功能稳定发挥、经济社会持续发展。

（五）构建灾害风险防治体系，提供稳定支撑

灾害风险防治体系是集中连片特困地区乡村振兴与绿色发展协同推进的重要支撑。在自然灾害频发、灾害风险防治能力比较薄弱的背景下，亟须构建集中连片特困地区乡村振兴与绿色发展协同推进的灾害风险防治体系，保障区域经济社会稳定发展。具体措施包括：①制定集中连片特困地区自然灾害风险防治规划，科学协调自然灾害风险管理规划与区域发展规划、土地利用规划、城镇规划等不同规划之间的关系，推动集中连片特困地区灾害风险管理与绿色发展、乡村振兴战略有效融合。②以地方政府部门为主导，吸纳企业、研究机构以及社会力量等多方共同参与，筹建集中连片特困地区防灾减灾基金，以自然灾害风险防控为前提，摸准自然灾害发生、发展规律，以生态建设、灾害防治为重要着力点，研发灾害防治关键技术，有效耦合区域发展与生态建设，持续提升生态服务功能，全面提高灾害救治能力。③构建集中连片特困地区乡村振兴与绿色发展协同推进的保险体系，创新农牧业保险、绿色产业保险等符合地域特征的多样化产品类型，构建受灾快速响应机制和理赔绿色通道。④广泛应用新技术加强重点生态功能区环境监测网点与信息化建设，推进生态环境网格化管理，畅通、规范信息传输、信息管理机制，提高资源环境管理效率。

（六）完善基础设施与服务设施，形成可靠保障

交通、水电、通信等基础设施与服务设施是区域发展的基础条件，良好的设施

能够有效促进区域经济社会发展；相反，设施供给不足将产生阻碍作用。加快集中连片特困地区的基础设施与服务设施建设，稳定提升基层公共服务能力，为乡村振兴与绿色发展协同推进提供保障。具体措施包括：①优先发展绿色交通，规划建设一批高速公路、铁路以及民用机场，补齐贫困地区区位不佳、交通不畅的短板，提高中央财政对通乡油路、通村公路硬化的建设补助标准，着力支持通村通组道路、牧道、旅游公路建设，畅通交通毛细血管，进一步提高农村公路的等级标准和通达深度。②完善公益性设施，加快电网改造、宽带乡村项目建设，加大安全饮用水、农田灌溉等水利投入，确保群众饮水、用电安全，改善群众生产、生活条件；加强农村地区污水处理设施建设，加大农业农村资源循环利用、低碳发展技术研发，着力解决农村地区环境污染问题。③完善产业发展配套设施，出台土地流转、道路、水电等产业基地配套建设政策，加大配套设施建设力度，提升优势产业发展速度；强化集中连片特困地区数字基础设施建设，形成绿色、开放、共享的数字软硬件体系，加快集中连片特困地区数字经济发展。④加快民生服务设施建设，实现教育、卫生、文化等重大设施对集中连片特困地区的全覆盖，构建先进医疗技术共享平台，打造远程医疗救助网络体系。

四、结论

集中连片特困地区是乡村振兴战略实施的硬骨头，面临教育发展滞后、体制机制存在梗阻、产业振兴基础薄弱、生态补偿机制不健全、灾害风险防治体系缺乏、基础设施与服务设施供给不足等重大挑战，其特殊的地理空间格局、脆弱的自然生态环境与较为落后的经济社会发展水平客观上要求统筹考虑、协同推进乡村振兴与绿色发展。本研究构建六位一体、囊括多种措施的综合体系，形成乡村振兴与绿色发展协同推进的长效动力机制，通过促进教育发展，奠定乡村振兴与绿色发展协同推进的坚实基础；通过创新体制机制，为乡村振兴与绿色发展协同推进创造良好条件；通过发展绿色产业，把握乡村振兴与绿色发展协同推进的关键；通过健全生态补偿机制，形成乡村振兴与绿色发展协同推进的重要抓手；通过构建灾害风险防治体系，为乡村振兴与绿色发展协同推进提供稳定支撑；通过完善基础设施与服务设施建设，形成乡村振兴与绿色发展协同推进的可靠保障。

精准扶贫背景下失地农民发展能力研究
——基于陕南连片特困地区的调查①

马艳利　杨建科

随着我国城镇化进程的加快,越来越多的农民失去了土地,成为一群流动性较大的不稳定群体。他们和农民、市民的不同之处在于要经历一个发展的时空断层,过去的生存方式无以为继,未来的生存方式缺少基础。由于自身能力发展不足,他们在失地、失业的同时面临着无岗就业的生存压力和再发展的严峻挑战。目前,失地农民发展能力不足表现在以下方面:①失地后的非农收入长期处于低下状态且不稳定;②原有的生存技能远远落后于社会需求,自救能力不足;③缺乏持续获取社会资源的能力,决策和管理能力较弱;④文化水平较低,就业观念狭隘保守等。失地农民的生存、发展状况不仅反映了当前农村土地流转深入推进的现状,也关系到土地制度改革的成效。陕南地区是我国连片特困地区之一,由于经济发展落后,自然条件较差,失地农民自我发展能力问题严重。课题组通过对陕南区域失地农民的生存与发展现状进行调查分析,以发现制约其发展的内外因素,为其更好地适应新的生活方式、增强其再发展能力和缓解农地矛盾等问题提供一定的借鉴。

一、发展能力的内涵界定及陕南失地农民发展困境

(一)发展能力界定

对于发展能力(Development Ability)的内涵,我们可以从中外学者的研究中进行总结。阿玛蒂亚·森指出人的发展能力包括3个最基本的方面:一是健康生存的能力;二是不断获得丰富的精神和分享社会文明的能力;三是不断提高自己经济收入的能力。凯洛夫提出影响人发展能力的3个基本因素:遗传、环境和教育。Jane Loevinger指出:“发展能力应以社会化为基石,受目的性支配,在多种要素相互联系、共同作用下产生。”赵雪雁、巴建军通过实证研究认为农民的自我发展能力与农民收入的相关度较高。通过以上论点我们可以得出最基本的思想,那就是人的发展能力是一个动态可变的过程,是一个内因和外因相互作用的过程,离开社会

---

① 原载于《陕西理工大学学报》(社会科学版),2019年8月第37卷第4期。

环境等因素,仅靠主观的努力是很难实现发展的。依据这一思想,发展能力可以界定为:个体依靠已有的知识技能,去获取和利用社会资源,创造更大社会价值的力量体现。这也就意味着,知识、技能水平越高,获取和利用社会资源的能力就越强,就越能创造更大的价值,实现发展;否则,发展能力就越低或者没有发展能力。

(二)陕南连片特困地区失地农民发展现状

1. 数量在急剧增加

失地农民数量的增加和城市化进程是紧密相连的。城市化是一把双刃剑,不仅带来了经济飞速发展的成效,同时也加剧了农地关系矛盾。大量占用耕地必然产生大量失地农民。目前我国人均占有耕地数不足 1.5 亩,并且耕地数每年都在减少。国家统计局数据显示,仅 2015 年征地面积就达到 1 548.53 平方千米,若按人均 1 亩计算,仅 2015 年就有 232 万农民失去土地。陕南秦巴山区连片特困地区以山地深沟地形为主,人口居住分散,基础设施落后,生产条件较差,也是整个陕西贫困人口主要的居住区域,属于“环境脆弱—掠夺式开发—环境退化—低水平发展”的贫困区域。该地区人均土地面积不足 1 亩,在城镇化过程中人地矛盾更为突出,城镇化率每提高一个百分点,需要增加城镇建筑面积 49.9 万平方米(按汉中地区人均住房面积需求计算)。仅汉中一地 2016 年农用地就减少了 9.45 万亩(表 1),按照汉中地区人均耕地面积 1 亩计算,意味着 2016 年汉中地区就有 9 万多农民失去土地。随着土地规模化经营趋势不断扩大,越来越多的农民将离开土地开始新的生活。

表 1　陕南三地 2016 年城市化率与征地面积调查统计表

地区	类别			
	三次产业结构	城市化率/%	城市建成区面积/平方千米	土地减少/万亩
汉中	17.8:42.8:39.4	46.64	36.0	9.45
商洛	7:59.3:33.7	51.50	54.5	1.18
安康	11.8:54.8:33.4	45.60	40.0	1.20

数据来源:汉中、商洛、安康三市政府工作报告、统计公报,土地减少面积主要依据课题组调查统计数据所得。

2. 就业方向有限,就业压力大

土地流转加速了农村富余人员大量涌入城市,给原本就业压力大的城市就业增加了更大的困难。国家统计局数据显示,2016 年农村劳动力转移 422.5 万人。陕南三地 2016 年农村劳动力转移数量巨大(表 2),与原本就业压力大的城市就业形成了双向对抗。失地农民所能选择的就业渠道有限,陕南三地的调查数据显示,在当地农业农场继续从事农业劳动的人数占调查人数的 8.7%,且平均年龄为 53.6 岁;在当地打零工且连续时间超过 6 个月的占调查人数的 31%,主要从事体力劳动;外出务工人员比例较大,占调查人数的 38%;暂时从事个体行业的人占 14.3%;另有 8% 的人因各种原因不能就业,赋闲在家。从就业环境和就业市场来看,失地农民的就业前景并不乐观。以陕南三地的就业现状来看,城镇高失业率和新增就业人口从数量上对农村转移劳动力再就业形成了一种硬性对抗。另外,农民的就业能力较弱,和城镇就业人员不具有可比性,就业压力更大,这种情况在短期内无法消除。

表 2　陕南三地 2016 年就业状况调查统计表

地区	城镇人口/万人	城镇登记失业率/%	5 年新增就业人数/万人	农村劳动力转移/万次
汉中	110.01	3.20	5.80	84.0
商洛	128.87	3.40	7.39	53.9
安康	117.00	3.16	22.60	63.7

数据来源:汉中、商洛、安康三市政府工作报告、统计公报。

3. 职业流动性大,非农收入不稳定

职业流动性大是农民工的普遍现象。由于地域的封闭性,这种情况在陕南更为突出。陕南土地流转的模式更多是受市场引导下的自主行为。一般由农户或者村集体和土地流转接受方达成协议,政府所能提供的安置能力有限。失地农民缺乏正规的就业渠道,以自谋生路为主,在没有专业技能培训的情况下进入城市所能从事的工种极为有限,主要是清洁员、服务员或者建筑工这类低收入工作,而且这些行业受市场影响,用工的随意性大,失业的可能性也大。在调查的数据中,32.3% 的失地农民一年内要换 2 次以上工作,最多的一年换了 5 次。频繁的失业导致失地农民的经济收入不稳定。调查结果显示,陕南三地农民人均收入一段时期增长幅度较大(表 3),特别是工资性收入增长比例较大(表 4);相反,家庭经营收入却在下降(表 5),说明失地农民失地后的主要生活来源是靠务工,工资性收入占家庭总收入的绝大部分,一旦失业,对家庭造成的经济损失将是巨大的。

表3　2011年、2015年陕南三地农民人均收入调查统计对照表

地区	2011年人均收入/元	2015年人均收入/元	年均增长比例/%
汉中	5 283	9 306	19.0
商洛	4 586	8 229	19.8
安康	5 009	9 068	20.0

表4　2011年、2015年陕南三地农民工资性收入调查统计对照表

地区	2011年工资性收入/元	2015年工资性收入/元
汉中	2 643	5 365
商洛	2 405	5 145
安康	2 763	5 209

表5　2011年、2015年陕南三地农民家庭经营收入调查统计对照表

地区	2011年家庭经营收入/元	2015年家庭经营收入/元
汉中	2 102	1 729
商洛	1 658	1 204
安康	1 745	1 647

4.贫富分化严重,加剧了社会矛盾

农村问题一直是中国社会发展的主要问题。新中国成立以来农村经济经历了三次大的制度变迁。最早是1949年到1952年年底进行的全国土地改革,主要是废除封建土地剥削制度,实现新的农民土地所有制;再经过从1956年到1978年土地集体所有制到家庭联产承包责任制的转变,再到当前"三权"分置的进一步完善。每一次的制度变迁都引起了农村社会结构的巨大调整。目前单一的传统农民已分化为不同的农民阶层:职业农民、承包经营户、农民工、农村管理者、农民企业家等。在调查中,失地农民主要从事服务业、承包业、运输业、商业、加工业等不同工作,形成了一种纵向分工。通过对不同阶层人员的收入进行调查后发现,陕南农户间收入差距比较大:①贫困户。人均年收入3 000元以下,在调查的农户数中占22.5%,这部分人家里缺少劳动力,家庭成员以老弱为主,将土地流转后,靠土地租金和社保为生,家中从事少量家禽养殖。②一般户。人均年收入3 000~10 000元,家里有少量劳动力,主要从事农业产业承包或在本地打工,工作变动性较大,占

调查农户数的39%。③中等户。人均年收入10 000~20 000元,家里有两个以上劳动力,且具有一定的技能,主要以外出务工为主,还有部分从事运输或服务业,占调查农户数的27.8%。④富裕户。人均年收入2万元以上,主要从事商业、个体经营或农产品加工业,占调查农户数的18.7%。这部分农户有商业头脑,善于利用各种资源,已形成一定的经营规模,发展稳定,发展能力较强。可以看出,陕南地区失地农民的收入差距很大,高收入户是低收入户的6倍甚至更多。这样一来,低收入家庭的大部分收入用来维持日常生活开支,不能进行其他经营投资,因此低收入又进一步限制了他们的发展机会。这种情况在短期内不会消失,还会进一步扩大,也会加剧社会矛盾的积累。

二、陕南失地农民自我发展能力不足的成因分析

(一)人力资本长期投入不足且同质性强导致的恶性循环

在现代生产过程中,仅靠自然的因素进行生产必然呈现报酬递减的趋势,而人的因素却日益呈现报酬递增的趋势。美国经济学家舒尔茨认为:“人力资本越高,农民从事非农经营的机会就越多,其从事非农的报酬也越高,发展能力也就越强。”人力资本主要包括知识、技能和体能3个方面。因此,对人力资本的投资应该包括教育投资、技能培训投资、健康投资以及劳动力转移投资等。同时,在经济发展过程中,要实现人力资本的不断增值,其主导形态存在历史更替的必然性,即不断地从同质型人力资本向异质型人力资本转变。同质型人力资本主要表现为单一的知识技能和旧的落后的生产要素等。目前农村处于同质型人力资本的普遍时期,投资的主体是政府和农民自己。陕南地区是我国集中连片特贫地区之一,人口分散,交通不便,经济发展水平落后,农民接受投资的方式、内容和途径单一,主要依靠政府的基础教育和短期培训,政府教育资源短缺,城乡教育资源分配差距较大,资金投入不足,是人力资本投入不足的客观原因。对农户而言,“万事不求人”的生活方式不需要人力资本投入,他们世代口口相传的经验和手手相授的技能就足以应付农业生产的需要;同时,人力资本投资是一个漫长而又不确定的过程,农户对人力资本进行投资的经济承受力和可支配的时间是由农业收入的水平决定的,收入水平越高,人力资本投资越有保障,接受再教育的可支配时间也就越多,否则就会把更多的精力用来谋求基本生存上。这样一来,由于地理条件的封闭、经济水平的低下、劳动力匮乏等综合条件的限制,进而演化成陕南贫困地区“地域贫困—低水平发展—人力资源落后—思想观念保守—发展后劲不足”的恶性循环系统。陕南

三地的调查数据显示，农村劳动力平均57.8岁，其中73.4%为小学以下文化程度，接受过产业培训教育的仅占11.4%。知识结构的单一和劳动技能的缺乏使失地农民无法跟上城镇化的脚步，成为制约失地农民发展的基本因素。

（二）长期封闭的生产环境对进入市场发展准备不足

费孝通指出失地农民转变为市民的过程是一种“就地移民”或“不离故土的移民”过程。失地农民问题的解决是要为其创造一个能够自主发展的用武之地，即是现代工业经济对传统农业经济逐步更替的过程，这个过程就是农民到市民的嬗变过程。这里用嬗变，主要讲由农民到市民转变的内生性和条件性。内生性是指从农民到市民不仅是身份的转变更重要的是能力的转变。条件性是指农民到市民转变过程中所能利用的外部条件，如获取资源的机会是否均等，就业政策是否公正等。就目前失地农民的发展现状来看，农民离开土地进入城市并不意味着就能及时转变为市民，其转变至少需要两个条件：第一，农民对市场有充分的认识；第二，能够充分获取和利用市场资源。人们对外部事物的认知是从实践中获得的，实践越多，越能接近事物的本质，人的实践能力也就越强。由于长期处在一种相对封闭的生产环境中，地域性市场发育不充分，农民对市场信息掌握不全，对进入市场就业需要的知识、技能和就业方向不了解，导致失地农民进入城市后只能从事“挑、背、扛”之类工作，或者从事“抹布、拖布、洗碗布”这类低收入工作。因此，失地农民进入城市，必然有一个“丧失基本技能—学会适应—谋求发展”的艰难过程。

（三）落后的思想观念对自我发展认知不足

自我认知水平决定个体对自身所能从事的工作进行判断的准确性和客观性。认知水平的高低是由知识水平、思维能力、经验水平和信息处理水平共同决定的。认知水平高则能准确定位自己的社会角色，承担的社会责任和能力大小，否则就会产生盲目性。陕南农村社会基本上是以村为单位的社会组织，靠农业生产经验生存，靠传统礼俗维持关系，下一代人复制上一代人的生活，大部分农民对新事物、新知识有天然的屏蔽作用。知识更新不及时、信息交换不足等导致思维保守、观念落后，使得失地农民在进入城市以后，知识储备不足，独立思考能力差，不能对劳动力市场进行正确选择、判断和评价，进入市场后的盲目性较大，缺乏规划，容易在找工作中碰壁。

三、提升失地农民自我发展能力的困境分析

（一）农民社会适应能力差，缺乏就业竞争力

通过调查可以看出，农民离开原有的生活方式实现再就业是其发展的基本前

提。但随着当地经济的发展,就业市场对就业人员的专业技能的考察更为重视。传统生活方式的限制,使得大部分农民知识落后、技能单一,应变能力差,市场意识不强,信息获取能力低,这必然导致其发展要面临时间成本增加的问题。不管是政府还是农民自己,要在短期内改变这种情况是不可能的。因此,更多的只能是从外部环境分析来寻找突破口。

(二)土地流转制度不完善,对失地农民持续发展能力保障不足

失地农民就业困难是城镇化进程的必然结果,除了农民内在性缺陷限制其再就业以外,土地流转制度不完善也是造成农民难以真正就业的客观因素。国际经济学家 Berry 认为:"土地产权和利益分配的不公平将会导致经济运行的扭曲,加快穷人财富向富人的转移,加剧整个社会的不公平。"我国目前的土地流转制度存在补偿模式简单、安置费用偏低的现象。这种现象在陕南连片特困地区尤为突出。就补偿模式而言,土地换社保、一次性补偿较为普遍。但由于陕南地处山区,不能和东部发达地区的地价相比,土地流转费用较低,土地换社保只能在一定程度上解决养老、医疗等问题,却不能解决农户当前的生计问题,一旦家里劳动力减少,生存就无法保障;一次性补偿虽能带来短期利益,但补偿费用较低,这些补偿如果投资不当不能及时稳定升值,将会对农民的可持续发展带来困境,从调查结果来看,也只有 18.7% 的农户能够基本保证补偿费用稳定升值。这两种补偿模式只解决土地流转的基本问题,却没有考虑农户的就业问题。因此,土地流转制度的侧重点如果只是推动土地规模化经营而忽视农民的长远利益,就是对农民利益的一次再剥夺。

(三)宏观调控政策滞后,对失地农民再就业保障不足

从当前的就业环境而言,影响和制约农民再就业的主要因素有以下几个方面:第一,缺乏政策调节。既然城镇化势不可挡,土地流转也势在必行,国家宏观政策应该通过多种渠道调控来提高农民从事各类经济活动的积极性。通过阶梯性税收减免政策、行业优惠准入政策等,鼓励失地农民以创业带动就业。第二,财政投入不足。积极的财政政策是解决就业的直接力量。要充分安置失地农民再就业,可在当地加大农村基础设施投入,进行农村水、电、路、信改造,既能吸引大量农村富余劳动力,又能改变农村面貌。但陕南地区财政经费短缺,地方经济力量有限,大规模财政投入不足,不能提供更多的就业岗位。第三,就业机制不完善。大量的失地农民进入城镇,是失地农民再就业的主要流动方向,因此及时就业、稳定就业就成为农民和政府要共同面对的问题。当前,各地缺乏劳动力信息服务平台,缺乏劳

动力再培训专业机构,失地农民和用人单位之间缺乏联系和沟通的纽带和桥梁,也是限制及时就业的因素之一。

四、提升失地农民发展能力的路径选择

农民发展能力的构建是一个复杂的、综合的社会工程,需要农户和社会共同的努力,既依赖于农民自身智力、技能和体能的提高,更依赖于社会所提供的公平的政策制度环境和经济发展水平。基于综合考量,提升农民发展能力的路径可归结为以下几个方面。

(一)加大人力资本投资力度,促进异质型人力资本数量增长

人力资本的价值在于其具有边际报酬递增的生产力属性。但这种生产力属性是一个变数,表现为异质型人力资本具有边际报酬递增的特点,而同质型人力资本具有边际报酬递减的特点。其原因在于,异质型人力资本的使用表现为新的生产要素与新的生产条件的一种新组合。失地农民的发展能力重在从一种旧的经济形态向新的经济形态转变过程的适应力。这个时期属于同质型人力资本向异质型人力资本转化的阶段,具体表现为如何同新的生产要素和生产条件相结合。不管是政府、企业还是失地农民,只有在边际报酬递增的情况下才会加大人力资本投入。每个人拥有的异质型人力资本类型可能是不相同的,有的人可能拥有技术资本,有的人可能拥有智力资本,同质同量的人力资本投资必然会产生不同的结果。因此,政府在人力资本投资过程中应因人而异。针对农民文化素质较低、专业技能缺乏、对就业市场认知不足的现状,可以通过基础知识培训改变其原有的认知内容和认知程度;针对拥有一定技术资本和智力资本的失地农民,政府应加大生产要素和新的生产条件的投入,并促使二者结合形成新的生产力。

(二)引入第三方土地流转机构,保障农民收益权利

农民在文化程度上属于弱势群体,尽管维权意识在增长,但由于对国家政策的理解力有限,往往会表现出感性的不满,缺乏理性的支撑。也就是说,对于土地流转过程中出现的不合理情况,不知道通过什么样的方式来抵制以维护自己的利益。在陕南三地的调查中,有54%的农户对土地的流转补偿模式是不满意的,但都表示无奈。即国家以所有权人在进行土地流转的过程中和农户的权利是不对等的,强制性因素较大。要维护农户的收益权利,建议成立第三方机构,该机构专门负责对土地流转区域附近的经济水平、地位优势和农户发展实际进行评估,在对流转价格给出科学预判的基础之上,形成合理的流转模式和补偿模式。同时,建立土地流

转网上平台,对有意愿进行土地流转的地区和农户,进行数据统计,建立数据信息网和公开的土地流转市场,有助于加快土地流转速度、流转模式和补偿模式的科学化、透明化,尽可能减少农户和集体的经济损失。

(三)推动创业平台建设,激发农民就地创业的积极性

失地农民最终的发展得靠农民自己,在社会提供的就业条件有限的情况下,可以通过创业解决就业。实现就业到创业的转变就是实现生存到发展的转变。创业机制的完善和良好运行可以保证创业者在市场内及时了解政策、掌握资源、公平竞争等。地方政府可以通过搭建合理的创业平台,为农民的发展、就业提供可能。陕南地区虽然地处封闭,但生态资源丰富,随着高速公路、高铁的开通,必将为区域经济发展带来新的机遇。目前,陕南地区农村集体经济组织正在蓬勃发展,各地都在创办农业合作社、农业产业园区、农业观光园,但是普遍规模小、产量有限,竞争力小,市场率低,收益较少。要解决农民就地创业,可以通过推进融资平台建设,提供资金援助,让农民自己组织起来,建设农业产业园区,促进农民商人化转型;利用大数据时代的高效便利,建设技术信息服务平台,帮助农户及时寻找农产品开发、销售市场信息,或者为农户自主建立的农产品市场进行市场宣传;加大基础设施建设力度,为农民就地创业发展提供便利的条件和机会。

(四)进行生产资源整合,走集约化发展道路

小而全的发展观念已经不适合现代农业的发展要求。陕南地区土地分散、多样,主要以山地为主,水田、旱地较少,农户生产模式基本相同,许多家庭以农为本,对其他的产业持保留态度,加之人多地少,分散经营,规模较小,这就成为制约增收的瓶颈。对此,可以通过建立农民专业合作社进行土地等资源整合,进行连片开发,适当实行专业化分工,进行劳动力资源整合,提高贫困户组织化程度,让各个生产要素发挥最大效益。

总之,失地农民的发展能力较弱是长期生产生活方式积累的结果,和积贫积弱的地理环境相关性很大。要提升失地农民的发展能力,除了对农民自身进行改造以外,从外部社会大环境获得各种资源的支撑也很关键。因此,对于失地农民的发展,特别是连片贫困地区失地农民发展能力的提升,应该从智能开发、制度建设和环境改善等基础方面着手,只有这样才能真正取得成效。

贫困地区健康扶贫政策信息传播机制研究[①]

李　静

政策信息的有效传播对于农村经济社会的治理和发展,农民生活水平的提高具有重要意义和影响。目前,以互联网和电视为代表的大众传播,以政府科层制为基础的组织传播,以熟人社会为背景的人际传播,构成了我国农民了解政策信息的媒介环境。然而,目前政策信息的传播效果并不理想,主要表现在:①作为信息传播者的政府部门工作人员以"政府人"角色自居,不在意"传播者"的身份,只会机械地上传下达,不善于从实际出发,选择合适、有效的传播范式和传播媒介。科层制容易使信息消减或扭曲。尤其在基层,个别村干部会出于私利,将部分政策信息(尤其是惠农政策)秘而不宣或只传递给亲朋好友。②媒介对政策信息服务意识的缺失以及单一的政策传播渠道影响着农民对政策信息的知晓情况。绝大多数农民通过电视等媒介来了解惠农政策,但电视传播的特性决定了农民无法深入了解其传播的信息,甚至会因为其视觉传播特点而对信息理解存在片面性。农民通过网络和村干部等渠道获知、了解政策的比例不高。③农村中青年劳动力与精英人士的大量外流造成农村意见领袖对政策信息解释的"缺位",由此增大了其他文化水平相对较低的村民对信息理解的难度。

政策信息传播中的诸多问题影响了政策的贯彻执行和受众对政策的拥护支持。而在精准扶贫的背景下,通过政策的宣传引导和精准落实帮助贫困户早日脱贫,意义重大。健康扶贫是精准扶贫的重要内容,是实现健康中国战略的关键环节。近年来,各地积极探索健康扶贫的有效模式,涌现出"汉中模式""泗阳模式""郧西模式"以及"焦作模式"等典型代表。它们各具特色,在提升贫困户幸福感方面发挥了重要作用。而"汉中模式"更因其在政策传播手段上的推陈出新,显著地提升了群众的知晓率和满意度,因此有必要认真梳理其特点和模式以供其他地区借鉴和参考。

---

① 原载于《图书馆》,2019 年第 5 期。

一、汉中基本情况简介

汉中位于陕西西南部，北依秦岭、南屏巴山，山大沟深、民生脆弱，全市 11 个县区全部被列入秦巴山片区区域发展与扶贫攻坚规划扶持范围，有 8 个国家扶贫开发工作重点县，10 个革命老区县以及 2 个深度贫困县。2017 年数据清洗后，汉中市建档立卡扶贫对象有 141 405 户、393 247 人，贫困发生率为 13.48%。因病致贫、因病返贫贫困户 63 632 户、149 827 人，分别占全市扶贫对象的 44.9% 和 38.1%。过去因交通不便，医疗卫生条件落后，山区曾有“小病忍，大病扛，重病愁断肠”的说法。自健康扶贫工程实施以来，当地卫计系统通过多种渠道开展相关政策宣传，帮助因病致贫、因病返贫贫困户打消“吃不起药、看不起病”的顾虑，为改善贫困户的健康现状做出了诸多努力。

二、健康扶贫政策信息传播的主要方式

（一）改造传统方式，确保政策宣传进村入户

宣传栏、标语横幅，政策宣讲以及发放宣传资料等都是在政策宣传中常用的方式。但考虑到农民对常见的墙体标语口号、横幅很少关注留意的窘境，汉中市对这些传统手段进行改造创新，让它们更接地气地服务于健康政策信息传播。

1. 标语横幅语言简练直白且具有较强的冲击力

如“新农合我知道，有病住院能报销，花钱多了还能报，得了慢病也能报，具体村医都知道”标语中的最后一句话，是文化水平相对较低的村民了解政策的一种非常便捷的方法——“问村医”。同时，当地政府在各村卫生室的外墙上张贴《贫困人口医疗救助流程图》和《贫困人口健康扶贫报销流程图》，详细罗列相关政策。另外，他们还在每个贫困户家中直接张贴《陕西省农村贫困人口医疗报销救助明白卡》及《汉中市 2017 年健康扶贫政策我知道》（群众版），并制作精准扶贫帮扶责任牌，公布帮扶干部的个人信息和联系方式，实现贫困户与帮扶干部“零距离”对接。

2. 分类举办培训班，帮助宣讲干部讲好政策、人民群众理解好政策

针对以往政策宣传中宣讲干部政策不清、宣讲不明的现状，汉中市多次集中举办面向镇村干部、签约医师团队以及村医的健康扶贫专题培训会，以帮助他们讲好、讲准政策。而在对村民的宣传中，当地组建了由市、县、镇、村四级干部和医务人员组成的“天汉百姓宣讲团”，进村入户开展政策“一对一”、讲解“面对面”服务。同时，为了提高村民的参与率和理解度，各县区还通过组织文艺工作者、驻村工作

队等力量，将健康扶贫政策知识融入文艺演出、院坝故事会等活动中，创新了宣讲方式，受到村民的普遍欢迎。

3. 签约医生送政策，通过顺口溜普及政策

研究表明，在对农政策传播过程中，通过人与人之间的信息交流，受众对信息的理解度和反馈性最好。因此，为了更好地服务因病致贫贫困户，汉中市充分发挥人际传播的作用，要求每一位因病致贫贫困户的签约家庭医生除了免费为签约对象提供送医、送药、送健康服务外还要“送政策”，即为贫困户面对面讲解健康扶贫政策，帮助他们打消医疗费用上的顾虑。镇巴县一村民就是在签约家庭医生 5 次上门耐心讲解“贫困户看病能报销”的相关政策后，欣然接受了手术治疗，并充分享受到健康扶贫的实惠。为把慢性病签约服务做实，汉中市为所有慢性病患者发放“健康签约服务连心卡”，明确签约医生、诊治措施、享受的报销政策等，并通过连心卡实现“签约服务一对一、政策宣讲一对一、措施落实一对一”。对于普通村民的政策知晓问题，汉中市佛坪县专门编写了健康扶贫政策顺口溜，用通俗易懂、便于记忆的方式解读从一般门诊、慢性病门诊、县内住院、大病保险等各方面的报销比例，同时说明各级报销主管单位工作人员的职责，比如“报销流程记不住，不要忘了找干部，慢病申请卫生院，申报手续帮你办；大病保险有财报，符合报销只管找，医疗救助民政管，镇有民政助理员”。后来为了打消群众找干部的顾虑，该顺口溜还加了四句“干部都是勤务员，不须担心添麻烦，健康扶贫挖穷根，敢当群众贴心人”。用顺口溜的方式使普通群众耳目一新，收到了较好的传播效果。

4. 政策宣传融日常，提升信息到达率

除了印制《健康扶贫政策读本》《健康扶贫政策我知道》《新农合政策报销流程暨标准一览表》等宣传资料外，汉中市佛坪县、南郑区等地还将健康扶贫信息印制在手提袋、T 恤衫、水杯、盆子以及家庭小药箱等日常用品上，免费向村民发放，以加强他们对相关政策的掌握程度。佛坪县还专门购买了脱贫政策宣传小音箱，免费发放给每一户贫困户，轮流播放相关扶贫政策，以提高群众对政策的知晓率。

（二）善用新媒体，力争政策宣传生动直观

新媒体是以数字信息技术为基础，通过网络空间渠道进行信息传播和互动的媒体形态。它具有的非文字化、求变求异的特点带来了一种新型的话语体系，使信息传播更为直观立体。汉中市紧跟潮流，充分发挥微信、微视频的优势，对健康扶贫政策信息进行全方位宣传。

1. 微信传播

为了更好地宣传健康扶贫信息，早在2014年，城固县董家营镇中心卫生院就专门开通了微信公众平台，该平台除了主推《汉中市健康扶贫政策我知道》外，还为公众推送最新的新农合政策、国家12项基本公共卫生服务内容以及卫生科学知识，帮助老百姓养成健康、文明、科学的生活方式。而汉中市卫计局则在充分利用广播电视、报刊、网络媒体等宣传政策的基础上，先后于2017年5月和9月建立了“汉中健康扶贫”以及“汉中健康”两个微信公众平台。截至2018年5月，这两个微信公众号已发布信息近千条，阅读量突破20万人次。

2. 制作微视频

近年来，微视频以其短、快、精的优势，受到了社会大众的普遍青睐。留坝县因势利导，制作了全国首部健康扶贫政策宣传动漫片《宝宝笑了》，以实景再现的方式，讲述了一家贫困户面临突发疾病，接受村、镇、县及帮扶医院分级诊疗和慢病管理，并享受健康扶贫新农合报销、大病商业保险、民政医疗救助及政府专项救助等保障政策的故事。它以通俗、简明、易懂的形式，帮助各级干部群众快速了解和掌握健康扶贫的各项政策及帮扶工作流程，受到干部群众欢迎。

3. 推出沙画宣传片

继留坝县推出微视频后，南郑区用沙画表现形式，推出健康扶贫宣传片《牵挂》。该片通过描绘一家人的就医故事，将就医流程、接诊转诊、报销政策、“一站式”即时结算等健康扶贫政策贯穿始终，实现了政策宣传与艺术观赏完美结合。之后，南郑区又制作了健康扶贫政策宣传音频，并在全区滚动播放，让群众在耳闻目染中了解医疗报销标准，掌握健康扶贫政策，不断提高群众对政策的知晓率。

（三）强化监督检查机制，保障政策宣传落地做实

为了有效推进健康扶贫工作、了解群众对政策的知晓率，作为健康扶贫政策信息发布方的汉中市卫计局专门成立督导组，采取查阅资料及实地查看等方式，分季度对各县区健康扶贫政策的宣传与落实等情况开展督查。督导组一方面通过实地查看，检查健康扶贫报销政策和流程在村卫生室上墙情况、《汉中市健康签约服务连心卡》入户宣传情况；另一方面通过答题测试，考核各相关人群对政策的知晓程度。该测试具体包括：①考核村干部、驻村工作队和第一书记对健康扶贫政策知晓程度；②考核村医对健康扶贫报销政策和流程知晓程度；③考核患病贫困人口对所患疾病、健康帮扶措施和应享受政策的知晓程度，并根据督查中政策宣传是否到位

情况予以奖惩。

三、健康扶贫政策信息传播效果

由于采用了多种信息传播方式，且有严格的知晓率考量标准，汉中市健康扶贫政策信息传播取得了良好的效果。2017 年 5—6 月，课题组跟随汉中市卫计局督导组在略阳县和城固县进行调研，实地考察了村医和村民对政策信息的知晓和理解程度。对村医的考核主要由 4 道题构成，依次涉及 2017 年新农合个人筹资缴费标准、贫困对象门诊治疗的地点及报销规定、贫困对象慢性病报销资料提交以及 2017 新农合大病保险报销比例等 4 个方面。测试结果显示，村医对健康扶贫政策掌握得较好，正确率平均在 76%。了解贫困户对健康扶贫政策信息知晓率的方法主要是通过简单的 6 个问题，随机抽查群众应知应晓的健康扶贫政策，然后计算知晓率，问题及测算标准见表 1。

表 1　入户询问健康扶贫政策知晓程度访谈表

序号	问题	选项	评测标准
1	村医或卫计干部有没有向你宣传健康扶贫政策	A. 有　B. 没有	“优”指获得 5～6 个 A；“良”指获得 4 个 A；“差”指获得 3 个 A 及以下
2	你是否知道在村卫生室、镇卫生院看门诊可以报销	A. 知道　B. 不知道	
3	你是否知道如果申请门诊慢性病报销向哪里提交资料	A. 知道　B. 不知道	
4	你是否知道“新农合我知道，有病住院能报销，花钱多了还能报，得了慢病也能报，具体村医都知道”这句话	A. 知道　B. 不知道	
5	你是否认识（见过）本村的村医	A. 认识（见过） B. 不认识（没见过）	
6	你村的村医有给你留过他的联系电话吗	A. 有　B. 没有	

课题组通过走访城固县原公镇、五堵镇以及略阳县两河口镇和金家河镇的 8 个村的 47 户贫困户发现，2 户为“差”，5 户为“良”，其余 40 户为“优”（占比 85.1%）。这反映出群众知晓率高，健康扶贫政策基本做到了家喻户晓。另外，为了使健康扶贫政策的掌握常态化，汉中市还开通了微信健康扶贫知识测试平台，组织全市卫计干部、医务人员、镇村干部及村医等参与知识测试，第一轮参与人数近

9 000 人。

四、结论与启示

作为秦巴山区脱贫攻坚主战场之一的汉中市，在健康扶贫政策信息宣传方面取得了显著成效，也得到了老百姓的认可。以卫计系统为代表的组织传播在健康扶贫政策信息中发挥了主导作用，它通过行政力量，采用多途径、立体化的宣传方式，做到了扶贫政策信息的精准传播。体现在：①充分发挥了政策实施者的主观能动性，并对政策宣传者进行培训和测试，避免了政策传播在科层制的“上传下达”中被曲解和变形。②传播渠道多元立体，既有传统方式，又善于借助新媒体。与以往“公共政策传播行为往往局限于‘红头文件’、报刊、印发的专题手册、广播电视以及网络媒体的新闻栏目”等形式不同，汉中市在宣传健康扶贫政策时，能根据传播主体的目的、传播内容以及受众的需求选择多样的传播媒介，做到信源、信道及信宿的有机结合。比如该市将标语横幅遍布公路沿线、过街要道、路河挡墙及农户外墙等醒目位置，善于抓住老百姓的关注点“住院能报销”，契合受众需求；将宣传资料印在缸子、盆子、T 恤衫等日用品上免费发放，强化了老百姓的信息接受频度。微信、微视频及沙画等方式尽管未必能引起农村居民的关注，但是其新颖的方式易引起媒体及其他市民的关注和扩散，可以较好地助力扶贫政策的宣传。③改变了传统政策传播中对受众理解度的忽视，强调用符合百姓认知水平的语言来宣传政策。一是采用通俗易懂的语言制作了《健康扶贫政策我知道》宣传彩贴；二是在横幅标语宣传中能够把官方文本形态的政策信息转化成通俗易懂、简单易记的话语表达形式，契合农民的信息接收和解读能力；三是在面对面宣传时，注重耐心解读。如南郑区专门编写了《干部入户帮扶工作指南》和《帮扶干部入户应知应会内容》，要求帮扶干部通过上门亲切问候、自报家门赢得好感，然后针对其家庭现状，因人因户用群众的语言做好针对性政策解读，采用“干农活、说农话”与农民攀亲的工作方式，有效拉近信息传播者与接受者之间的距离。④在信息传播中，设置了一个信息中介——“村医”或者“干部”，如在顺口溜中提到“报销流程记不住，不要忘了找干部”，进一步打消了农民在理解与运用政策信息上的顾虑。⑤注重差异化宣传，采用了三套针对不同受众的传播话语。为了帮助各类人群更好地掌握健康扶贫政策，专门编制了详明具体的干部版《健康扶贫政策读本》、简洁明了的村医版《新农合政策报销流程暨标准一览表》，以及通俗易懂、图文并茂的群众版《健康扶贫政策我知道》宣传彩贴。

五、健康扶贫信息传播建议

汉中市在健康扶贫政策信息传播中能从实际出发，根据老百姓的接受习惯和方式进行信息帮扶，值得其他地区借鉴。为了让更多的人不会因病致贫、因病返贫，从根本上提高老百姓的健康生活质量，课题组认为，应从以下几个方面持续做好健康扶贫信息传播工作。

（一）普及健康基本知识，培养公众健康素养

健康素养是指个体获取、理解和处理基本的健康信息或服务，运用这些信息和服务做出正确决策，以维持和促进自身健康的能力。《2013 年中国居民健康素养监测报告》显示，当年东、中、西部地区居民健康素养水平分别为 12.81%、7.10% 和6.93%。因此，农村地区、中西部地区仍然是今后健康教育工作的重点地区，而老年人、文化程度较低者是健康教育工作的重点人群。2016 年国家卫计委发布《中国公民健康素养——基本知识与技能（2015 版）》，从基本知识和理念、健康生活方式与行为、基本技能等方面界定了我国公民健康素养的基本内容，成为评价我国公民健康素养水平的重要依据。推进健康扶贫工作，要充分利用多种手段，进行相关科普读物、视频、健康教育读本的开发和制作，并充分利用现代传播技术和资源，向公众传播通俗易懂、科学实用的健康知识和技能，切实提高公众的健康素养水平。比如在各村显眼醒目的位置，张贴日常健康知识标语和宣传画，并实时更新；针对春夏秋冬易发疾病，提前进行相关防控知识介绍；定期或不定期在村组或村卫生室等地点举行健康知识竞赛与急救知识培训等。

（二）与多部门协同，努力培养农民健康的生活习惯

因病致贫是六大致贫因素之一。避免老百姓因病致贫、因病返贫不仅是面向 2020 年的短期任务，更是推进健康中国战略的一场旷日持久的战役，它不仅需要卫计系统的全员参与，更需要文化广电、教育、体育、环保等部门的协同和社会大众的积极参与。因此，卫计系统应广泛联合其他部门，共同开展健康知识宣传和普及工作，提高群众健康意识，从源头遏制因病致贫、因病返贫：①与广播电台、新闻媒体合作，开办健康知识专栏，制作健康知识专题节目。电视是农民获取信息的第一传媒，卫计系统可以与电视台合作，在电视上开办专题栏目，邀请当地三甲医院的专家教授，为老百姓讲解常见病预防知识，并固定播出时间。②与文艺演出团队合作，编排医疗健康宣传文艺节目。近年来，各地以“文化扶贫进乡村”为载体，组织流动舞台车、流动图书车、流动电影队等深入镇村院落开展文化服务，坚持用文艺

的力量感化群众,收效显著。卫计系统也可以搭乘“文化扶贫”专车,围绕健康扶贫、健康习惯养成、防病知识宣讲等创作丰富多彩的文艺节目,帮助老百姓养成健康生活的良好习惯。③与教育系统合作,组织医疗小分队或专家“进校园”“进课堂”,对中小学生开展健康知识普及,并通过中小学生与家长的交流互动,培养农村家庭的健康意识。④与体育局合作,充分利用各村综合文化服务中心的场地和设施,广泛开展农村群众体育活动,营造“全民参与”“全民健身”的良好氛围。⑤与环保部门合作,在农村广泛宣传环境与健康的关系,同时进行农村环境改造,帮助村民养成垃圾不乱丢的好习惯,从环境治理上做好疾病防控工作。

(三)加强村卫生室信息化建设,充分发挥村医的作用

课题组前期对秦巴山区 1 612 位农村居民信息需求的调研表明,在农业技术、发家致富、生活保健以及科学文化知识等四大类信息中,农民最需要医疗健康、生活保健类信息。但由于“不知道到哪里找信息”以及“害怕假信息”等原因,他们的信息需求根本无法满足。因此,建议卫计系统加强村卫生室信息化建设,为每个村卫生室配备能联网的电脑,并做好村医信息技能培训,以便他们充分发挥健康信息传播中介员的作用,利用现代信息技术为农民服务:①对所在村组村民的健康状况进行摸排,并做好信息登记及健康状况动态监护工作。鼓励条件成熟的村组建立村民健康状况信息库,并与市县医疗机构联网。②帮助村民查询本地三甲医院各科专家门诊时间,预约网上挂号,为村民大病就诊提供便利。③筛选当地健康服务公众号,择优推荐村民通过智能手机关注相关信息,让健康理念、防病控病融入他们的日常生产生活中。④注重搜集村民对健康信息服务的需求和期待,并及时与上级部门沟通协调,建立畅通高效的健康信息需求反馈机制,以便更好地提升老百姓的健康生活品质。

陕南产业扶贫发展中存在的问题与对策
——以汉中市略阳县白雀寺镇为例①

张 震

脱贫攻坚是目前我国全面建成小康社会最艰巨的任务，是“十三五”期间的重要大事和第一民生工程。当前脱贫攻坚已进入“啃硬骨头、攻坚拔寨”的冲刺期，对于能否完成全面建成小康社会战略目标至关重要。产业扶贫是解决农村贫困人口的根本途径，是促进贫困人口持续增收的关键举措。在脱贫攻坚的决胜阶段，要始终坚持把产业扶贫作为精准扶贫的重中之重，辐射带动更多贫困群众增收致富。

近年来，众多学者密切关注产业扶贫的发展与研究，取得了一些研究成果。目前，理论界和国家有关政府部门的研究主要集中在政策理论思考、主要模式、存在问题及对策措施等方面。关于政策理论思考的研究，侧重于可行性与执行的有效性方面；关于产业扶贫模式的研究，主要围绕地方政府、合作组织、工商企业、贫困农户等的相互关系和组织形态进行深入分析；关于产业扶贫现存问题与对策建议的文献最多，主要有产业发展比较优势问题、市场和自然风险问题、产业技术问题、资金支撑问题和管理问题等。对陕南产业扶贫理论研究方面的文献并不多。邓淑红、周方舟(2017)认为，在精准识别陕南贫困人口的基础上，分析各种因素，尤其是重要致贫因素，精准识别农业产业扶贫中存在的问题，提出产业精准扶贫措施。马艳利、杨建科等(2018)认为，陕南产业扶贫的主要模式有政府主导下的绿色种植业、生态养殖业、观光农业等，具有以特色优势产业为依托，以农户生产为主体，多种经营方式为路径等特征，存在资金缺乏，公共基础设施薄弱，产业链不完善，生产规模较小，农产品销售收益不稳定，农村劳动力不足等问题，并提出相应的对策措施。李彩霞、杨卫鹏(2018)分析了陕南地区产业发展中电商扶贫的现状与问题，提出以培育优势特色产业和营造电商生态为核心的精准电商扶贫策略。彭晓飞、李勇(2018)具体分析了陕南茶叶产业发展现状，提出成立产业联盟、签订产业帮扶协议、入股分红、土地流转和劳务用工等方式，实现陕南茶业企业带动贫困户脱贫

① 原载于《陕西理工大学学报》(社会科学版)，2019年8月第37卷第4期。

致富。

陕南指陕西南部地区,从西往东依次包括汉中、安康、商洛三市,是全国14个集中连片特困地区之一,地形地貌上以山地深沟为主。截至2015年年底,陕南地区占陕西省全省贫困人口的42.45%,快接近一半。现有贫困人口大多分布在边远山区,自然生存环境恶劣,基础设施薄弱,公共服务不足,产业发展滞后,多数贫困家庭原始积累少,自我发展能力低,是多年扶贫开发剩下的贫中之贫、困中之困。陕南地区贫困面积大、贫困人口多、贫困程度深,是陕西省脱贫攻坚工作的重点和难点,也是脱贫攻坚工作的关键。陕南三市各级政府机构积极投入到脱贫攻坚的各项工作中。陕南汉中市略阳县的白雀寺、乐素河两个镇,集中了略阳县24%的贫困人口,是略阳县脱贫攻坚工作的重点和难点。尤其是白雀寺镇作为略阳县的深度贫困镇,贫困情况更具典型性和代表性。课题组重点选取略阳县白雀寺镇的产业扶贫发展情况进行深入调研和分析,希望以白雀寺镇产业扶贫为例,试图探寻破解陕南产业扶贫困局的有效对策。

一、略阳县白雀寺镇产业扶贫的主要做法

略阳县白雀寺镇地处嘉陵江上游峡谷区域,山多地少,土地贫瘠,全镇共有15个村3 046户,人口11 556人。其中,一般贫困村2个、重点贫困村13个,建档立卡贫困户1 556户共5 465人,贫困人口居全县之首,贫困发生率高达47.3%。

长期以来,白雀寺镇受自然条件制约,经济发展比较缓慢落后,农民增收主要靠外出打工。全国性的脱贫攻坚战打响之后,白雀寺镇真抓实干,扎实开展产业扶贫工作,在各方面的协同努力下,两年多时间里,该镇产业发展初具规模,势头强劲,初步构建起了基础稳固、潜力可期的农业产业发展框架,打破了略阳县南部片区产业发展难有作为的传统。具体来说,白雀寺镇的主要做法有以下几个方面。

(一)因地制宜,优选产业发展项目

在略阳县农业产业总体规划中,因考虑到当地自然地理条件的制约,白雀寺镇与乐素河镇一同被确定为干杂果发展区域。但白雀寺镇各村在农业产业项目发展上并不拘泥于此,而是结合各村土壤、气候条件及种植习惯等,引导群众发展有市场需求的产业增收项目。比如:曾家沟村,根据当地土质条件发展密植银杏采叶园600亩,贫困户参与数占到全村贫困户总数的74%,当年户均增收3 000余元,该村计划到2018年年末,将密植银杏采叶园扩大至千亩,与杜仲种植、养羊等项目形成互为补充的产业增收格局;蔡家营村沿袭当地长期种植茶树的传统,发展以茶叶产

业为主，养羊、牧草、土蜂为辅，互为利用、循环共生的绿色经济，贫困户参与数占到全村贫困户总数的49%；阳沟村依托传统种植习惯，动员贫困户种植中药材柴胡260亩，同时引进发展适宜当地气候条件的油牡丹240余亩；白杨坪村主抓的土蜂养殖产业，南家山村力主发展的核桃、中药材等项目符合实际条件，各具特色。

（二）大胆尝试，积极探索多元发展模式

为有效调动群众参与产业发展的积极性，白雀寺镇在农业产业项目发展过程中，大胆探索，积极引导，采取多种方式发展产业，把群众调动起来，让贫困户参与进来。概括起来，白雀寺镇在农业产业项目发展上有3种模式。具体是：①党员带动模式。如曾家沟村，为动员贫困户参与密植银杏园项目，村支部首先动员17名党员自掏腰包带头试种，以实际收益带动观望贫困户参与进来，将密植银杏园规模由2016年的280亩扩大至2017年的600亩。②公司扶助模式。如南家山村，在本村走出去的企业家侯守贵的扶助下，新成立了畋盛农林发展公司。在产业发展上，采取公司出资、农户出地、统一种养、统一销售、按比例分成的运营方式，积极发展核桃、中药材等长、中、短效项目。公司下设有生产与管护组，参与的农户既可从公司产业销售中按4:6分成，也可在公司挣取产业管护工资，目前该公司吸纳贫困户47户，占全村贫困户总数的54%。③合作社推动模式。如蔡家营村，在村两委带动下，成立了养羊合作社和家庭农场，采取农户入股方式，筹资发展养羊、茶园、养蜂等产业，前期按农户银行贷款利息分红，见效后以利润的三分之一分红。目前该村已发展茶园300亩，养羊200余只、养蜂350箱，合作社、家庭农场已吸纳贫困户50户共174人，占到全村贫困户总数的49%。

（三）多方协同，共同发展富民产业

在白雀寺镇各村产业脱贫过程中，各帮扶部门和有关单位真抓实干、群策群力、共谋出路，发挥了很大的作用。如华阳沟村，在包扶部门汉中市食药局协调下，由略阳康健大药房出资20万元，流转贫困户与非贫困户土地，建设中药材柴胡示范基地，并联系好中药企业，确保产销无缝对接。同时，出资12万元从宝鸡购买近7万株油牡丹种苗，大力发展油牡丹产业。中坝子村，在包扶部门略阳县政府办的牵线搭桥下，通过“请进来现身讲解”和“走出去参观学习”方式，促成该村致富能人与略阳县易岭电子商务公司、略阳县小蜜蜂电子商务公司，达成网店销售农特产品合作协议，很好地解决了农产品卖难、贱卖难题，大大增强了贫困户发展特色产业的信心。略阳县地税局为南家山村贫困群众购置专门录制全县扶贫优惠政策解说的收音机80台，详细了解产业发展相关优惠政策和信息，从思想上拔穷根、立志气、开眼界。木匣沟村，在村支书谢林山的组织带领下组建了民俗演出队，收集整理具有当地特色的民俗文化，吸收了12名贫困群众加入民俗演出队，外出巡演创收，取得了良好效果，成为全市乡村民俗文化旅游的一张名片。

二、略阳县白雀寺镇扶贫产业发展中存在的主要问题

白雀寺镇各村在发展产业脱贫项目上积极探索，多点布局，富有创意，开创了新局面。但受观念、技术、资金、市场、管理等因素制约，产业发展还存在诸多瓶颈，具体主要有以下几个方面。

（一）产业项目分散杂乱，主导产业不突出

白雀寺镇各村产业项目发展虽初具规模，但从总体上看，还普遍存在产业布局散乱、种类繁多、主导产业不突出等问题，在产业项目的选择、布局、规模等方面缺乏科学总体规划，发展比较盲目，多种项目齐上，有全面撒网、试探市场、碰碰运气的思想。据统计，白雀寺镇产业项目多达30余种，每村均在4种以上。如南家山村发展农业产业项目多达10种，且规模相当，没有明确长期主抓的主导项目；银杏产业发展规模较大的曾家沟村，在主导产业选择上也没有突出银杏“一业”，而是把食用菌、劳务输出和银杏一同确定为主导产业，齐力推进；蔡家营村茶园、养羊、养蜂等项目一起发展，产业发展也没有明确的主攻方向。总之，由于对多变的市场需求掌握不准，比较担心，各村普遍缺乏集中精力、长期坚持一个主导产业的耐心和定力。

（二）产业自身发展存在缺陷，发展模式不够成熟

通过比较分析不难发现，白雀寺镇产业发展的3种模式存在的共性问题表现为：仅仅解决了产业发展的数量问题，没有很好地解决产业发展的质效问题，3种模式各有自己存在的短板。具体表现为：党员带动模式，虽然调动了贫困户参与的积极性，但抗市场风险能力弱；公司扶助模式和合作社推动模式，对于参与群众来说，投资风险虽然降低了，但却全部转嫁到了公司与合作社，一旦市场销路出现问题，公司和合作社将很难独撑危局、长期运行。另外，公司扶助模式，虽解决了产品销路和农户市场风险问题，但“保姆式”的经营方式很难放手让贫困户“独立行走”；合作社推动模式，虽然解决了群众参与性问题，但没有解决市场销路问题，也没有在合作社与农户长期合作、利益连接问题上找到比较成熟的解决途径。

总之，这3种产业发展模式均有一定的局限性。

（三）产业发展缺乏专业技术支撑，经营比较粗放

通过调查发现，白雀寺镇各村产业发展普遍存在专业技术力量匮乏、管护经营方式粗放的问题。比较典型的如南家山村，由公司经营运作的核桃、中药材栽植及土蜂养殖等产业项目，从总体规划、选点布局、技术标准、产品包装、销售方式等方面，公司均没有专业技术人员进行策划、指导和管理，而是完全交由村民自己凭老经验、土办法栽植（养殖）管护，产出质量、效益、发展前景堪忧；曾家沟村的银杏密植园发展，2019 年夏季由于久旱少雨，又没有统一的管护技术指导，导致部分农户栽植的银杏苗大面积枯死；蔡家营村的茶园发展，白杨坪村的土蜂养殖也大抵如此。深入了解后就可看出，白雀寺镇各村产业发展技术含量不高，粗放经营比较普遍，产业发展听天由命，抗自然风险能力比较差，基本处于原料供应的低端水平，初级加工能力尚不具备，附加值很难增加，产业链条无法延伸。同时应该看到，白雀寺镇产业发展方面存在的技术缺位、人才缺失、管理粗放、盲目发展的问题，在全县并非孤例，应该引起各级各方面的高度重视，采取措施规避绕行、及时补位，以确保略阳县农业产业健康发展。

（四）产业发展中贫困户的参与不够充分

由于农户居住地分散、土地零星分布，白雀寺镇采取的公司扶助、合作社推动的模式，在规模化发展、集约化管理方面受到很大制约，组织、吸纳贫困户的能力十分有限。此外，镇村干部与群众对于当下究竟应该发展什么产业、主抓什么产业才能创出市场、增收致富十分迷茫，尤其是在如何借助合作社平台，把贫困户组织、发动起来，与群众建立起双向的利益联结机制等问题上尚无有效手段。

例如，部分贫困户宁肯在产业项目上“小打小闹”，获取有限的销售收入和少量政策奖补资金，始终抱着“隔夜的金子不如到手的铜”的心理，也不愿加入合作社“抱团”发展，让镇村干部与帮扶企业陷于一厢情愿、里外受气的窘境。另外，在国家“输血”式扶贫与各项惠农政策政策的影响下，部分贫困户形成了依赖性，有“等、要、靠”思想，将扶贫政策视作国家给予的贫困补助，甚至认为扶贫就等于政府给钱，出现了“越穷越实惠”的不良心理。据统计，白雀寺镇 15 个村成立的合作社、家庭农场等新型经营主体，仅有曾家沟、南家山 2 个村贫困户参与率超过 50%。

三、促进扶贫产业发展的对策与建议

要进一步推进脱贫产业发展，实现增收致富，实现全县稳定脱贫，必须因地制宜，扬长避短，协同推进，既要考虑好短效项目，也要选准长效项目，做到长短结合。

具体可采取以下措施和路径。

（一）因地制宜，发展优势特色扶贫产业

区域资源禀赋与经济的非均衡性和产业扶贫模式的差异性，决定了扶贫产业不能“一刀切”，须走差异化发展道路。一是县、镇、村等基层政府在安排产业扶贫项目前，要认真做好前期调研工作，把可持续发展的理念贯穿于整个脱贫攻坚任务中，遵循“因地制宜、突出重点、长短结合”的原则，综合分析当地的自然资源状况、生态环境、产业基础、交通条件、人员素质等因素，优先向符合条件的贫困村安排产业扶贫项目，重点发展当地的优势特色项目，充分挖掘优势资源，形成“一村一品”的特色产业扶贫体系，并做好长效主导产业项目和短效辅助产业项目的结合。二是基层政府部门应加强与农业技术部门、专业咨询机构和高校合作，立足贫困地区的区域特点、基础条件和贫困户需求，注重产业发展布局与当地经济发展的总体规划相衔接，对扶贫产业布局进行科学规划和优化，突出区域特色，走差异化的发展途径，防止低水平重复建设，避免产业趋同和同质竞争。三是对符合产业政策、对当地经济有较强的发展带动作用的项目，政府要在政策上给予大力支持，并针对具体的特色产业扶贫项目，制订符合实际的项目实施方案，明确产业扶贫工作的重点、难点和措施。四是可多元化发展脱贫产业。要转变思想，摆脱抓脱贫产业就是抓农业产业的思维惯性，可挖掘当地自然、历史、文化、饮食等优势资源，积极发展乡村旅游、观光休闲农业、农家乐等产业。

（二）充分发挥能人大户、龙头企业或专业合作社的带动作用，完善产业扶贫发展模式

农业产业发展具有周期长、见效慢、风险高的特点，让各方面能力都较弱的农户，尤其是贫困户独自经营风险如此之高的产业，难度比较大。白雀寺镇产业发展实例表明，凡是产业项目发展较好的村，都离不开村两委的牵头组织、能人大户的示范带动、龙头公司或专业合作社的扶助推动，尤其是村两委“当家人”强则产业发展强的现象比较明显。因此，脱贫产业要健康发展，要注意以下几点：一是在培养致富带头人上，重点选强配好村两委负责人，要结合略阳县村干部职业化试点工作，选配年富力强、干事热情、紧跟时代发展、头脑灵活、有创业经验的能人担任村两委负责人，可优先选聘未就业大学生、返乡创业人员。要利用各种媒体宣传略阳县出台的各类产业发展扶持优惠政策，吸引在外务工人员和大学生返乡创业和工作，培养致富能人。二是从政策、资金等方面大力支持各镇、各村专业合作社、龙头

企业和能人大户发展，鼓励其大胆尝试，积极探索新路。应加紧研究落实“三变”政策，通过申请政府产业投资和发展基金，建立产业担保基金等方式，帮助龙头企业、专业合作社及能人大户解决融资难题。要围绕略阳县特色主导产业，协调保险公司扩大农业产业保险范围，增加保险险种，降低企业、合作社和农户发展产业的风险。三是创新利益联结机制，鼓励农户和贫困户以资金、土地、生产资料和劳动力等多种方式入股，与实力公司或合作社建立股份合作制式的利益联结机制，贫困户既是股东又是劳动者，参与到整个产业链的利润分配中，在降低风险的同时提高收入。四是完善风险承担机制。目前，各类产业扶贫项目的利益分配主要是通过合同来约束，但各利益主体通常会以自身利益最大化为目标，导致违约现象时有发生，损害合作方的利益，影响今后进一步的合作发展。因此，政府应承担起制定和推行产业扶贫项目标准合同的责任，并在合同中注明自然风险或市场风险发生后的初步分担机制，明确利益分配机制，从而降低农户、贫困户面临的风险。

（三）增加产业发展的技术含量，促进集约化发展

现代农业发展的规律和社会实践表明，发展农业产业、做强农业产业，必须要相信科学、依靠技术、依靠人才，通过专业化、集约化运作，走差异化的路子，才能做出特色、创出品牌、抢占市场。因此，政府部门应建立健全技术服务推广与培训体系，可采取农业专家下乡，技术人员田间地头现场指导，农村人才进企、进校等多种形式培训农户，企业、合作社和能人大户也要加强聘请专业技术人员指导产业发展。要加紧制订出台乡村人才培养计划，调查摸清产业发展的现实情况，联系相关企业、院校，定期、定向组织学习培训，不断提高脱贫产业发展的技术水平。同时，对接国家有关政策，出台略阳县科技人才带薪从事三产优惠政策，允许和鼓励专业技术人员以技术入股、在职创业、兼职等多种方式参与略阳县农业产业项目发展，解决技术人才匮乏问题。在培训内容上，除直接相关的种植、养殖业及动物疫病防治等专业技术外，还应包括工商管理、市场经济、电子商务、法律法规、扶贫政策等市场经营与管理知识，使培训内容更加全面、更有针对性、更符合当前产业发展的需求。通过技术推广与培训，培养一批爱农业、懂技术、善经营的新型职业农民，提高其自我发展能力，变“输血式”扶贫为“造血式”扶贫，促进脱贫产业发展。

（四）充分组织调动农户的积极性，提高贫困户的参与率

贫困户是产业扶贫项目的预期受益者，是项目实施的重要基础，其参与产业发展的情况是扶贫项目成功的关键因素之一。在增收致富产业项目发展上，农民的

资金本来就不多,又是比较现实的群体,短期内见不到直接收益,不会轻易投入,贫困户更甚。此外,多年来略阳县在扶持农业产业项目发展方面一些不成熟的做法,让农户对政府主导并推动发展的产业项目缺乏认同,参与的积极性不高。

为此,在组织调动农户、提高贫困户的参与率上,一是针对部分具有“等、靠、要”不良思想的贫困户,要大力宣传勤劳致富的思想,提高其自我发展意识。二是借助实用技术推广、劳动力转移培训等多种方式改变其落后的生产与投资意识,使之具备一定的现代市场经济理念。三是政府要多站在农民增收、贫困户脱贫的立场,建立共享的制度规范和信任感,综合考虑各方的利益,满足不同参与主体的需求。四是在发展脱贫产业项目上,必须结合贫困村、贫困户实际,从当地能人大户抓起,通过典型示范、参观学习,对比专业化、集约化经营与传统粗放式经营带来的收益差异,树立贫困户的信心和参与动力,引导农户、贫困户跟随企业和能人大户发展增收产业项目。

(五)积极动员、利用社会各方力量,助推脱贫产业发展

脱贫攻坚任务重、难度大,是一场需要动员全社会各方力量参与的攻坚战,只有汇聚众智,积聚力量,才能克难而胜。因此,实现产业脱贫必须要整合力量,协调各方、多向发力,多元发展。一是要利用苏陕合作、津陕协作的机遇,加紧对接东部发达县,积极落实结对帮扶贫困县“携手奔小康”工程和中、省提出的民营企业“万企帮万村行动”,借助外部发达地区的力量,激发内力,发展脱贫产业。二是充分发挥中、省、市、县等包联部门的帮扶作用,寻求各方在招商引资、技术与人才培训、产品研发、市场销售等方面的帮助,促进脱贫产业发展。三是要积极收集掌握本地在外的比较成功的人才信息,积极开展联谊活动,号召在外成功人士通过招商、引智、培训、销售等多种方式回馈乡里,助力脱贫。

脱贫地区从产业扶贫到产业兴旺:现实难点与实现机制①

何龙斌

实施乡村振兴战略,是党的十九大做出的重大决策部署,是决胜全面建成小康社会、全面建设社会主义现代化国家的重大历史任务。能不能完成这一重大任务,重点在于产业兴旺,短板在于落后地区、贫困地区。这些地区是当前我国发展最不平衡不充分的区域,即使到2020年全面脱贫摘帽,也仍然存在产业发展基础不牢、持续性差等问题,导致实现产业兴旺的相对艰难性。但是,我们必须认识到,作为脱贫攻坚战略中主要方式的产业扶贫与乡村振兴战略中关键环节的产业兴旺不是孤立存在的两个事物,二者具有内在的关联性和目标的一致性。基于这一认识,在2018年9月中共中央、国务院印发的《乡村振兴战略规划(2018—2022年)》中明确提出:"把打好精准脱贫攻坚战作为实施乡村振兴战略的优先任务,推动脱贫攻坚与乡村振兴有机结合相互促进。"显然,在当前国家两大战略交替的特殊时期,如何将产业扶贫融入产业兴旺之中,如何实现从产业扶贫到产业兴旺的有效衔接,使贫困地区2020年脱贫以后也能如期实现乡村振兴是迫切需要研究的现实问题。

一、相关研究综述

中华人民共和国成立以后,中央政府事实上就开始了减贫、扶贫工作。虽然20世纪90年代已经出现具有发展产业特征的开发式扶贫概念,但学界普遍认为,产业扶贫这一概念的广泛使用及这一模式的大力推行实际始于近十年。特别是《中国农村扶贫开发纲要(2011—2020年)》将反贫困问题提到了新的理论高度,强调产业扶贫的重要性,从此使产业扶贫问题研究成为学界的热点。产业扶贫是贫困地区由"输血式"扶贫转向"造血式"扶贫的重要途径,是以市场为导向、经济效益为中心、产业集聚为依托、资源开发为基础,形成一种利益共同体的经营机制,通过产业链建设来推动区域扶贫的方式。学者们探讨了产业扶贫的机制构建,主要

① 原载于《青海社会科学》,2020年第4期。

有企业与农户之间的利益联结机制、产业扶贫的动力机制、产业发展的长效机制、政府部门的考核机制与奖惩机制等；从不同角度总结了产业扶贫的模式，如“政府+龙头企业+合作社”模式、资源产业扶贫模式、金融精准扶贫模式、特色旅游产业扶贫模式、瞄准型产业帮扶模式。当然，作为一个解决现实问题的明确思路，学界对产业扶贫的研究大多还会涉及发展路径与对策建议。

自2018年1月2日《中共中央 国务院关于实施乡村振兴战略的意见》发布并实施以来，国内关于乡村振兴战略的报道出现井喷之势。但检索发现，与产业兴旺相关的学术性研究基本处于萌芽阶段。研究认为，推进产业兴旺是实施乡村振兴战略的首要任务，产业兴旺只有建立在乡村整体价值基础上并与乡村价值体系相结合才具有可能性；产业兴旺需要制度创新，应优先发展现代农业，其次应发展以特色加工、旅游等为代表的融合一、二、三产业的特色产业。虽然研究内容涉及产业兴旺的理论逻辑、重点任务、实现路径与对策建议，但研究成果数量非常有限，研究的深度与广度明显不足。

总体来看，国内关于产业扶贫的研究明显丰富，关于产业兴旺的研究相对较少。从研究内容上看，成果多集中于开展产业扶贫现实问题的解决，对贫困地区产业发展的内涵和机理研究不深，对脱贫后产业长期持续发展面临的持续性发展问题较少关注，特别是将产业扶贫与产业兴旺结合，聚焦于二者有效衔接的研究还不多见。

二、产业扶贫与产业兴旺的内涵

（一）产业扶贫与产业兴旺的关系

产业扶贫是指通过发展产业促进贫困地区经济发展和贫困农户收入增加，最终实现贫困地区脱贫的扶贫开发过程。产业兴旺是指通过推动农村地区产业更好更快地发展，为实现乡村全面振兴提供物质基础和保障的农村经济发展过程。产业扶贫与产业兴旺是两大不同的国家战略制定与实施的产物。产业扶贫是国家扶贫攻坚战略的重点，而产业兴旺是国家乡村振兴战略的关键。产业扶贫是产业兴旺的时序前提和空间基础，产业兴旺为产业扶贫提供长效内生动力。打赢脱贫攻坚战是实施乡村振兴战略的重要前提，实施乡村振兴战略是使脱贫攻坚成果得到巩固和提升的最佳手段。因此，从整体上来看，产业扶贫与产业兴旺是点与面的关系；从时间上看，是早期基础工作与后期最终目标的关系；从推进上来看，是阶段性重点与长远发展的关系；从实施上来看，是抓重点与抓全局的关系，其出发点和落脚点都高度一致且相互促进、相得益彰。

（二）产业扶贫与产业兴旺的不同点

产业扶贫与产业兴旺的不同之处主要表现在提出背景、主要目的、实施前提、切入点、实现手段、战略重点以及适用对象上。从提出背景来看，产业扶贫提出较早，20 世纪末已出现这一提法，在这一时期农村地区存在一定数量的贫困人口，从致贫因素上看需要通过发展产业带动农户脱贫致富；而产业兴旺的提出肇始于 2018 年年初的《中共中央 国务院关于实施乡村振兴战略的意见》，这一战略本质上是对脱贫攻坚战略的接替，是新时期对贫困地区 2020 年全面脱贫摘帽后农村经济社会发展的新部署，其提出背景是广大农村地区基本接近全面脱贫。

从主要目的来看，产业扶贫以实现贫困地区尽快摆脱贫困为主要目的，强调短期扶贫的效果或脱贫的功能性；而产业兴旺显然要求以实现产业长期发展为主要目的，强调产业长效、持续、稳固发展。从实施前提来看，对贫困地区、贫困人口的精准识别是实施产业扶贫的基础和前提，只有精准识别扶贫对象，才能从产业发展的角度精准施策，产业扶贫才能取得成效；而产业兴旺的实施前提则是对农村地区优势、特色、主导产业准确识别，通过识别找到有市场前景、有发展潜力的产业重点培育从而形成产业化。

从实施的切入点来看，产业扶贫要兼顾产业发展的经济效益和脱贫致富的社会效益，必须以贫困地区生产要素利用为切入点，这些生产要素包括贫困人口及其所拥有的土地、林地、住宅甚至扶贫资金；与产业扶贫相比，产业兴旺则不用考虑扶贫的功能性，其实施过程更多地遵循经济规律，以对农村地区产业资源有效整合为切入点。

从实现手段来看，由于产业扶贫处于贫困地区产业发展的早期阶段，难度很大，需要有外力支持，因此产业扶贫离不开政府的政策扶持；而产业兴旺则由于产业发展已经形成一定的发展环境，此时政府这只有形的手基本可以松开，用市场这只无形的手来代替会更好。

从战略重点来看，受脱贫功能的约束和产业发展早期条件的限制，产业扶贫只需要形成具有相对优势的农村特色产业，使农户收入增加；而产业兴旺显然要求更高，其战略重点不仅是形成优势特色产业，而且要推进农村产业深度融合，构建现代农业产业体系。此外，从适用对象来看，产业扶贫针对的仅仅是农村贫困地区，而产业兴旺是乡村振兴的一部分，其目标是到 2035 年农村农业现代化基本实现，到2050年乡村全面振兴，对比这一目标，几乎所有农村地区都是有差距的，由此可见，产业兴旺战略适于所有农村地区。总结的上述不同点如表1所示。

表1　农村产业扶贫与产业兴旺的区别

概念	提出背景	主要目的	实施前提	实施切入点	实现手段	战略重点	适用对象
产业扶贫	农村地区存在一定数量的贫困人口	以尽快摆脱贫困为主要目的	贫困地区、贫困人口的精准识别	以贫困地区生产要素利用为切入点	侧重政府政策扶持	形成农村优势特色产业	农村贫困地区
产业兴旺	农村地区基本或接近全面脱贫	以产业长期发展为主要目的	农村地区优势、特色、主导产业识别	以农村地区产业资源整合为切入点	侧重市场机制引导	构建现代农业产业体系	所有农村地区

三、脱贫地区从产业扶贫到产业兴旺的现实难点

从产业扶贫到产业兴旺，本质上是农村产业发展水平逐步递进提高的过程，但对于2020年刚实现脱贫目标的贫困地区而言这一过程是相对艰难的，主要体现在以下两个方面。

（一）产业扶贫的基础薄弱

对国家2012年公布的14个国家级集中连片特困地区进行聚类分析表明，客观因素决定这些地区的产业发展面临很大的困难，产业发展基础非常薄弱。一是资源禀赋差。我国大多数贫困乡村位于山区，地貌类型以山地为主，平坝较少，土地资源不足，人均耕地远低于全国平均水平，农业就业容量小，经济发展受土地制约明显。有些地区虽然有一定的矿产资源分布，但种类少、数量小、品位低，开发潜力有限。二是地理位置偏。大多数贫困乡村处于偏远地区，远离区域经济中心，甚至远离县城和集镇，加上大山、大河阻隔，交通极为不便，有些农户从住所去村委会需要五六个小时。三是生态环境差。这些地区泥石流、滑坡、石漠化、涝灾、旱灾、冻灾等自然灾害频发，危害大，很多地方不适合人类居住，大多处于我国重要的森林生态功能区、草原湿地保护区、沙漠化治理区、石漠化治理区、生物多样性保护区、水源涵养区等各类生态功能区，属于限制开发区。四是人口素质低。贫困乡村大多教育资源投入及师资严重不足，教学水平低，儿童失学现象较严重，人均受教育年限低于全国平均水平，劳动力素质整体偏低，经营管理人才及专业技术人员短缺。上述因素严重制约了当地产业发展，成为开展产业扶贫的难点，只有认识、攻

克这些难点,因地制宜、精准施策,才能搞好产业扶贫,为实现产业兴旺奠定基础。

(二)产业兴旺的制约因素较多

目前,脱贫地区通过多年产业扶贫,产业发展环境已经有了一定的改变,具备一定的产业发展基础,但持续长效实现产业兴旺发展仍面临许多问题。一是产业发展的脆弱性。从发展第一产业来看,贫困地区大多处于山区,山多地少,不利于集约化发展,农业现代化水平低,导致农业生产水平不高,农业产业难以形成规模。从发展第二产业来看,人口居住较为分散,人口密度较低,加之交通不便,小城镇发展缓慢且规模较小,工业集聚功能差,缺少工业园区和龙头企业。二是产业的相对封闭性。贫困地区地形大多复杂多样,总体上以山地、丘陵为主,平坝很少。这样的地表结构,限制了区域内部和区域之间的经济活动,将区域经济活动分割化、破碎化,导致企业产业规模小而分散,难以实现集聚带来的规模经济效应。此外,往往还存在行政分割,隶属于不同行政区的农村地区各自为政,甚至"以邻为壑",导致产业发展的相对封闭性,严重地影响了资源的优化组合,制约了产业的规模化、长效化发展。三是产业的扶贫功能性。脱贫攻坚是我国的一项重大战略决策,到2020年全面脱贫在很多地区已经上升为一项政治任务。也正是慑于政治压力或上级政府的政绩考核,很多贫困地区上马的产业扶贫项目具有明显的短期扶贫功能,难以长久持续发展。产业扶贫是产业兴旺的基础,产业兴旺是产业扶贫的最终目标。我国农村贫困地区长期存在明显的城乡二元结构经济特征,其本质是自然经济与市场经济这两种经济形式的并存和对立,这也决定了从产业扶贫到产业兴旺过渡过程中存在从产业发展的政策性支持为主过渡到市场化经营为主的困难,从产业的短期脱贫为主过渡到长期发展为主的困难,以及从产业发展外部力量推动为主过渡到内生动力提升为主的困难。概而言之,应尽快构建一套有效的实现机制,确保产业发展的市场化、长效化、内生化。

四、脱贫地区从产业扶贫到产业兴旺的实现机制

(一)产业发展环境治理机制

贫困地区之所以贫困,一个重要原因是经济发展的客观条件较差,特别是产业发展环境恶劣。因此,首先应建立产业发展环境治理机制,为贫困地区产业健康发展提供良好的外部环境,既包括有利于产业发展的硬环境,也包括软环境。硬环境方面,应积极改善围绕农村产业发展的基础设施,包括以农田水利工程建设、交通与通信工程建设为主的农村产业基础设施,也包括以商品流通体系、信息网络体系

建设为主的促进农产品加工、乡村服务业的基础设施。软环境方面，既要研究制定促进农村产业发展的相关政策，也要面向“三农”提高行政服务效率，还要营造农村创业的社会环境，切实做到让农业成为有奔头的产业，让农民成为有吸引力的职业，让农村成为安居乐业的家园。只有形成产业发展环境治理机制，为产业发展提供肥沃的土壤，农村产业才能生根发芽，产业兴旺才有希望。

（二）产业主体参与动力机制

现代经济学已经证明，经济的发展依赖于产业，产业的发展依赖于产业经营主体。乡村振兴的关键是产业兴旺，而产业发展必须依赖于农业龙头企业、农民合作社等产业经营主体。产业主体有没有参与产业发展的动力，直接影响着产业发展的规模和产业发展的持久性。因此，脱贫地区农村产业发展实现长效化的关键是要调动产业经营主体的参与积极性。从这个角度讲，脱贫乡村从产业扶贫到产业兴旺必须构建产业经营主体参与的两大动力机制。一是产业主体长期投资激励机制。农业投资周期长收效慢，要在政策上激发企业的投资热情，鼓励企业对农业及相关产业进行长期投资，并切实保证企业家的投资收益。二是产业主体与农户的利益联结机制。资本天生就是逐利的，要通过建立利益联结机制，既要保证农户收入增加，也要保证作为投资者的经营主体投资有回报，企业与农户在经济上实现互利共赢。

（三）优势特色产业培育机制

不同于其他地区，脱贫地区农村往往自然条件恶劣，资源禀赋较差，大多数地区没有绝对优势产业，或大多数产业没有发展的绝对优势，难以形成产业化、规模化、专业化经营。因此，在资金等产业发展资源有限的情况下，脱贫乡村应该构建优势特色产业培育机制，将资源集中配置到优势特色产业上。一是优势特色产业选择机制。要立足全国甚至全球市场，把市场需求与当地具有相对优势的资源结合起来，精准选择市场前景好、能长期发展并能带动农民致富的产业作为特色优势产业。二是优势特色产业扶持机制。对于选择的优势特色产业，政府要制定产业发展规划，在财政、税收、金融、技术、土地等方面给予产业发展政策支持，认准方向、保持定力，确保产业做起来。

（四）产业发展风险防范机制

脱贫农村地区产业发展往往存在多种风险。一是项目风险。投资者由于经验和知识缺乏，存在对产业项目的发展前景判断失误导致投资失败的风险。二是市场风险。受全球联动、市场供求及其他因素影响,农产品的市场价格往往变化快、波动大,对产业投资带来影响。三是自然灾害。贫困乡村往往处于自然条件恶劣地区,农业及相关产业易受天气等自然条件影响,自然灾害也构成了这一地区产业发展的一大风险。四是技术风险。这一风险既取决于产业技术的成熟程度,也取决于脱贫乡村农户农民对技术的掌握程度。综上可见,脱贫乡村要实现产业的长期发展、从产业扶贫到产业兴旺,必须构建产业发展的风险防范机制,降低产业投资风险。既要重视事前对产业投资的预测决策,也要重视事中对产业发展的动态监测,与此同时,要通过健全农业保险制度等事后救济方式降低产业投资风险,确保涉农产业安全稳定。

(五)产业发展政策保障机制

与其他农村地区相比,2020 年新脱贫的乡村产业发展存在很多困难,具有发展的不确定性。因此,对这一地区的产业发展,必须再送一程,继续提供一定的政策支持,构建产业发展政策保障机制。这些政策包括财政政策、土地政策、税收政策等。在财政政策方面,对这一地区产业发展应加大投入力度,涉农资金向产业发展倾斜,发挥财政资金的引导和杠杆作用,创新融资方式,撬动更多金融资本和社会资本投向农村产业。在土地政策方面,对这一地区应该鼓励探索落实宅基地集体所有权、资格权、使用权“三权”分置的具体办法,增加村集体收入和农民财产性收入。应积极推进土地流转,推进农业产业适度规模经营,给农村产业发展用地提供更多的土地供给。在税收政策方面,应为这一地区的企业提供减税或免税政策,如针对农业合作组织、农产品深加工企业以及“互联网 + 农业”等新业态实行增值税超税负即征即退、减免企业所得税等。

五、脱贫地区从产业扶贫到产业兴旺的对策建议

(一)做好顶层设计

农业产业化经营是乡村产业兴旺的特征之一。农业产业化的农副产品要在一定区域范围内相对集中生产,形成比较稳定的区域化生产基地,以防生产布局过于分散造成管理不便和生产规模不经济。因此,脱贫地区产业发展必须从全国到地方不同层面考虑农业生产的分工布局,以实现农业产业集聚为目的制定具有指导性的产业发展战略规划。脱贫乡村要以区域产业兴旺规划为指导,将产业扶贫融入新的产业兴旺战略之中。区域产业兴旺规划的主要内容包括指导思想、基本原则、发展目标、主要任务、重要举措、实施保障等。其中,主要任务和重要举措是规

划的重点，不仅应包含对农业转型升级、农业生产力布局、农业结构调整和优势特色产业的具体要求和部署，还应包含培育新型农业经营主体和新产业新业态、完善紧密型利益联结机制以及激发农村创新创业活力的具体措施。

（二）加强组织保障

实践证明，国家在实施脱贫攻坚战略中采用的组织保障体系是推动这一战略顺利实施的重要因素之一。脱贫乡村要实现从产业扶贫到产业兴旺的顺利过渡，必须继续借鉴这一成功经验。一是成立以地方政府党政一把手为组长的乡村产业兴旺领导小组，对地方乡村产业兴旺做出重大决策。二是以现有的地方专职扶贫工作人员构成为基础，调入农业农村管理相关人员组建乡村振兴办公室，取代原扶贫办公室，将工作重心由脱贫攻坚转换到乡村振兴上，以懂农村管理、懂农业技术的专业人才取代原驻村扶贫干部，通过人才下乡推动乡村产业兴旺，最终实现乡村振兴。三是以乡村振兴战略接棒精准扶贫战略，以产业发展替代农户脱贫进行政绩考核。各地政府应把乡村振兴战略规划实施成效纳入各级党委、政府及有关部门的年度绩效考评内容，将考核结果作为各级党政干部年度评优以及选拔任用的重要依据。

（三）引导动能转换

乡村振兴必须加快构建现代农业产业体系，突破“乡村的产业就是农业”“农业的功能就是提供农产品”的传统思维模式，用现代产业发展理念和组织方式改造传统农业农村产业，通过新旧动能转换实现产业兴旺。为此，脱贫地区地方政府要注重引导经济发展的动能转换。一是引导农业基础设施由落后转向先进。彻底改变农业生产基础条件，提高农业生产装备水平，完善农业产品流通条件，建设农业加工园区，从硬件上为农业产业发展提供新动能。二是引导产业经营主体由个体转向组织。以农业龙头企业、农业合作社等农业集体组织引领农业发展，取代传统的农业经营以家庭个体为主分散经营的状态，提高农业生产组织化程度，形成适度规模经营，使农业经营方式由粗放转向集约。三是引导农业生产技术由传统转向现代。通过推广农业科技成果，培育农业高新技术企业，推进物联网、云计算、移动互联等新技术在农业领域的应用，实现农业技术升级换代。四是引导农村产业结构由单一转向融合。通过延伸农业产业链，推动农业加工业、服务业发展，加快休闲农业和乡村旅游业发展，实现以农业为核心多业并举的发展格局。

（四）构建示范标准

乡村振兴战略是国家2018年出台的一个新战略，产业兴旺也是这一战略下的一个新的任务要求。因此，究竟怎样才算做到产业兴旺目前还缺乏统一标准，各地需要根据实际情况，结合国家战略的总体要求制定产业兴旺实施效果评价标准，以此标准树立具有示范作用的产业兴旺示范村、示范镇甚至示范县。产业兴旺实施效果评价标准体系可以从以下几个方面予以构建：一是农业高效发展，主要体现为生产能力大幅提升，形成优势特色产业以及推动农业发展的基础设施建设明显改善；二是农业高质量发展，主要体现为农产品质量提升和农产品品牌创建；三是产业融合发展，主要体现为形成产业集群，农产品加工业形成一定规模以及形成新产业新业态；四是农业绿色发展，主要体现为农药化肥使用量明显减少、大量利用农业废弃物等资源以及生态保护效果明显；五是农业开放发展，主要表现为农产品出口额大幅提升，出现一定数量的农产品出口产业聚集区和出口农产品示范企业等；六是农业集约发展，主要体现为农业经营的组织化主体数量大幅增加以及农业集约发展带来产业效率大幅提升。

我国贫困地区循环经济发展的现实困境与创新策略——以陕南为例[①]

李天芳

我国贫困地区长期面临着经济发展和环境保护的双重矛盾。发展循环经济是贫困地区贯彻落实绿色发展理念,推动经济发展方式转变,实现绿色脱贫的重要途径。陕南位于秦巴集中连片特困地区,生态基础脆弱,产业结构单一,经济发展水平低。"十二五"以来,陕南通过大力实施循环发展战略,历经十多年的持续探索和实践,逐步形成了一条符合陕南发展的特色循环经济道路。当前,随着我国经济转型升级的不断推进和资源环境约束的日益趋紧,陕南循环经济也进入了转型发展的关键阶段,面临着从观念落后,到技术、人才、资金匮乏,公众参与度不高等诸多现实难题。在这种背景下,如何从可持续发展和脱贫攻坚的高度,推动循环经济高质量发展,增强区域可持续发展能力和脱贫减贫能力,是陕南发展循环经济急需解决的一个重大现实问题,也是我国贫困地区推动绿色循环发展过程中面临的一个普遍性问题。

一、贫困地区加快发展循环经济的重要意义

自20世纪60年代美国经济学家K.鲍尔丁提出循环经济的概念以来,作为一种克服以粗放增长和资源消耗为基础的生产和消费模式,循环经济在全世界范围内受到越来越多的关注,并日益成为世界经济发展的新趋势。然而,由于不同国家和地区所处的社会经济发展阶段不同,面对的资源环境千差万别,追求的直接目标各异,对循环经济内涵的认识和实践存在较大差异。以德国和日本为代表的发达国家是在后工业化时代因消费和生产领域的大量废弃物处理问题而孕育、催生形成的循环经济发展模式,其主要目的在于减少废弃物,提高资源利用率,改变传统的"大量生产、大量消费、大量废弃"的社会经济发展模式,减少社会经济发展对资源的过度依赖。我国贫困地区的循环经济起步于工业化的初、中期阶段,由于生态

---

① 原载于《生态经济》,2020年10月第36卷第10期。

环保意识淡薄，长期将资源开发利用作为贫困地区经济增长和脱贫减贫的重要途径。然而，受资金、技术、人才等因素的制约，贫困地区资源开发方式普遍落后，资源利用效率十分低下，资源浪费问题突出，经济发展呈现出典型的高消耗、高污染、高排放和低效率特征，并形成大量的废弃物，严重污染环境，导致贫困地区经济增长与环境保护之间的矛盾不断加剧，可持续发展能力逐渐减弱，陷入“贫困—生态环境恶化—持续贫困”的怪圈。具备可持续发展特征的循环经济以经济增值、降低污染排放、减少资源和能源消耗为主要目标，不仅是贫困地区遏制资源浪费和环境恶化，修复生态环境，减少自然资源依赖，增强可持续发展能力的重要途径，也是推进贫困地区精准脱贫、长效脱贫的内在要求。在我国全面建设小康社会的关键时期，加快贫困地区循环经济发展具有十分重要的现实意义。

(一)缓解贫困地区资源约束矛盾的迫切需要

我国贫困地区与生态敏感区高度重合，生态环境脆弱与经济贫困共生共存。大多数贫困地区属于环境型贫困、资源型贫困或污染型贫困，自然条件恶劣，生态环境脆弱，自然资源匮乏，在历经前期资源粗放式开发利用后，出现了资源过度开发与资源利用不足的双重矛盾。一方面，大量自然资源的过度开采利用，导致贫困地区各种一次资源总量锐减，很多资源面临枯竭危机；另一方面，传统低层次的资源开发模式，造成各种初级资源浪费严重，资源有效利用率低下，形成浪费性资源贫困。如果不改变对自然资源的依赖和掠夺式的开发，就难以从根本上摆脱“贫困—环境恶化—贫困”的恶性循环。因此，在我国经济转型发展的关键时期，加快发展循环经济，是贫困地区践行绿色发展理念，缓解资源环境对经济发展压力，厚植绿水青山优势的迫切需要。以资源高效利用和循环利用为核心的循环经济不仅强调资源使用减量化，更加关注资源的再利用和再循环，继续秉持循环经济的发展理念和基本原则，有助于贫困地区在更大范围内突破资源瓶颈约束，进一步降低经济发展对资源的依赖程度，培育和激活贫困地区经济发展新动能，推动贫困地区经济向高质量发展阶段转型。

(二)增强贫困地区自我发展能力的客观要求

区域自我发展能力是一个地区自然生产能力和社会生产能力的总和。贫困地区经济长期稳定发展依赖于自身自我发展能力的培育和提升。受自然环境、历史传统、社会文化以及国家发展战略等多重因素的影响，我国贫困地区生态环境不断恶化，社会发展严重滞后，导致自我发展能力较弱。建立在物质循环利用基础上的循环经济着眼于人类持续生存和长远发展的客观需要，倡导尽可能利用先进的科学技术减少资源耗费，保护环境，创造更多的社会财富。这种新的经济发展理念和发展模式一方面有助于贫困地区摈弃功利主义思想，立足长远，更新观念，增加循环经济投入，推动循环科技创新和成果推广应用，提高资源承载能力，促进人与自然之间形成良性循环；另一方面，发展循环经济有利于推动贫困地区传统产业改造和绿色循环产业发展，促进贫困地区产业结构调整优化和经济发展方式转型，逐步形成绿色循环的生产方式和生活方式，从而增强贫困地区自我发展能力和发展活力。

（三）实现贫困地区长效脱贫的重要途径

目前，我国脱贫攻坚已经取得了显著成效，6 000 多万贫困人口稳定脱贫，贫困发生率从 10.2% 降至 4% 以下。但受多种因素的影响，我国贫困地区脱贫人口的返贫现象高发，返贫风险大，拉低了脱贫的成果和质量。在贫困地区面临的诸多返贫风险成因中，生计脆弱性、自然资源利用不足、脱贫产业支撑能力不强、抵御风险能力差等是导致贫困地区返贫高发的重要原因。以追求更大经济效益、更低资源耗费、更少环境污染和更多劳动就业为重要目标的循环经济，不仅能够有效地解决贫困地区自然资源的可持续问题，而且也能为贫困地区创造新的经济增长点，提高贫困人口生计的可持续性。加快发展循环经济有利于进一步缓解贫困地区产业发展与生态脆弱性之间的矛盾，充分利用有限资源处理好贫困人口的生计问题，降低脱贫人口的返贫风险。同时，发展循环经济有助于贫困地区依托资源优势，因地制宜，发展循环经济产业，培育和创造区域新的经济增长点，为贫困人口提供更加稳定、更具可持续性的增收渠道和更好的农村生产生活条件和生活环境，从而实现从稳定脱贫到长效脱贫良性发展。

二、陕南贫困地区循环经济发展现状

陕南位于陕西省南部，地处川、陕、鄂、豫交界地带，区位条件独特，自然资源丰富，历史文化悠久，但总体经济实力薄弱，工业化水平低，资源环境承载力小，自然灾害频发，农业生产落后，经济增长动力不足。为推动陕南突破发展，2009 年，陕西省政府正式批准了《陕南循环经济产业发展规划（2009—2020 年）》，明确提出了发展循环经济、打造三大产业、增强陕南可持续发展能力的基本思路和发展目标。自实施循环经济发展战略以来，陕南三市紧抓发展机遇，将循环经济理念贯彻、融入产业结构调整、园区建设和资源开发等多个方面，初步形成了绿色循环发展的产业体系，区域经济实力不断增强，生态环境明显改善，资源循环利用效果显著，社会民生和谐有序，居民幸福指数不断上升，为进一步推动陕南循环经济质量提升奠定了良好的基础。

(一)循环经济发展模式多元化

经过10多年的持续推进，循环经济已经成为陕南经济增长的新动能，陕南循环性产业产值占其生产总值的比重不断提高，对陕南经济增长的支撑力显著增强。在农业领域，陕南各地立足农业可持续发展与生态环境保护的需要，积极探索农业废弃物资源化、循环化和再利用技术，形成了猪沼菜、猪沼果、猪沼茶、林菌鸡等多种农林牧共生的循环经济模式，并通过大力推广测土配方施肥技术，开展节能减排，不断提高农业资源利用效率，改善陕南农村生态环境。在工业领域，一方面加快传统工业循环化改造升级，促进工业经济转型发展；另一方面，积极开展招商引资，吸引国内外知名企业投资陕南循环经济发展项目，不断壮大循环经济规模，深化循环产业链接。在服务业领域，陕南依托独特的资源禀赋优势，大力发展生态旅游、文化旅游、休闲养生、健康体育等绿色循环产业，加快推动陕南产业结构调整和优化升级。

(二)循环经济园区发展势头强劲

循环经济产业园区是陕南发展循环经济的主要载体，也是陕南社会经济转型的先行区和示范区。自实施循环发展战略以来，陕南三市根据各自的区位条件、交通环境、产业基础和资源分布特征，以产业园区为突破点，着力规划和建设循环经济产业园区，推动陕南循环经济持续发展。经过多年的建设和发展，陕南各级各类循环经济园区达到1 000多个，其中省级现代农业园区78个、省级重点县域工业集中区54个，县域工业园区实现了区域全覆盖。以产业园区为基础的层次分明、功能互补、特色鲜明、创新发展的循环经济园区体系初步形成，对陕南循环经济发展的辐射带动效应日渐显现。

(三)循环经济产业链初步形成

在循环经济产业园区初步发展的基础上，陕南各地积极引导和支持园区企业依托优势资源和核心业务，不断拓展和延伸产业链，深化产业链合作，促进循环经济产业集群化、规模化发展。目前，陕南基本形成了以有色、钢铁、装备、能源、生物制药、非金属新材料、油气化工、绿色食品、蚕桑丝绸、旅游等为代表的十大循环经济产业链。十大循环经济产业链的初步形成，标志着陕南循环经济已经走过了分散、粗放、低效的初级发展阶段,正在进入集约、高效的良性发展新阶段。

(四)资源综合利用水平不断提高

陕南自然资源丰富,但大多属于不可再生资源。提高资源综合利用率既是陕南循环经济发展的客观要求,也是增强陕南经济可持续发展能力的现实需要。10多年来,陕南各地围绕资源节约、资源综合利用和清洁生产3个关键环节,严格按照“减量化、再利用、再循环”的原则,积极引进和推广资源综合利用新技术、新工艺、新方法,不断提高资源综合利用率。以水资源利用为例,根据《陕西省水资源公报》统计数据,2010年陕南水资源产出率为44.68元/吨,2017年提高到113.4元/吨,增长了2.5倍,水资源利用率显著提高。此外,在能源消费和节能降耗方面,陕南能源利用效率和效益也在不断提高。据统计,2010—2017年陕南三市单位GDP能耗下降率连续10年保持在3%以上,累计下降率超过26%。

(五)生态环境质量持续好转

青山绿水是陕南最重要的生态资源,修复和保护生态环境是陕南发展循环经济的重要目标之一。随着循环型生产方式和绿色消费方式的日益推广,陕南生态环境恶化趋势得到有效控制,生态环境质量持续好转。

如表1所示,陕南在历经2015—2016年空气质量的短暂恶化后,从2017年开始,陕南空气质量已经呈现良性向好态势。2018年,陕南三市空气质量平均优良天气数为316.6天,比陕西省空气质量优良天气平均数242.8天多73.8天。目前,陕南汉中、安康、商洛三市生态环境状况指数始终位居陕西省前三位,生态环境优势逐渐凸显出来。

表1　2011—2018年陕南各地空气优良率　单位:%

年份	2011	2012	2013	2014	2015	2016	2017	2018
全省	89.7	89.2	90.1	67.8	72.3	62.9	65.3	66.5
汉中	94.2	92.9	95.9	97.3	77.3	45.4	73.7	80.5
安康	99.2	95.9	97.9	98.4	78.6	79.2	86.6	89
商洛	86.2	91.5	96.2	99.2	83.8	80.9	90.7	90.7

数据来源:陕西省统计局:《陕西统计年鉴2012—2018》,中国统计出版社,2018年。

(六)城乡居民生活质量显著提高

伴随着陕南循环经济的不断发展,陕南的教育、文化、科技、医疗卫生、社会保障等社会事业得到了充分发展，城乡居民收入不断增加，生活环境和生活质量明显提高。2017 年，陕南农村居民人均可支配收入达到 9 397. 3 元，城镇居民人均可支配收入达到 27 872. 3 元，分别是 2009 年的 2. 89 倍和 2. 2 倍。2018 年，陕南 58. 29 万贫困人口实现脱贫，贫困发生率进一步下降。同时，城乡居民的生活环境和居住条件明显得到改善。2017 年，陕南三市城市园林绿化覆盖面积达到 5 604 公顷，园林绿地面积达到 4 460 公顷，公园绿地面积达到 1 406 公顷，公园面积达到 747 公顷，分别比 2009 年增长了 48. 1%、87. 4%、34. 5% 和 285%。公园个数也从 2009 年的 12 个增加到 2017 年的 41 个。陕南城乡居民的人居环境生态化、绿色化质量不断提高。

三、贫困地区循环经济发展面临的主要困境

(一)对循环经济认识不全面，发展观念落后

在发展循环经济的过程中，一些地方政府、企业和社会公众对循环经济认识不全面，在观念上还存在很多误区。概括起来，主要体现在 5 个方面：一是将循环经济等同于废物回收，忽略了资源节约和再利用，片面地将循环经济理解为生活垃圾分类回收、企业废旧物品回收和固体废弃物回收利用。二是认为循环经济只是单纯的经济发展问题，忽视了社会、生态层面的循环发展，过分强调循环经济的经济效益，没有注重循环经济系统与社会、生态和文化等系统的协调发展。三是认为循环经济是低端产业，没有市场前景，发展循环经济不赚钱。四是认为发展循环经济是政府的事情，忽视市场和社会公众在循环经济发展中发挥的重要作用。五是注重生产环节的循环发展，忽视生活和消费环节的循环发展。将循环经济发展重点放在企业清洁生产、循环化改造、废弃物利用上，忽略了循环经济在流通、分配和消费等领域的减量化、再利用和资源化活动。总体来看，由于贫困地区循环经济发展起步晚、时间短，人们对循环经济的认识不全面，循环发展意识比较薄弱。

(二)循环产业链条偏短，竞争力不强

现阶段，尽管我国贫困地区已经形成了众多循环经济产业链，但经济发展对不可更新资源消耗的依赖度较高，循环产业链大多集中在资源初级产品的生产、加工、制造、流通和服务方面，资源的精深加工不足，导致产业链、价值链中低端产品比重大，具有高科技含量和高附加值的产品偏少。以陕南尾矿综合利用为例，大部分企业的尾矿处理方式主要是通过对尾矿进行粗加工，生产石子、砂和石粉，成为混凝土、空心砖等建筑材料生产的原材料。目前，企业处理的尾矿渣和废矿石的细

粉粒度都在3毫米以下，主要用于混凝土生产，粒度在3毫米以上的废渣和废矿石还没有得到充分的利用。一些企业开采矿产资源时弃贫采富现象严重，对尾矿中含有的重金属、有色金属、微量元素成分提取不足，利用水平低，造成巨大的资源浪费。在农业循环产业链发展方面，陕南循环农业各环节的副产物综合循环利用水平不高，生产过程洁净化程度偏低，产业链生态化质量不优，废物循环再生化水平低。此外，陕南再生资源回收体系还不健全，废弃物回收利用产业链还不健全，城乡居民生活废弃物收集分散，综合利用率不高。

（三）产业耦合度低，循环发展空间小

贫困地区循环经济产业主要局限于同一产业系统内部的资源—产品—再生资源的反复循环流动，与相关产业的耦合层次低，耦合效应不强，导致循环产业链上各节点企业关联性弱，互动协作程度不高，循环发展空间没有得到充分拓展和开发。以陕南旅游产业链为例，陕南生态农业和生态旅游业耦合发展是两大产业转型升级的重要途径，但两大产业的耦合还处于初级发展阶段，产业耦合层次低。总体上，陕南循环经济产业链上不同产业间耦合发展的共生关系和利用机制不健全，打破产业边界的资源共享、副产品互用以及跨产业综合利用废弃物的共生耦合模式还不成熟，导致循环经济产业链深度拓展能力弱，发展空间有限。

（四）发展资金短缺，融资渠道单一

我国贫困地区经济基础普遍薄弱，地方财政收入少，可用于支持循环经济发展的专项资金远远不能满足循环经济发展的实际需求。在循环经济项目方面，政策性的引导资金总量不足，政府支持循环经济发展的专项资金主要倾向于工业项目，农业循环经济项目和社会民生领域的循环项目支持力度较小。同时，受循环经济发展的外部性、市场的短视行为以及企业自身规模小、资金少、技术落后、信用等级低等因素的影响，企业投资循环经济产业项目的积极性不高，资金投入有限，企业向银行等金融机构融资的能力差。更为突出的问题是，陕南金融市场发展相对缓慢，小额信贷、信用贷款、创业投资、风险投资机构数量较少，直接投融资市场规模小，发育不成熟，导致循环经济发展的融资渠道少，难以获得足够的资本融资支持。

（五）人才支撑力弱，高端人才流失严重

与发达地区相比，贫困地区循环经济人才资源总量严重不足，人才结构不够合理，分布不均衡，与区域循环经济产业结构的匹配度不高，尤其是高层次创新型科技人才少，且流失十分严重。以汉中市为例，《汉中统计年鉴》的数据显示，2017年汉中规模以上工业企业576个,有研发机构的企业36个,R&D人员4 333人,其中具有博士学位的人员仅13人,具有硕士学位的人员377人,企业研发机构中博士、硕士占机构人员的比重仅为13.32%。在农业领域,陕南高层次、高素质人才更为短缺。汉中市第三次全国农业普查数据显示,2016年汉中市农业生产经营人员共117.6万人,其中具有大专及以上学历的农业生产经营人员仅占1%;规模农业经营户农业生产经营人员2.1万人,其中具有大专及以上学历的生产经营人员仅占1.8%。与此同时,伴随着陕南人口外流趋势的不断加剧,各类高层次人才流失严重,尤其是懂经营、有技术、会管理、善创新的高素质人才流失严重。

(六)公众参与度不高,社会支持力度不强

当前,贫困地区循环经济发展的行为主体主要是政府和企业,社会公众对循环经济了解、认识和参与程度不高,没有形成有效的公众参与机制。一方面,社会公众对循环经济了解较为粗浅,不少人认为循环经济就是环境保护、垃圾回收、废物处理,没有深刻理解循环经济发展的意义和价值,导致参与循环经济发展的意识薄弱,转变生产方式、生活方式的主动性不强;另一方面,社会公众参与层次低,很多人认为循环发展决策是政府和企业的事情,与个人没有关联,因而关注、参与循环经济发展的积极性不高。此外,由于公众对循环经济及其产品认识不全面,对循环经济产品的接受度不高。

四、加快贫困地区循环经济高质量发展的策略

(一)更新理念,树立"大循环""大耦合""大发展"新理念

发展循环经济是顺应全球绿色发展潮流的必然趋势,也是加快我国经济绿色转型发展的客观要求。贫困地区循环经济的全面发展,需要在现有循环经济产业、循环经济园区发展的基础上进一步转变观念,更新理念,深刻认识循环经济的科学内涵,全面把握循环经济在新时代的新特征、新趋势和新方向,从统筹推进企业循环式生产、产业循环式耦合、园区循环式发展、社会循环式消费的高度,树立大循环、大耦合、大发展新理念。一是要跳出以往就循环经济谈循环经济的思维窠臼,从注重企业、产业、园区生产小循环向注重整个社会生产、流通、消费大循环转变。二是要打破传统循环经济产业边界,充分利用不同产业间内在的关联性,促进不同企业、不同园区和不同产业之间的耦合链接,互动共生,推动产业耦合新业态、新模式发展。三是要从区域社会、经济和环境协调发展的角度,立足现实,着眼未来,科学谋划贫困地区区域循环经济发展大蓝图,合理布局循环经济产业体系,加快推进

循环型社会和服务体系建设,全面提升贫困地区循环经济发展层次和水平。

(二)加快构建循环型农业产业链,提升循环型农业发展质量

发展高效循环农业是现代农业追求的重要目标,也是农业未来发展的重要方向。贫困地区应依托循环型农业发展基础和资源优势,按照减量化、再利用、资源化和减少废弃物优先的原则,充分利用现代农业科技,构建循环型农业产业链,努力打造出一条特色、高效的循环农业产业链。

第一,要完善沼气综合利用产业链。根据贫困地区农村沼气推广实施需要,进一步结合厌氧发酵技术,大力推广沼气在农民生活、农产品生产、加工等环节的应用,充分利用沼液、沼渣在改良土壤、浸种育苗、农作物病虫害防治等方面的价值,拓展和延伸以沼气综合利用为核心的循环产业链。

第二,要构建农产品加工及其废弃物综合利用产业链。以贫困地区特色优势农业为基础,大力发展农副产品加工业,提高农产品加工率,积极利用成分分离技术、干燥技术、生物发酵技术、热能回收技术等促进农产品加工废弃物循环利用,构建以农产品加工为核心的循环产业链。

第三,要构建农作物秸秆循环利用产业链。积极利用秸秆气化技术、秸秆堆沤还田技术、秸秆饲料化技术等秸秆综合利用技术,培育食用菌、开发新能源、发展生态养殖等,构建起"秸秆—肥料(饲料)—种养殖业""秸秆—燃气—生活能源"等循环产业链。

第四,要加快推进农业清洁生产,减少农业污染,改善农村环境质量。改善环境质量,需要提高环境自我更新率或回收利用率。贫困地区农业面源污染较为严重,要从源头上控制农业污染。减少农业污染,必须推行农业清洁生产,减少农业生产过程中化肥和农药的使用量,增强环境自我修复能力。同时,要大力推行测土配方施肥技术,鼓励农民使用农家肥、新型有机肥以及生物农药,加强畜禽养殖粪污染治理,提高畜禽粪污染资源化利用率。

(三)完善循环型工业体系,增强循环型工业竞争力

循环型工业体系是循环经济发展的关键领域,也是影响和决定贫困地区循环经济发展质量的重要方面。完善贫困地区循环型工业体系,首先需要加快推进贫困地区国家级、省级、市级工业园区循环化改造,利用绿色低碳生产工艺技术,加快对钢铁、有色、化工、机械等传统产业进行循环化改造,引导园区内企业积极开展清洁生产、互动协作,根据物质流和关联度建立企业间的共生耦合关系,不断延伸产

业链,减少资源耗费,降低生产成本,提高经济效益。其次,要完善循环经济产业园区功能。要以各地循环经济核心聚集区为重点,拓展循环经济集聚园区功能,合理布局园区企业、产业、基础设施以及生活区,完善产业园区配套基础设施。立足循环经济园区主导产业,加强物质流和关联性分析,促进园区内上下游企业横向耦合、纵向延伸,构建园区循环经济产业链。同时,要强化园区之间、园区与社会之间的循环链接,建立企业之间、园区之间和园区与社会之间在废弃物回收、资源综合利用、垃圾处理方面的合作机制,形成循环经济联合体,提高园区产业关联度和循环化程度,促进园区绿色低碳循环发展。再次,要加快打造特色循环产业链。利用贫困地区丰富的矿产资源和生物资源,发展具有区域特色和比较优势的新能源产业链、生物医药产业链、绿色食品产业链、建材及非金属产业链、金属产业链和装备制造业产业链等特色产业链,提升优势特色产业链的清洁生产、绿色制造水平,促进循环型工业产业链与农业、服务业等不同产业链多链互动,共生耦合,形成循环型工业产业新体系。最后,积极推动贫困地区信息技术、增材制造、新能源、新材料与绿色环保产业发展壮大,提升战略性新兴产业发展质量,增强贫困地区循环经济的发展后劲。

(四)创新循环型服务产业体系,增强循环经济发展新动能

当前,随着全球产业结构向服务型经济加速转型,发展循环型服务业已经成为社会经济可持续发展的必然要求。将循环经济的理念融入服务业生产服务全过程,积极发展贫困地区绿色物流、生态旅游、绿色商务、绿色扶贫等循环型现代服务业,因地制宜、与时俱进,不断创新循环型服务产业体系。第一,构建循环高效的绿色物流体系,促进循环型物流健康发展。要从节约资源、降低能源耗费和保护环境的角度对传统物流体系进行循环化改造,形成资源循环利用、能源耗费少、能与生态环境和谐共生的物流体系。第二,要加强绿色物流基础设施建设,提升贫困地区物流基础设施绿色化水平。要以仓储设施节能降耗为中心,建设绿色仓储设施,推动物流基础设施降低资源耗费,减少环境污染。同时,要加快推进物流作业绿色化发展。在物流的包装、装卸、搬运、分拣、配送等作业过程中,积极采用绿色物流装备、绿色可循环使用材料和绿色节能技术,降低物流作业环节的能耗和物流运作成本。第三,构建绿色循环的商贸体系。加快绿色商场、商贸中心和专业市场建设,推进绿色供应链管理,鼓励商贸企业进行节能改造、绿色采购、绿色销售,促进形成“新商品—二手商品—废弃物回收”循环流通的新型发展方式。第四,推进服务主

体绿色化、服务过程清洁化,提高服务绿色化水平。引导服务企业在提供服务的过程中使用清洁能源和原料,采用先进的技术设备,加大废弃物回收利用力度,降低资源、能源消耗,减少污染物的产生。第五,促进循环型服务业与相关产业耦合发展,拓展服务业发展空间,延长产业链,提高资源利用效率。

(五)着力推进循环型社会体系建设,提升循环经济发展层次

在贫困地区循环经济系统初步发展的基础上,加快推进循环型社会建设,为循环经济系统协同发展创造良好的环境。第一,完善公众参与制度,创新公众参与方式。循环经济本质上是一种公众经济,要尊重公众在循环经济发展中的主体地位,扩大公众在循环经济发展规划、政策、机制等方面的参与度。同时,要加强宣传引导,增强全社会绿色消费、节能环保意识。要充分利用报纸、杂志、电视、广播、互联网、微博、论坛以及微信公众号、企业网站、政府网站等多种媒体平台,向社会公众不断推送循环经济的理念、发展要求、政策措施、典型案例、成功经验,增进社会公众对循环经济的了解和认识,营造绿色循环发展的良好氛围,从而引导其自觉改变传统的生活和消费理念,提高低碳生活、绿色消费、循环利用和节能环保意识。第二,积极推进水资源、土地集约利用,提高水资源、土地资源利用效率。在工农业生产、居民生活中推广应用节水、节地技术和模式,加强水资源循环利用,优化城乡建设用地开放模式,最大限度地保护耕地,提高土地利用综合效益。第三,深入推动绿色建筑发展,促进建筑绿色化发展。一方面,推动传统建筑节能化改造,提高传统建筑能效水平。另一方面,大力推广绿色建筑、节能环保建筑材料和建筑节能技术,推进建筑废弃物收集、运输、处理及其资源化利用,提升建筑领域废弃物减量化和再利用水平。第四,积极推广绿色交通、低碳出行。加大贫困地区航空、铁路、公路联合建设力度,推广节能环保交通运输设备,引导交通运输企业使用新能源、新技术,淘汰高耗能、高污染、低效率的老旧设备。同时,要加快城市绿色公交建设力度,加大绿色、新能源汽车的投放量,形成绿色、低碳型交通运输网络体系。第五,倡导绿色生活、绿色消费,形成全社会循环节约的风气。引导城乡居民改变传统的生活方式和消费模式,在衣、食、住、行、游等方面遵循自然、环保、节俭、健康的生活方式。支持建立绿色市场、绿色商场、节能超市,鼓励政府、企业和城乡居民优先采购绿色商品。此外,要探索建立“城市矿产”开发与利用体系,将贫困地区工业化和城镇化过程中产生和蕴藏的废旧机电设备、电线电缆、通信工具、汽车、家电、电子产品、金属和塑料包装物以及废料中含有的钢铁、有色金属、贵金属等资源进行

开发和循环利用，形成废旧钢铁、废旧家电、废旧尾矿、废旧塑料及纸张回收、处理和循环利用的产业链，促进再生资源回收利用，推进贫困地区企业资源全面节约和循环利用。

（六）创新资金扶持方式，构建融资大平台

基于贫困地区地方财政收入少的实际，加快创新财政资金支持方式，在利用已有扶持资金和奖补资金的基础上，加强对企业财政支持资金使用方向、方式和效果的监督和管理，提高资金利用效率和使用效益。同时，要积极发挥社会资本的作用，加强政府循环经济专项资金与社会资本的联动，共同解决企业资金短缺，融资难、融资贵问题。积极探索在城市生活垃圾处理、建筑物垃圾回收处理、污水处理等领域引入 PPP 模式，利用 PPP 和第三方服务方式引导社会资本投资循环经济发展项目。要加大对外招商引资力度，积极开展以集聚上下游产品，降低生产成本、延伸产业链、发展壮大优势支柱产业为主要内容的循环经济产业链招商，引资补短板。此外，要积极利用互联网金融、风险投资基金、发行绿色债券、挂牌新三板等新型融资渠道和社会资本建立的各类绿色产业基金，构建起多元化的融资大平台，为贫困地区循环经济发展提供强有力的资金支持。

（七）全面加强人才队伍建设，提升人才支撑力度

人才是推动贫困地区循环经济发展的第一资源，也是推动贫困地区经济社会可持续发展的关键因素。在现阶段，面临国内发达地区人才抢夺战的不断升级，贫困地区各地急需强化人才资源意识，充分认识自身的人才短板和人才压力，改变传统的被动式等待人才的方式，主动出击引人才，不拘一格揽英才，灵活机制聚人才。在人才培养政策方面，应结合贫困地区循环经济产业和企业发展实际需要，组织开展循环经济专项人才选拔和培养工程。一方面，要紧紧依托高校、科研机构和大中型企业，采用委托、定向培养的方式，培养一大批急需的专业技术人才和管理骨干人才；另一方面，要推进企业与贫困地区地方院校的合作，采用“企校双师带徒、工学交替培养、特色培训定制”合作培养模式，提高人才培养的数量和质量。在人才吸引政策方面，应破除单纯依靠优惠政策比拼吸引人才的方式，在向人才提供落户、住房、补贴等优惠政策的基础上，要进一步结合贫困地区的生态优势、自然禀赋、资源积累和独特的文化环境，打造能产生人才感召力、承载力和集聚力的人才创新创业环境和人才生态，从发展机会、发展平台、成长空间等方面制定更具吸引力的政策，为人才实现自我价值提供比发达地区更多的机会、更大的平台和更广阔

的空间。在人才使用政策方面,要进一步转换人才使用思路,本着不求为我所有、但求为我所用的原则,采用更加柔性灵活的用才机制,变过去的刚性人才引进为柔性的人才集聚,通过项目合作、技术入股、聘任顾问、选派挂职、兼职引进等方式广泛引进各类实用人才,优化贫困地区人才结构,提升发展循环经济的人才支持力度。

汉水文化研究 区域生态篇

地理视角下的陕南民居特征分析[①]

程世朋　李小燕

从构木为巢到现代建筑,人类对居住场所的建造经历了漫长的发展演变过程。我国祖先在生产和生活实践中,有效利用自然,按照不同的民族传统和生活方式,创造出无数风貌迥异、经济适用的居住建筑。在众多建筑中,传统民居以其朴素典雅的内涵、多变的样式及手法,让人由衷感叹。

“民居”语义与英语中的“本土的”“土著的”“传统住宅”等有相同或相似的含义,强调土生土长、代代相传,具体为:位于乡村集镇;产权隶属乡民;使用者自建(学术界公认和接受的特征);居住形式在农耕文明社会形成并传承至今;采用地方建筑材料和传统营建工艺建造。由此可以看出,“传统”是民居的内核所在。本文涉及的“陕南民居”是陕南土生土长、代代传承下来具有陕南本质性的模式,是陕南乡土心理、信仰、道德、审美、思维方式以及风俗、礼制、行为方式的总和。

一、陕南自然环境及地理区位

陕南因位于陕西的南部而得名。其在行政区划上囊括汉中、安康、商洛三地;从心理归属感来讲,陕南仅指汉中和安康。原因有二:

从地理位置来看,两地一衣带水,均为汉江所润泽,同处陕西南部的秦岭与巴山之间,构成“两山夹一川”的典型地貌,西为汉水谷地,东为安康盆地,两大盆地都是陕南主要的地理单元,地形地貌极为相似,山地、平坝、丘陵并存,又以山地为主,在地形上汉中比安康显得要平坦、开阔些。气候方面,两地同属亚热带季风气候,气候温和湿润,四季分明,生态环境优越,有“最适合人类生活居住的地方”的美誉。两地地形差异导致其气候差异,汉中较安康温和,安康较汉中冬天更寒冷、夏季更炎热。

两地在地缘上具有很强的相似性。两地北与关中因秦岭相隔,南靠同源的川渝地区,东襟汉江与荆楚相连,用“东接襄沔、西达梁洋、南通巴蜀、北控商虢”来形

---

① 原载于《中国地名》,2019 年第 10 期。

容再恰当不过了。两地行政区划曾有过统一，同受巴蜀、关中、荆楚三大文化圈影响，文化乃至心理的认同根深蒂固。

二、陕南民居形制的主要特征

民居形制一般包括建筑布局、建筑构造及技术和建筑材料3个方面。

（一）建筑布局

陕南民居有三合院、四合院，但四合院居多，以一进和两进最为普遍，三进的较少，受地形影响，东西方向狭长。农舍建筑布局有一正两厢、曲尺以及一字形。合院住宅可分为独立式和前店后院两种。陕南四合院不像关中民居那样深沉刻板，因势利导下布局更加灵活，加之收放、抑扬、隐露等空间转换手法的运用，与周围环境相融一体。该区在建造房屋时最先建造位于整个建筑中轴线上的“堂屋”，这里是人们精神生活的中心。堂屋确定后，两边加建耳房和厢房。厢房作为居室和客厅紧挨堂屋，耳房离堂屋较偏，一般位于房屋主体的背面，主要用作厨房、牲畜圈、厕所、粮仓以及储物间。

（二）建筑构造及技术

传统建筑结构可分为抬梁式和穿斗式两种。北方抬梁式较多，穿斗式在长江中下游地区较为常见。

陕南民居多采用穿斗式建筑结构，却异于南方穿斗式建筑，因地制宜下有自己的特点。四面坡向中央的天井，辅以“阳沟”和“阴沟”，雨水顺势排出室外，形成“四水归堂”。土坯墙的底部用砖或石砌“根脚”，以防雨水浸泡。房屋正面筑有与出水檐同宽且不高的台阶，俗称“栏槛”。墙基上筑以设有粗大木柱的木骨厚土墙，不仅隔热保温，还能稳固抗震。陕南多雨水，需多方考虑排水，具体表现在：屋脊高耸呈人字形，利用“上溜急而出水远”的物理学原理来疏导雨水，避免地基遭受雨水侵蚀；檐前及拦腰处分别利用滴水瓦和腰檐分流雨水。除去雨水，更要考虑夏季降温通风。天井、狭窄的巷道、空斗墙、阁楼、双层座砖屋顶、高大的外墙、大门窗与高敞房屋空间相配合等一系列构造技术的运用，达到日间抑制风压自然通风、夜间促进热压自然通风形成小区域“大气环流”迅速降温，起到“自然空调”的作用。在屋面构造上，陕南的瓦片轻于北方地区，通过阴、明瓦来通风导热。在色彩上，陕南民居多为白墙青瓦，除去美学与封建等级制度的原因，还因色彩对太阳光反射率的差异，进而利于房子散热。

（三）建筑材料

民居的建筑材料通常因地制宜，就地取材，具有很强的地域性。陕南地处亚热带,森林覆盖率极高,杉木、红松等建材来源广泛,其中又以杉、松运用最多。山地众多,土、石也被加以运用。湿热的大环境易滋生白蚁,石材被用来制成石柱和石础替代易于腐败的木柱,除了美观,很大程度上起到防潮、稳固的作用,可谓两全其美。

三、陕南民居之地理学探究

民居作为一种载体和介质,它是诸多因素的综合反映。陕南民居之所以具有这样的形制和特征,有诸多原因,下文将从地理学中的自然和人文两个维度进行探究。

(一)从自然地理学角度看陕南民居

万物皆系统,现实世界是由人、自然和社会三大要素构成的巨系统,要素间相互作用、联系并存在着耦合关系。

1. 气候对陕南民居的影响

民居协调了自然地理、天然生态、人类生态三大地球表层耗散结构。陕南地处亚热带北沿地区,深受冬夏季风的影响,冬温夏热,冬夏长、春秋短,降水丰沛,防雨、防潮、通风、散热等因素必须予以考虑。具体表现在:院落格局中天井“四水归堂”的应用,阳沟、阴沟兼具的排水沟,穿靴戴帽墙,人字形屋脊,燕子口和腰檐,砖铺甬道和地面,以及石柱石础、滴水瓦的应用,都是为了适应该地多雨水的特征;通过天井、狭窄的巷道、双层座砖屋、空斗墙、粉墙黛瓦、阁楼、高大外墙等建筑构造技术来达到放热通风的目的。陕南民居一般坐南朝北,此布局最初是为了生存需要,便于充分利用阳光。但后来人们发现室大则多阴,台高则多阳,多阴则蹶,多阳则痿,托身立命的住宅需建在阴阳平衡的场所,要负阴抱阳,背山面水。除去风水的色彩,这一做法充分考虑了该地的自然环境,具有很强的科学性。北向狭长,使夏日的庭院避免长时间日晒。冬季太阳高度低,更长的东西间距能获得更多的采光空间,从而使室内增温。穿斗式和大木构造,木材和石材的广泛使用,也是因地制宜自然环境的集中体现。

2. 地形因素对陕南民居的影响

陕南多山,即使平地也比较狭长,江河沿岸成为理想的聚落选址,形成了该地“两山夹一川”、线性布局的城镇空间形态。多山的地貌特征,使该区域土地较少,耕地显得尤为珍贵,造成人口和自然资源有限,进而决定了该区聚落现有的特征。民居形制依据地形变化多样。从局部来讲,汉中地形较安康开阔,因而在民居规模上比安康单体建筑规模要大，汉中民居一般二进和三进，但安康民居则进数较少。

（二）从人文地理学角度看陕南民居

除去自然环境因素，陕南独特的地域所孕育的地理文化因素对陕南民居的影响巨大。文化区域的生成演变是自然环境和人类活动相互作用的结果，不同地形的界限往往形成文化区的边界，陕南与关中、陕北的地理特性乃至文化截然不同。河流是文化诞生和发展的主要因素，是一个地区气象、土壤、地形和地质条件等自然地理条件的有机综合，是人类文明起源和扩散的载体。汉水流域处于南北之间，是我国自然地理南北差异的过渡带，处于我国南北两大文化板块的结合部，更是南北文化交融转换的轴心。因此，这一特征加强和促进了本地区多元文化的彼此交流，使本地区文化博采众长而又和而不同。

中国的历史就是一部移民史。该地区由于优越的自然地理环境，淳朴的民风，相对宽松的政治环境，历史上曾为移民众多、五方杂错的地方，从而促使其多元文化的形成。在历次的移民浪潮中，尤以明清两代最为猛烈和深远。自明洪武至清道光初年近 90 年的移民潮中，湖广和四川数以百万的移民迁入陕南，形成“湖广填四川，四川填陕西”的移民现象。历次移民活动使巴蜀、荆楚、三秦、吴越以及岭南文化在这里彼此交汇，呈现出兼容并包、丰富多样的特点，其中汉中深受巴蜀文化影响，安康则以荆楚文化为重。

楚蜀两大文化颇崇巫术与鬼神，因此在陕南一带，巫术之风兴盛。陕南是道教发源地之一，流传于陕南的端公戏无不透露着原有巫风，道教元素成为陕南民居建筑装饰最常见的题材。

四、结语

民居被称为没有建筑师的建筑，是天、地、人完美结合的产物，是不同时期、不同地域人们生活方式在建筑上的反映，更是建筑技术和文化艺术的结晶。在环境日益恶化，人为灾害日渐明显，人与自然环境的矛盾日趋显著的今天，这些古代能工巧匠的建筑思想和技能值得我们深入研究和思考。

汉水流域古镇的类型及其保护[①]

张　静　蔡云辉　付恒阳　严维斌　谢盛龙

古镇是指历史时期形成的小城镇,是历史时期传统农副产品交易的场所,是自然环境与人类生存需求千百年来共同发展的产物,是人类非物质文化遗产的空间载体。古镇的类型特征反映了特定自然环境条件下聚落形成演变和经济文化发展的历史过程。古镇作为一种特殊的区域集合体,其地域特色不仅仅是依靠建筑风貌和自然风貌等物质环境来体现,作为古镇重要资源的民间历史传承等非物质文化也具有体现古镇地域个性的标志功能。汉江是长江最大的支流,是连接西北、西南、中原、华中等经济区的重要水运通道。因汉江商贾贸易的发展和汉江航运事业的繁荣,汉水流域经济与文化曾鼎盛一时,其间形成大量的古镇。现如今由于现代交通的发展,汉水流域经济发展缓慢,许多因水运而兴的古镇,逐渐衰败,曾几何时古镇那繁花似锦的景象也逐渐消失,导致流域内古镇历史文化也被逐渐遗忘,这难以与我国社会的全面发展形势和乡村振兴战略相适应。为了促进古镇的经济发展与原有文化的传承,加强汉水流域古镇的类型研究,提出其保护与发展的策略,对流域内乡村振兴和特色小镇建设,具有重要的现实意义。

一、汉水流域古镇的基本概况

汉水流域是指汉江及其支流所流经的地域,地跨甘、陕、川、渝、豫、鄂 6 省 79 个县市,流域面积大约 15. 64 万平方千米。汉水流域北至秦岭、外方山、伏牛山,南达大巴山脉、荆山,向东延伸到桐柏山与大洪山山脚,位于我国两大水系——黄河与长江之间,靠近我国南北分界线秦岭—淮河一线。因其特殊的地理位置,在历史上南北分裂或核心区出现社会动荡时,该流域是最安全的避难场所,汇聚巴蜀文化、秦陇文化、荆楚文化和中原文化等多元文化,相互交融、相互影响,形成独特的汉水流域文化。汉水流域的文化传承与经济发展不仅具有提高自身实力的重要意义,还对促进长江流域和西部腹地的文化与经济发展起着重要的枢纽作用。

---

① 原载于《陕西理工大学学报》(社会科学版),2019 年 10 月第 37 卷第 5 期。

根据对汉水流域古镇资源的调查，现已知被保存下来的古镇数达 15 座之多。其中，上游古镇数多达 10 座，中游古镇 3 座，下游古镇 2 座，具体统计情况如表 1 所示。

表 1 汉水流域主要古镇概况

类型	古镇名称	地理位置	历史发展	兴起原因	历史地位
山地型	华阳古镇	位于陕西省汉中市，长青自然保护区内，距洋县城区约 80 千米，地处汉江上游地区秦岭南坡中部	华阳古镇建于秦汉时期，发展于唐宋时期，唐末清初设置华阳县，1984 年改名为华阳古镇	傥骆道中的重要节点，交通便利	因驿而兴
	蜀河古镇	位于陕西省安康市旬阳县境内，地处汉江上游区蜀河与汉水两河交汇处，位于 316 国道附近，地理位置优越	蜀河古镇最早建于西周时期，汉时置县，兴于明代，盛于清中末期	水路交通要道	因埠而兴 鄂、陕、川三地交汇的商品中转和集散地
	钟宝古镇	位于陕西省安康市镇坪县内，地处陕西最南端，与重庆、湖北交界	钟宝古镇距今已有 5 000 年历史，清乾隆四十八年(1783)设立镇坪巡检署	盐大道	因盐而兴
	凤凰古镇	位于陕西省商洛市柞水县社川河边，307 省道横穿而过，交通便利	凤凰古镇建于唐武德七年(624)，元朝发展有集市，清末处于鼎盛时期	水运交通便利	因埠而兴 连接长江水系和黄河水系的重要商贸集镇商品集散地
	漫川古镇	位于陕西省商洛市山阳县东南，地处金钱河支流	春秋战国时期漫川古镇就是秦楚边界	水运发达	因埠而兴
	后柳古镇	位于陕西省安康市石泉县汉江沿岸，靠近池河和喜河	建于唐宋，兴盛于明清	水运便利	因埠而兴 交通要道

续表

类型	古镇名称	地理位置	历史发展	兴起原因	历史地位
山地型	熨斗古镇	位于陕西省安康市石泉县汉江以南50千米处，三县交界，地理位置优越	最早建于西魏时期	川楚古道	因驿而兴 川楚商道重要集镇
	流水古镇	位于陕西省安康市区西南，距离安康城区约25千米	最早建于秦汉时期	汉江航运	因埠而兴 重要农产品集散地
	骆家坝古镇	位于陕西省汉中市西乡县南部，秦巴腹地的牧马河源头	在汉代便有驻军，是自古入川的重要集镇	军事要塞	因兵而兴
	上津古镇	湖北省郧西县境内的上津镇，古城坐落于汉江支流金钱河下游东岸	上津古城最早建于三国魏文帝黄初四年(223)，至今已有1 800年历史，现上津古镇为明代城址	汉江航运	因兵而兴 商贸发达
丘陵型	石花古镇	位于湖北省谷城西北山区，介于汉水之滨、武当山脚下	最早形成于战国时期，民国初被列为中国五大古镇之一	便利的交通	因集而兴 商贸兴盛
	石牌古镇	位于湖北省钟祥市内，地处江汉平原北部	石牌兴于唐代，盛于明清时期	便利的水路交通	因邑而兴
	太平店古镇	位于湖北省襄阳市西北，濒临汉水，与谷城县、老河口市交界	秦设建制，明末清初鼎盛	便利的水路交通	因教而兴
平原型	赊店古镇	位于河南省南阳市社旗县内，三面环水，水陆交通便利	最早兴建于汉朝，明清时期发展兴盛	地理位置优越	因市而兴
	小河古镇	小河古镇地处汉江平原，位于湖北省孝昌县内	最早形成于宋代，元末明初发展迅速，明清时期达到鼎盛	便利的水路交通	因驿而兴

截至2019年,这些古镇依然是区域的主要经济活动中心。汉江是我国古代南北经济交流的著名水运通道,流域内古镇兴起较早,多数都是因为商人运送商品过程中聚集休息或运输贡赋物资中转的地方,经商人或官府而建立起来,由于物资集散地的快速发展从而吸引周边民众汇聚,逐渐兴盛和发展起来。由于汉水流域独特的地理区位,曾是天下瞩目的政治军事战略要地,不断地经历改朝换代,使古镇承载了不同地域、不同民族、不同经济社会发展阶段聚落形成和演变的历史过程,真实地记录了传统建筑风貌、优秀建筑艺术、传统民俗民风和原始空间形态,在现代建筑文化研究发展中具有重要的地位。

二、汉水流域古镇的类型及空间特征

不同地理环境下聚落形态呈现差异性。汉水流域受南北过渡性地理环境影响,加之历史时期特殊的交通地位和军事地位,流域文化的多元化和复杂性,使古镇资源丰富,类型多样。因此,传统聚落形态——古镇受地理环境的影响较大。本文根据地貌形态将古镇类型划分为山地型古镇、丘陵型古镇、平原型古镇,不同类型的古镇其街巷空间结构各具特色。空间是一个城镇和建筑的灵魂,街巷相互联系构建了古镇网络空间系统,不同类型的古镇在街巷空间和乡土建筑上具有较大的差异性。

(一)山地型古镇

山地型古镇一般坐落于山地之间的盆地或山脚地带以及主要河流的沿河附近,典型的地貌特征是四周环山、面朝河流,主要分布于汉水流域的上游地区。

山地型古镇受地形因素的制约,古镇建筑多采用自然山水之势,建筑布局大多沿河或沿山脚而建,呈线状布局,规模较小,建筑密集。历史时期山地型古镇多因水而生或因军而起,交通或军事地位显著。随着现代交通方式的改变和国内政治格局的统一,古镇古代具有优势的交通地位或军事地位逐渐下降,商贸业逐渐衰落,经济发展缓慢,古镇已繁华落尽,洗尽铅华,如华阳古镇、蜀河古镇。下面以华阳古镇为例,分析山地型古镇的内部空间特征。

华阳古镇位于陕西省汉中市长青自然保护区内,是著名的古栈道傥骆道上的军事要冲。傥骆道是秦汉时期重要的交通要道,是沟通关中平原与汉中盆地及巴蜀地区的重要古栈道之一。三国时期蜀地临近地区的货物都要通过这条道路来运输,频繁的货物流通使华阳古镇的商业和文化得以发展。

从卫星图像上可以看到,华阳古镇地形为典型的山间河谷盆地类型,四周环山，中间沿河具有一定的开阔平坦空间，古镇空间发展受限，规模较小。受“两山夹一川”地貌特征的影响，古镇内部形成了以傥骆古道为中轴线，两侧呈狭长分布的空间布局。华阳古镇地处东西两河交汇处，空间发展受河流地貌制约，使古镇建筑在东西方向近邻河漫滩。随着古代商贸经济的发展和人口的日益增多，其建筑布局只能沿南北方向发展，与傥骆古道方向一致。正是由于这种地理因素的影响，才形成了华阳古镇独特的空间结构特征。

（二）丘陵型古镇

丘陵型古镇一般位于丘陵地带。丘陵区坡度较缓，地域土质较好，古镇建筑受地形影响较小。丘陵区主要分布在汉水流域的中游区域。

丘陵型古镇多分布在两山之间的凹地处或谷底边缘的山脚缓地上，古镇前面和两侧比较开阔平坦，能够为古镇居民提供更多的耕地和进行户外活动的场所；山体、古镇、田地、水塘等高低错落，镇域空间非常丰富。下面以石花古镇为例，分析丘陵型古镇的内部空间特征。

汉水丘陵区以石花古镇内部空间结构最为典型。石花古镇位于湖北省谷城县内，地处武当山脚下的丘陵地带，地形起伏小，坡度缓，土层厚，具备良好的农业耕作条件，古镇规模大。从卫星图像上可以看出，石花古镇呈现由山前狭窄处向地势开阔处发展，古镇建筑与农田相间分布的空间格局。

石花古镇的内部空间布局相对灵活，居民建筑不是集中布局在一起的，而是根据丘陵地势，建筑物大多分布在地势低凹的区域，村落周围坡度较缓的丘陵山地部分则用来种植农作物，村落与农田阡陌交错，形成丘陵区特有的组团式聚落。聚居的小村落内部，建筑布局规整，成排成列布局，建筑之间以小巷连接着古镇主干街道，街道交叉纵横，既节省了空间又为人们出行与日常活动提供便利。

（三）平原型古镇

汉水流域平原型古镇主要分布于江汉平原，位于流域中游地区。汉水流域中下游是江汉平原，地形平坦，水域发达，有利于农业生产。平原型古镇多建于河流阶地，既便于取水，又免遭洪涝危害。古镇建筑受地形影响小，规模大，街巷纵横交错，形成网状，如赊店古镇、小河古镇。下面以赊店古镇为例，分析平原型古镇的内部空间特征。

赊店古镇隶属于河南省南阳市社旗县，地处南阳盆地东北部边缘。因地势比较平坦，赊店古镇空间格局非常规整且层次分明，由 72 个街巷 36 个胡同组成，街与街之间距大致相等,呈现近似标准的东西与南北走向,街巷相互连通,形成了标准的"井"字形街巷空间格局,发达的交通网不仅促进了古镇内的商业交流,且利于古镇居民的日常出行与交流。此外,赊店古镇水陆交通便利,使其商贸业非常发达,古镇规模明显大于其他两种类型,内部一般很少有农田存在。

上面以典型古镇为例,对比分析了不同地貌类型区古镇内部空间结构特征,可以得知:汉水流域山地型古镇多以埠而兴或以驿而兴,规模较小,建筑沿河或驿道分布,街巷分明,呈"以主街道为骨架,两侧巷道呈枝状拓展"的鱼骨状模式;丘陵型古镇多以集而兴,受传统聚落形态影响,街道交叉纵横,穿梭在村落与农田之间,农田分布在村落之间的小山丘上;平原型古镇多以市而兴或因驿而兴,规模大,街道井然有序,呈现出标准的"井"字形。

三、古镇保护与开发存在的问题及建议

我国古镇旅游开发起源于20世纪80年代。2003年中国首批历史文化名镇名村公布,随后古镇旅游进入快速发展阶段。古镇旅游不仅推动了当地经济发展,还带动了旅游业发展,形成异军突起之势。但古镇的保护与开发是一对矛盾共同体,致使不同类型的古镇在保护与开发中存在不同程度的问题。同时,古镇旅游的过度商业化、古镇管理者急功近利的开发行为等也会给古镇旅游发展带来一些负面影响。

(一)存在的主要问题

1. 经济利益驱动下古镇旅游的保护与开发矛盾

汉水流域不仅是巴蜀文化、秦文化和楚文化等多元文化的交汇地之一,也是历史时期重要的商贸和军事通道及明清移民的重要通道,赋予了流域内古镇文化旅游资源的区域性与多元化,为古镇旅游开发奠定了良好的资源基础。但随着城市功能的注入,古镇的格局和肌理受到颠覆性的破坏,保护与发展已经成为历史古镇面临的主要问题。自周庄古镇旅游兴起以来,古镇旅游犹如雨后春笋,发展迅猛。很多古镇仅靠简单地复制和模仿开发旅游,使古镇旅游缺乏当地自然文化景观元素,发展形势不容乐观。汉江上游漫川古镇、蜀河古镇、凤凰古镇的历史风貌、古建筑保留得较好,需要较好地保护及合理地利用。华阳古镇、后柳古镇等在一定程度上进行了仿建,正在积极开发利用。熨斗古镇现已衰落。在经济利益驱动下,若古镇不能保留其特色性、区域性和文化性,会在开发利用中丧失传统文化、湮没历史建筑景观文化。

2. 现代交通体系的发展使山地型古镇历史时期的交通优势丧失

汉水流域山地型古镇地处秦岭和巴山山脉深处,在历史时期为古驿道或汉江航运码头,如华阳古镇为傥骆道上的主要驿站,蜀河古镇、凤凰古镇和漫川古镇为汉江主河道或支流上的码头。这些古驿站和古码头在古代交通史上发挥了重要的作用,承担了大量军民物资的输送功能。在现代交通体系中,水运和古栈道逐渐被高速公路、铁路、航空等取代,历史时期的交通优势地位逐渐丧失,随之带来了经济地位的下降,一些古镇逐渐衰落,传统文化和景观建筑也受到了极大的破坏。同时,在开发利用中由于受到交通闭塞的影响,很难吸引开发商或地方政府进行投资和建设。

3. 现代经济的发展使丘陵型古镇与平原型古镇传统文化景观衰落

汉水流域丘陵型古镇和平原型古镇在历史时期因集而兴或因兵而兴,在现代经济体系中已失去了原有的功能价值,由于地形比较平坦,逐渐形成为市镇,具有以政治、经济、文化为一体的功能定位。流域中下游地区经济发展速度较快,受快速城市化的影响,以及随着时间的推移,很多古建筑年久失修,丘陵平原区城市在扩张中会拆旧建新,形成现代都市文化,从而造成丘陵型古镇和平原型古镇传统文化景观的衰落甚至丧失。也有一些形成了古建筑与现代建筑相结合的现代化小镇。随着古镇旅游的发展,地方政府层出不穷地仿建一些古建筑,但已物是人非,徒有古建筑的外形,早已丧失了历史的气息和传统文化的底蕴。

(二)对策与建议

古镇不仅是历史时期地域文化的载体,更是重要的文化遗产和不可再生的人文景观。加强古镇的保护与利用,对我国传统文化的继承具有重要意义。基于汉水流域不同类型古镇存在的问题,现提出以下建议:

1. 坚持保护优先,合理开发利用

古镇作为一种传统文化载体,要贯彻“保护为主,合理利用”的理念。我国古镇数量多,类型复杂,有因埠、因兵、因驿、因邑、因集、因岭、因市、因农等兴起,内部空间结构具有地域性。汉江流域是典型的“两山夹一川”地形,流域古镇多是因埠而兴或因驿而兴,形成了多元化的码头文化和驿站文化。但随着时间的推移,一些古镇在现代经济体系中的区位优势逐渐下降,古建筑多年久失修。随着古镇旅游的开发,承载历史文化的古建筑首先要保护起来,通过合理的利用改造才能作为旅游客体吸引游客,带动区域经济发展。在开发利用中,要坚持规划先行,加强古镇建筑的保护与恢复。同时，旅游开发商和地方政府一定要注重古镇文化的继承性，不能只为经济发展或标新立异，破坏古镇空间格局与古建筑。可在汉水沿江带，打造多元化的古镇文化廊道，发展汉水沿江经济带。

2. 挖掘历史文化，提升古镇品质

汉水流域不仅是我国南北地理分界线，也是华夏文明的重要发祥地之一，更是历史时期沟通西北与中南的交通大动脉，在我国历史分裂时期起着重要的政治屏障与缓冲作用。由于特殊的地理位置和多元化的地域文化，形成了历史时期“江河淮汉”中的汉水文化，不仅具有中国特色宗教的道教在此发展与兴盛，还呈现出“秦声楚歌”的语言风俗结构等，使上、中、下游的古镇建筑风格、空间布局和语言文化有了较强的差异性。文化是一个国家、一个民族的灵魂，充分挖掘汉水流域秦陇文化、巴蜀文化、荆楚文化和中原文化的边缘文化系统，研究流域古代交通史（蜀道和汉江航运），将是加强流域社会、经济、生态可持续发展中最独特、最持久、最深厚的力量，有助于古镇的内涵式发展。

3. 推动乡村振兴，打造特色古镇

乡村振兴战略是党的十九大提出的重大战略之一，特色小镇建设是乡村振兴战略实施的重要抓手。汉水流域山区重要节点型古镇，现多数已萧条，经济衰落，但目前仍然发挥着联系周围偏远乡村、聚落的作用。因此，古镇的保护与发展是乡村振兴战略实施的主体之一。特色小镇是“产业 + 文化 + 旅游 + 社区”的发展模式，这与古镇的文化传承和经济发展具有高度的契合点。流域丘陵平原区古镇往往附着于现代城市体系中，有些任其衰落，有些除旧换新。基于传统文化的继承与发扬，本着保护理念，充分合理利用，要体现出喧嚣中的宁静，繁华中的平淡，忙碌中的休闲，不断加强现代田园城市建设。

汉中市农村面源污染时空变化研究①

邢海虹　李小燕　杜建括　董明亮

不断加剧的农村面源污染已成为影响现代化进程的关键问题。作为南水北调中线水源区的汉中市,农村面源污染事关本区生态文明福祉,也事关京津地区用水安全。农村面源污染是指农村居民生产生活产生的污染物质,在降水下渗和地表径流作用下进入水体所引起的水环境污染,包括化肥、农药、集约化养殖场、生活污水及生活垃圾污染五类。与点源污染相比,面源污染空间分散、来源多样、迁移复杂、监测不易,治理和管理的难度更大。2010 年第一次《全国污染源普查公报》显示我国农业生产排放的 N、P、COD 等污染物已超过工业污染与生活污染,成为污染源之首。目前,农村面源污染排放量的估算方法主要有两种:一种是试验法,通过理化实验分析得到污染物的入水系数,再用养分总量乘以入水系数得到入水总量,常用于微观面源排放量估算;一种是输出系数法,基于各统计数据,使用输出系数估算污染总量,原理简单,输入参数少,模型精度较高,对于缺乏长期监测数据的大尺度区域估算面源污染具有重要意义,曹宁等、周芳等、杨永健等、史志华等在研究东北、西藏、黑龙江、汉江流域等地区的面源污染中均采用了这一方法。本文采用基于输出系数法的源强法估算汉中市农村面源污染,借助 ARCGIS 软件计算污染强度和污染综合指数并可视化表达其时空变化,期望有助于汉中市农村面源污染的防治工作。

一、研究区概况

汉中市位于陕西省西南部,北依秦岭,南屏巴山,汉中盆地居于中部。在汉中市土地总面积中,山地占 75.2%,丘陵占 14.6%,平坝占 10.2%。汉中市界于北纬 32°0854″~33°5316″,东经 105°30′50″~108°16′45″之间,属北亚热带季风气候,水系纵横,是南水北调中线重要水源区。汉中市自古就是人口密集、农业发达的区域,截至 2017 年年底,户籍总人口 381.85 万人,常住人口 344.93 万人,人口流失

① 原载于《陕西理工大学学报》(自然科学版),2020 年 8 月第 36 卷第 4 期。

比较严重;常住人口城镇化率为49.31%,还有50.69%的人口居住在农村;三次产业产值占生产总值的比例分别为15.8%、37.9%和46.3%,第一产业占比偏高。第一产业中,养猪、中药材、茶叶、蔬菜四大产业占农林牧渔业总产值比重的61.7%。总体上,农村地区人口、资源、环境、发展之间的矛盾突出。

二、市域农村面源污染的发展变化

(一)核算方法

我国污染源普查所使用的估算方法与输出系数法较为类似,称为源强估算法。本文基于第二次全国污染源普查农业污染源普查核算方法,采用统计数据估算汉中市农村面源污染排放量。

1. 生活污染

生活污染物排放量与人口数量和人均排放系数相关,其计算公式为

$$P_i = \sum_{i=1}^{n} (A_i \cdot B_i) \times 10^{-3}$$

式中,P_i 为 i 市(县)生活污染物排放量,t;A_i 为 i 市(县)农村人口总数,人;B_i 为 i 市(县)生活污染物排放估算系数,kg/(人·年)。

(1)生活污水污染估算系数。根据环境保护部华南环境科学研究所的《生活源产排污系数及使用说明》,汉中市生活污水污染物的排放估算系数为TN:0.56kg/(人·年),TP:0.16kg/(人·年),COD:5.99kg/(人·年)。

(2)固体废物污染排放量估算系数。按照《生活源产排污系数及其使用说明》计算方法,汉中市总体固体废物污染排放量估算系数为TN:3.6865kg/(人·年),TP:0.2665kg/(人·年),COD:22.265kg/(人·年)。

2. 农业污染

农业污染物排放量与耕地面积和单位排放系数相关,其计算公式为

$$Q_i = (C_i \cdot D_i) \times 10^{-3}$$

式中,Q_i 为 i 市(县)农业污染物排放量,t;C_i 为 i 市(县)常用耕地面积,hm^2;D_i 为 i 市(县)农业化肥污染排放量系数,kg/hm^2。

根据第一次《全国污染源普查公报》,汉中市农村面源污染中的农业化肥污染排放量系数为TN:103.5kg/hm^2,TP:85.4kg/hm^2,COD:150kg/hm^2。

3. 养殖污染

养殖污染主要是畜禽粪便,与畜禽存栏量和排放系数相关,其计算公式为

$$R_{ij} = (A_{ij} \cdot B_{ij}) \times 10^{-3}$$

式中,R_{ij} 为 i 市(县)第 j 类畜禽年污染物排放量,t;A_{ij} 为 i 市(县)第 j 类畜禽年存栏量,头;B_{ij} 为 i 市(县)第 j 类畜禽污染排放量估算系数,kg/(头·年)。

根据陕西省畜禽粪尿污染和农村生活污染研究的数据,得到汉中市各类畜禽各类污染物的污染排放量估算系数,见表1。

表1　畜禽污染排放量估算系数　　单位:kg/(头·年)

指标	大牲畜	猪	羊	禽类
TN	2.07	1.50	0.45	0.115
TP	61.10	4.51	2.28	0.275
COD	248.20	26.61	4.40	1.165

注:大牲畜包括驴、马、骡子、牛,禽类包括鸡、鸭等。

(二)汉中市农村面源污染的变化特征

1. 生活污染

2009—2017年,汉中市农村生活污染物排放量呈现减少趋势,具体表现为:

(1)农村生活污水TN、TP以及COD污染不断减少。如表2所示,2009年农村生活污水污染物TN、TP、COD排放量分别为1 207.23t、344.92t和12 913.07t,2017年农村生活污水污染物TN、TP、COD排放量分别减少至923.98t、264t和9 883.33t。

表2　农村生活污染TN、TP以及COD含量变化　　单位:t

年份	农村生活污水污染物TN、TP以及COD含量			农村固体污染物TN、TP以及COD含量		
	TN含量	TP含量	COD含量	TN含量	TP含量	COD含量
2009	1 207.23	344.92	12 913.07	7 947.25	574.41	47 998.26
2010	1 160.14	331.47	12 409.38	7 637.26	552	46 126.02
2011	1 128.3	322.37	12 068.82	7 427.66	536.85	44 860.14
2012	1 075.49	307.28	11 503.86	7 079.96	511.72	42 760.17
2013	1 053.14	300.9	11 264.79	6 932.83	501.09	41 871.56
2014	1 020.28	291.51	10 913.39	6 716.56	485.45	40 565.38
2015	994.03	284.01	10 632.55	6 543.72	472.96	39 521.49
2016	960.71	274.49	10 276.13	6 324.37	457.11	38 196.66
2017	923.98	264	9 883.33	6 082.62	439.63	36 736.6

2009—2017 年,汉中市农村生活污水污染物 TN、TP、COD 排放量不断减少,年平均减少 2.9%。

(2)农村固体废物的 TN、TP、COD 排放量不断减少。如表 2 所示,排放量分别从 2009 年的7 947.25t、574.41t 和 47 998.26t,下降至 2017 年的 6 082.62t、439.63t 和 36 736.6t,年平均减少 2.9%。

2. 农业污染

在农业生产过程中,为了提高产量,使用了塑料薄膜、化肥、农药,它们是农业污染的主要来源。

(1)农用塑料薄膜使用量逐年增加。2009 年使用量为 2 194t,2017 年使用量为 2 792t,年平均增长74.75t,年均增长3.4%,见图1。汉中市属于亚热带季风气候,降水、温度变率大,农用塑料薄膜的使用可以在一定范围内调节温度和水分,增加农业抵抗寒冷和干旱的能力,因此塑料薄膜使用量在不断增加。

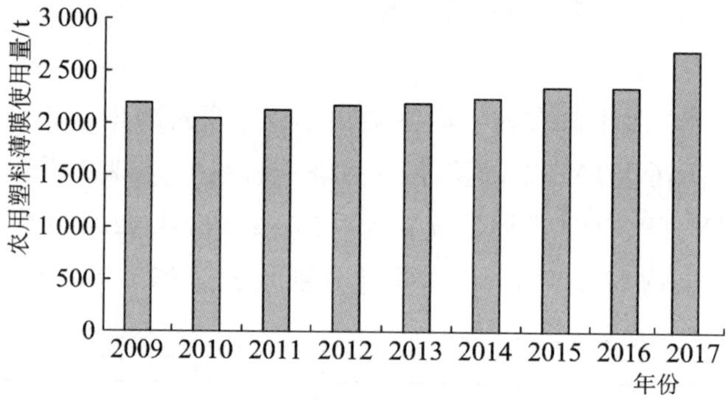

图 1　农用塑料薄膜使用量

(2)农业化肥污染物 TN、TP、COD 排放量随时间波动较大,见表3。2009—2012 年,农业化肥污染物 TN、TP、COD 呈现增加趋势。主要原因在于受收益影响,人们更愿意种植水果、蔬菜等经济效益高、周期性短的经济作物,产业结构的变化导致施用的化肥量增加。2012—2016 年,土地城镇化加快,耕地面积减少,环境保护政策促使农业化肥使用量相应下降,使得农业化肥污染物排放量减少。2017 年政府为落实"金山银山就是绿水青山"的理念,经济作物和园林作物播种面积有所增加,粮食作物相对增加,导致农业化肥使用量增加。

3. 畜禽养殖污染

汉中市畜禽污染物 TN、TP、COD 排放量与畜禽养殖数量整体呈现正相关关系。

表3　化肥及畜禽污染物TN、TP、COD排放量　　单位:t

年份	化肥污染的TN、TP以及COD含量			畜禽污染TN、TP以及COD含量		
	TN含量	TP含量	COD含量	TN含量	TP含量	COD含量
2009	21 009.88	18 117.21	30 449.10	5 243.16	31 011.50	144 621.9
2010	21 071.88	18 170.68	30 538.95	5 962.35	34 041.35	160 015
2011	21 177.65	18 261.89	30 692.25	6 103.89	34 097.07	160 223.7
2012	21 244.51	18 319.54	30 789.15	6 246.93	34 577.12	162 636.4
2013	21 225.78	18 303.39	30 762.00	6 234.56	34 319.32	161 501.9
2014	21 233.34	18 309.91	30 772.95	5 928.31	33 916.76	158 071.6
2015	21 119.38	18 211.64	30 607.80	6 032.97	33 815.06	158 142.6
2016	21 089.99	18 186.29	30 565.20	5 920.35	33 581.14	156 660.3
2017	21 756.84	18 761.33	31 531.65	5 817.74	33 354.22	155 117.9

2009年汉中市畜禽污染物TN、TP、COD排放量分别为5 243.16t、31 011.50t和144 621.90t,2017年畜禽污染物TN、TP、COD排放量分别为5 817.74t、33 354.22t和155 117.9t。2009—2017年,畜禽污染物TN、TP、COD排放量年均分别增长71.82t、292.84t和1 312.00t,见表3。养殖业在汉中农业结构中居于重要地位,伴随生活水平的进一步提升,肉、蛋、奶需求量增加,农民养殖热情不断高涨,养殖规模扩大和牲畜数量增加引起畜禽污染增加。

4.各类污染源的贡献结构

从TN来看,农业污染的贡献最大,且呈上升趋势,主要来源于化肥的施用。农村生活污染的贡献居于第二位,呈下降趋势,这与城市化带来的农村人口减少相关。畜禽污染的贡献虽然最小但呈增加态势,反映出汉中市畜禽养殖量上升的现状。从TP来看,畜禽养殖的贡献比例最高且有略微增加态势。农村生活污染带来的贡献比例很低,只有3%左右,反映出生活污染对TP的贡献较小。农业污染TP的贡献比例约占38%且比较稳定。从COD来看,畜禽污染贡献率最高且增加较快,农村生活污染的COD贡献比例中等且呈较快下降趋势,农业污染COD的贡献率最低且较为平稳。图2反映了各类污染源于2009年和2017年的贡献率。

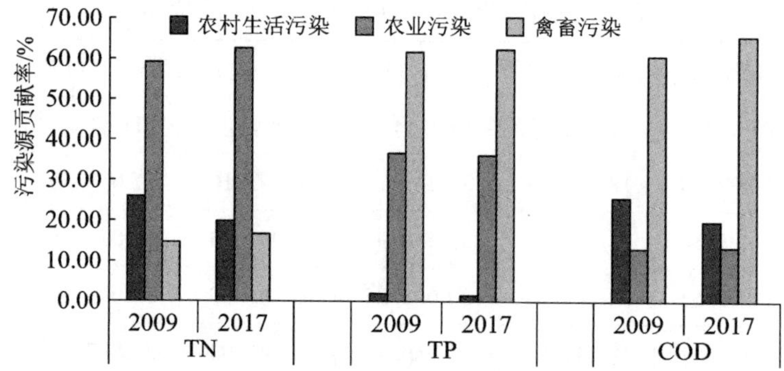

图2　各类污染源(TN、TP、COD)的贡献率

三、县区尺度农村面源的时空变化

(一)研究方法

1. 农村面源污染强度

农村面源污染强度(kg/hm²)由污染排放量与土地面积的比值得出,表示污染物的投入密度,间接反映农业集约化程度。

$$\text{TN 污染强度} = \frac{\text{各县区 TN 污染总量}}{\text{各县区耕地总面积}}$$

$$\text{TP 污染强度} = \frac{\text{各县区 TP 污染总量}}{\text{各县区耕地总面积}}$$

$$\text{COD 污染强度} = \frac{\text{各县区 COD 污染总量}}{\text{各县区耕地总面积}}$$

2. 农村面源污染综合指数

(1)数据标准化。因存在较大的量纲差异,对各县区污染强度数据进行离差标准化(max - min 标准化)处理,使结果均为[0,1]的可比数据。其转换函数为

$$S_{ij} = \frac{I_{ij} - I_{j\min}}{I_{j\max} - I_{j\min}}$$

式中,S_{ij} 为第 i 区域第 j 种污染的标准化值,t/hm²;I_{ij} 为第 i 区域第 j 种污染物污染强度实际值,t/hm²;$I_{j\min}$ 为第 j 种污染物污染强度最小值,t/hm²;$I_{j\max}$ 为第 j 种污染物污染强度最大值,t/hm²。

(2)农村面源污染综合指数。按相同权重加和求平均值的方法,计算得出 TN、TP、COD 的污染综合指数:

$$T_{ij} = \frac{\sum_{i=1}^{n} S_{ij}}{n}$$

式中，T_{ij} 为第 i 区域第 j 种污染物的综合指数值；S_{ij} 为第 i 区域第 j 种污染物的标准化值；$n = 3$。

以此确定各县（区）农村面源污染风险排序，进而得出农村面源污染强度的区域分布，见表4。

表4　汉中市各县农村生活污染、农业污染、畜禽污染综合指数变化表

区县	污染强度						综合指数		排序		污染类型
	TN		TP		COD						
	2009	2017	2009	2017	2009	2017	2009	2017	2009	2017	
洋县	0.07	0.19	0.2	0.21	1.14	1.13	0.67	0.96	2	1	持续高污染型
略阳县	0.08	0.21	0.22	0.18	1.27	1	0.83	0.84	1	2	持续高污染型
宁强县	0.07	0.06	0.21	0.2	1.2	1.08	0.72	0.63	3	3	持续高污染型
南郑区	0.08	0.18	0.17	0.12	1.12	0.74	0.65	0.47	4	8	污染减轻型
汉台区	0.11	0.1	0.1	0.12	0.99	1.01	0.59	0.47	5	9	污染减轻型
西乡县	0.08	0.07	0.15	0.18	1.03	1.08	0.55	0.60	6	4	污染增加型
勉县	0.07	0.17	0.13	0.14	0.9	0.86	0.39	0.57	7	6	污染增加型
留坝县	0.05	0.15	0.16	0.16	0.9	0.86	0.34	0.58	8	5	污染增加型
镇巴县	0.05	0.05	0.15	0.17	0.89	0.91	0.32	0.43	9	10	持续低污染型
城固县	0.06	0.07	0.11	0.16	0.79	1.01	0.23	0.51	10	7	污染增加型
佛坪县	0.06	0.05	0.07	0.08	0.62	0.58	0.06	0.00	11	11	持续低污染型

（二）农村面源污染的时空特征

（1）从TN的污染强度指数来看，2009年汉台区最高，佛坪县、镇巴县最低，其他各区县相差不大。2009—2017年，略阳县、勉县、留坝县、南郑区、洋县5县污染强度呈现快速增加趋势，宁强县、汉台区、佛坪县、西乡县呈现减缓趋势，城固县、镇巴县污染强度呈现略增趋势（表4）。

（2）从TP和COD的污染强度来看，各县区的差异较小，略阳县、宁强县、南郑区呈现略减趋势，其他县区呈现略增趋势。TP 和 COD 污染的贡献中，畜禽养殖污染占比最高（表4）。

（3）综合考虑污染指数大小和变化，将汉中全市划分为 4 种污染类型。洋县、略阳县、宁强县属于持续高污染型，一直排在污染的前三位，农业面源污染程度最为严重；佛坪县、镇巴县属于持续低污染型，污染排名一直居于后两位，污染程度轻微；南郑区、汉台区属于污染减轻型，污染不断呈现减轻趋势。西乡县、勉县、留坝县、城固县属于污染增加型，面源污染指数呈现增加趋势（表4）。

（三）农村面源污染时空变化的影响因素

1. 自然因素

地形是影响耕地资源分布、人口和经济活动分布的重要因素，也深刻影响着面源污染的空间分布与变化。汉台区、勉县、城固县、洋县和南郑区地处汉中盆地，山区面积较少，适合耕作的土地面积广阔，农业种植面积相对山区各县较大；宁强县虽地处巴山山区，但有大面积的浅山丘陵山地被开垦为农田，因此耕地面积相对较大；这几个县区的平坝和低山丘陵区，耕地面积广阔，村镇数量多，人口规模大，导致面源污染相对严重。其他山区县则因耕地面积少，村镇数量少，人口规模小，面源污染相对较轻。

2. 人文因素

自然是无定的，人是变化的，政策、市场、科技等都影响到人的行为决策，从而影响面源污染的变化。比如略阳县、宁强县等山区县 TN 污染强度增加很快，究其原因，退耕还林导致耕地面积减少，农民更加集约化经营有限的土地，导致 TN 污染强度快速增加。而汉台区等盆地地区，城市化发展导致农村土地面积减少，促使人口大量向城镇转移，加上收入来源多样化，人们对土地的经营反而粗放，从而 TN 污染强度呈现减少趋势。产业结构也是影响面源污染的重要因素，比如种植、养殖对于 TN、TP、COD 有较大差异，种植对于 TN 贡献率达 60% 以上，而养殖对于 TP、COD 的贡献率达 60% 以上。一个地方产业结构的差异以及变迁，也是导致面源污染现状及变化的原因，比如略阳县、宁强县、洋县均因为养殖业贡献的 TP、COD 比较高，导致综合污染指数持续较高。

四、结论与建议

（一）研究结论

（1）2009—2017 年，农村生活污水 TN、TP、COD 排放量年平均分别减少了

35.41t、10.12t 和 378.72t，固体污染物 TN、TP、COD 排放量年平均分别减少了 233.08t、16.85t 和 1 407.71t，农业化肥污染物 TN、TP、COD 年排放量分别增加了 93.37t、80.52t 和 135.32t，农用塑料薄膜使用量年平均增长了 74.75t。

(2)2009—2017 年，农村面源污染 TN 总量从 2009 年的 35 407.53t 减少到 2017 年的 34 581.18t，同比减少了 2.33%；TP 总量从 2009 年的 50 048.04t 增加到 2017 年的 52 819.18t，同比增加了 5.54%；COD 总量从 2009 年的 235 982.33t 减少到 233 269.50t，同比减少了 1.15%。TN、TP、COD 总体转变趋势是农村生活污染在减少，农业污染和畜禽污染在增加。从污染来源构成的角度来看，农业污染的 TN 贡献率最大，达 60% 左右，主要来源于化肥施用；畜禽养殖对 TP 和 COD 的贡献比例最高，达 60% ~70%，且有略微增加态势。

(3)从污染类型上，洋县、略阳县、宁强县属于持续高污染型，农业面源污染程度最为严重；佛坪县、镇巴县属于持续低污染型，污染程度轻微；南郑区、汉台区属于污染减轻型，污染不断呈减轻趋势。西乡县、勉县、留坝县、城固县属于污染增加型，面源污染指数呈增加趋势。

(4)人口转型、耕地减少、技术变化、市场需求等，综合决定面源污染的变化，地形、退耕还林政策、产业结构变化在污染时空变化中起到重要影响。

(二)建议与对策

1.“理念—制度—科技”联动，减少面源污染总量

理念：以绿色循环经济理念发展有机无公害食品生产，将养殖、种植、人民生活综合考虑，在农村地区形成良性的生态循环，在提升产品附加值的同时减少面源污染。

制度：分析产污、管理等各类主体，明晰权责，制定完善的制度措施，形成有法可依、执法必严的局面，从制度上解决面源污染问题。

科技：创新物理、生物防病虫害技术，减少化学农药的施用量。通过“互联网 + 农业”精准计算农作物最佳施肥量和用药量，鼓励生物降解农膜、光降解农膜的研发和使用，从源头上削减污染来源。

2. 分类施策，精准管理面源污染

结合汉中地区特点，结合用地适宜性评价，分析生态环境承载力，因地制宜减少面源污染。首先，对偏远地区结合移民搬迁、乡村振兴等工作，促进人口向经济发达地区、中心城区、小城镇转移，倡导节约意识，减少分散的生活污染治理难题。

其次,结合水源区保护战略,用好政策和扶持资金,按照绿色循环理念发展品牌生态农业,在增加农民受益的同时减少化肥、农药使用量,减少农业污染。再次,广泛利用山区发展规模化林下养殖,建立自然生态循环,在提供更高附加值绿色畜禽产品的同时,减少畜禽养殖污染。

汉中市中心城区 PM2.5 时空变化特征及影响因素分析①

刘 杰 李鹏飞

随着工业化的突飞猛进和城市化进程的加快,促使各种能源的消耗量不断攀升,导致空气污染日益严重,尤其是可吸入颗粒物 PM2.5 已经严重威胁到人类健康,引起了国内外学者的广泛关注。可吸入颗粒物 PM2.5 不仅对人们的日常生活产生了恶劣的影响,也给社会经济造成了重大损失。国内学者关于 PM2.5 的研究多集中于珠三角、长三角和京津冀等经济发达的一线大城市,而对中西部城市的研究相对较少。

汉中市地处中国版图地理几何中心,位于陕西省西南部的秦岭和巴山之间,素有"西北小江南"之美誉,拥有得天独厚的自然资源,被评为国家级生态宜居城市。近几年,随着经济的飞速发展及工业化和城镇化进程的加快,空气污染日益加剧,开展 PM2.5 的相关研究,分析其时空变化特征,总结其影响因素,对提出有效的防治对策治理大气环境有着极其重要的指导意义。

一、数据来源

(一)数据采样

本文以汉中市中心城区 PM2.5 时空分布特征为主要研究对象。汉中市中心城区共设有 4 个国控自动采样监测点,即汉中市环境监测中心站(E107°00′55″,N33°04′14″)、鑫源开发新区(E107°00′32″,N33°06′50″)、汉川机床厂子校(E106°59′21″,N33°11′03″)及大河坎水厂(E107°00′25″,N33°01′56″)。本文所需采样数据,即可吸入颗粒物 PM2.5 的质量浓度监测数据和相关气象数据,均来自汉中市环境监测中心站、《汉中市环境统计公报》和环境大数据开放平台 http://www.envicloud.cn。

(二)数据处理

PM2.5 质量浓度的原始采样数据为汉中市中心城区 4 个国控监测站从 2016

① 原载于《数学的实践与认识》,2020 年 7 月第 50 卷第 13 期。

年1月1日至2018年12月31日的PM2.5逐时浓度值,根据数据的有效性标准(环境空气质量标准GB3095—2012),利用SPSS19.0软件对采样数据中的异常值和缺失值进行数理统计和处理,计算各站点及整个中心城区PM2.5浓度的日均值、月均值、季均值和年均值。

二、汉中市中心城区PM2.5的时间变化特征

(一)PM2.5浓度的逐月变化特征

图1为汉中市中心城区2016—2018年PM2.5浓度逐月变化趋势图。如图1所示,PM2.5浓度的逐月变化趋势为"单峰单谷"型。从总体的变化趋势分析,1—3月和11—12月的浓度相对高于其他月份且变化幅度较大,4—10月的浓度相对较低且变化幅度较小。高浓度主要集中在12月到次年的2月,6—10月的浓度较低,月均值浓度的极大值和极小值分别出现在1月和7月,分别为100.8μg/m³和22.6μg/m³。

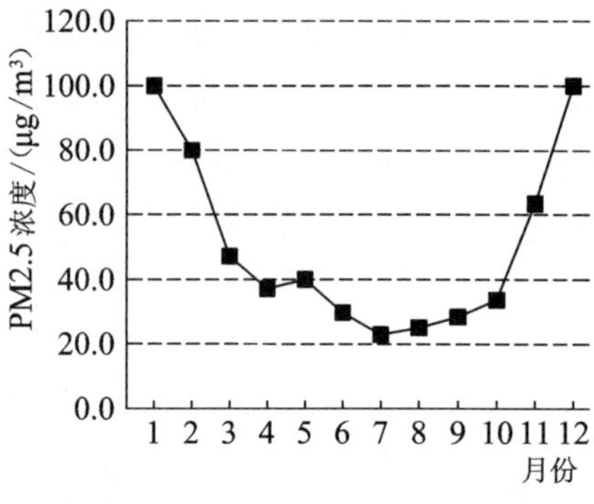

图1 2016—2018年PM2.5浓度逐月变化图

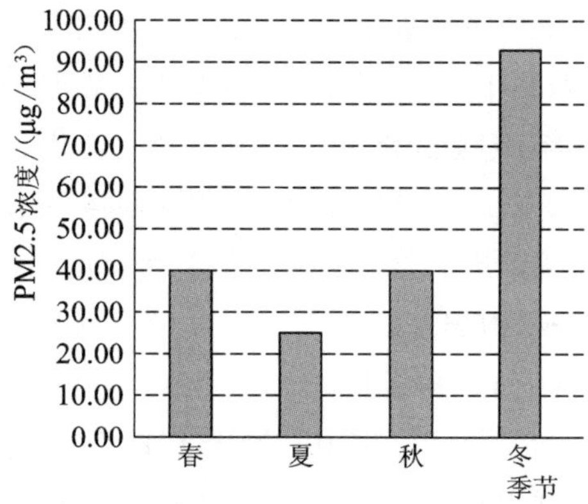

图2 2016—2018年PM2.5浓度季节变化图

(二)PM2.5浓度的季节变化特征

根据国家气象划分标准,该地区春季为3—5月、夏季为6—8月、秋季为9—11月,冬季为12月至次年2月。图2为根据颗粒物PM2.5日均值计算得到的该区域PM2.5浓度随季节变化的柱状图。如图2所示,PM2.5浓度季节变化主要表现为冬季高、夏季低的特征,冬季的平均浓度(92.9μg/m³)达到夏季平均浓度(25.1μg/m³)的3倍以上。从总体上来看,PM2.5浓度从春季开始逐渐下降,到夏季降到最低,而后又开始上升直至冬季达到最大值。PM2.5浓度变化具有明显的季节特征:冬季>春季>秋季>夏季。汉中市中心城区处于盆地,四面环山,空气流动性差,

是导致颗粒物难以扩散和沉降的重要原因。另外,冬季干旱少雨,气温较低且光照不足,造成大气层结构稳定,常出现逆温天气,也不利于 PM2.5 扩散。同时,冬季属于采暖期,能源消耗量增加也是导致 PM2.5 浓度攀升的重要原因。随着春季到来,气温回升,光照充足,风速加大,空气流动加快,有利于 PM2.5 的稀释扩散。到夏季后,受暖湿气流影响,高温多雨且湿度大,有效地降低了 PM2.5 浓度。秋季农田秸秆焚烧又使得浓度相对偏高。

(三)PM2.5 浓度的年际变化特征

根据 4 个监测站点 PM2.5 的逐时浓度值,计算出整个中心城区的年均浓度值。图 3 为汉中市中心城区 2016—2018 年 PM2.5 浓度的年际变化趋势。从图 3 中可以看出,年均浓度呈下降趋势,波动范围为 46.5 ~ 51.2μg/m^3,均超过国家二级标准(年均浓度限值 35μg/m^3)。从 2016 年起,相关部门逐步加大了大气污染防治的力度,通过产业结构的优化调整、强制性削减煤炭消耗总量以及发展清洁能源、扬尘治理和绿化工程等一系列措施使得 PM2.5 的年均浓度总体上呈下降趋势。

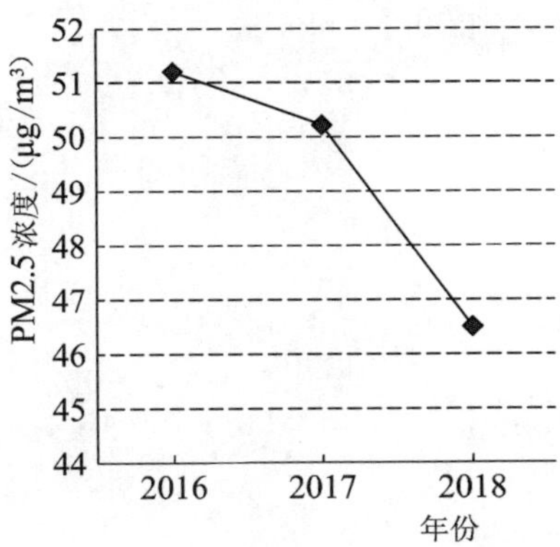

图 3　2016—2018 年 PM2.5 浓度的年际变化图

三、汉中市中心城区 PM2.5 的空间变化特征

PM2.5 浓度变化不仅表现在时间序列上,也存在空间上的分布差异性。根据汉中市中心城区 4 个国控自动监测站点 2016 年 1 月至 2018 年 12 月 PM2.5 小时浓度值,计算出该地区 4 个站点 PM2.5 的季节浓度均值和年均值,并运用统计分析软件 ArcGis10.2 采用克里金插值方法对该地区 PM2.5 的季节浓度均值和年浓度均值进行空间插值,对比分析该区域 PM2.5 浓度空间分布特征和差异性。

(一)PM2.5 浓度总体空间分布特征

图 4 为基于采样数据运用克里金插值方法得到的 2016—2018 年汉中市中心城区 PM2.5 浓度年均值总体空间分布情况。由图 4 可知,PM2.5 浓度总体上呈现南高北低的分布特征,高浓度主要位于西南部,浓度偏高的南部区域又呈现出自西向东逐渐递减的趋势。一方面,中心城区总地势北高南低,植被覆盖率由北向南也逐渐降低;另一方面,南部区域人口、交通和商业相对密集,机动车尾气排放量大,又受到紧邻的西部县域勉县的重工业排放影响,导致西南部的浓度最大。鑫源开发区站点周围浓度偏高还与该区域的局部污染排放有关。近年来,该区域的工业排放以及房地产和交通建设的开发力度不断加大是导致 PM2.5 浓度超标的主要因素。北部依山,人口密度低,植被覆盖率高,农田多,基本无排污企业,因此该区域的 PM2.5 浓度相对较低。

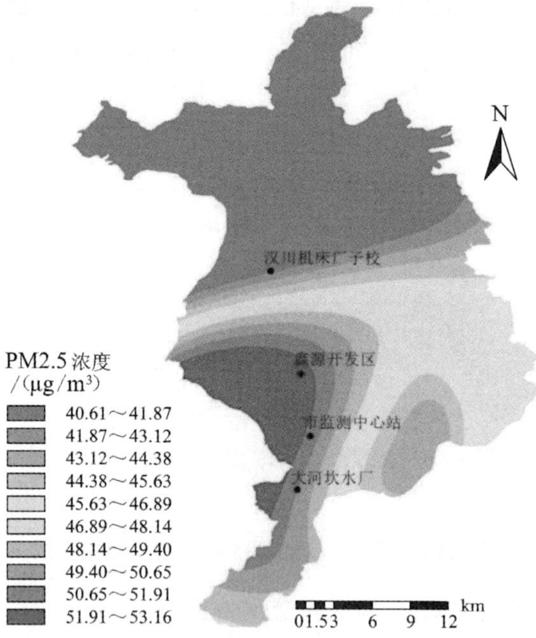

图 4　2016—2018 年 PM2.5 年均浓度空间分布

(二)PM2.5 浓度不同季节的空间分布特征

根据空间插值结果得到汉中市中心城区 PM2.5 浓度的四季空间分布图,如图 5 至图 8 所示。

从图 5 至图 8 可以看出,随着季节的变化,PM2.5 浓度的空间分布也存在一定

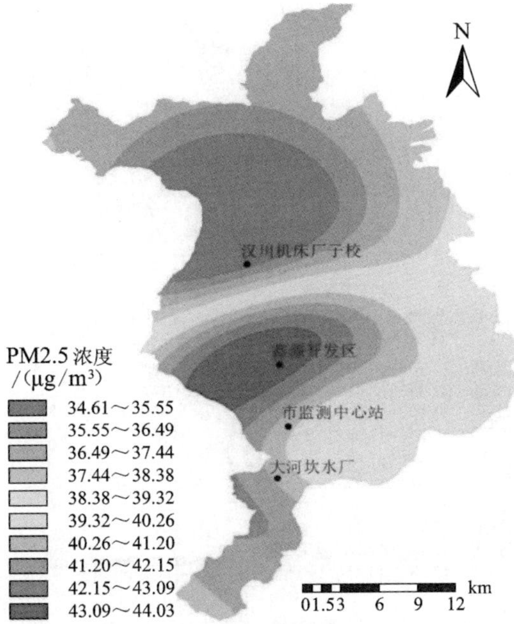

图 5　春季 PM2. 5 浓度空间分布

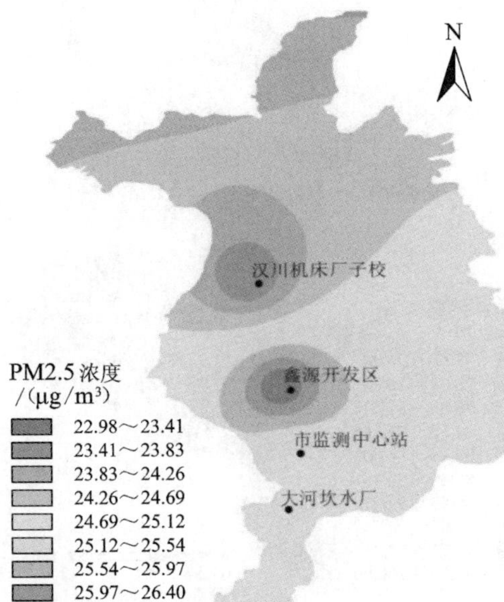

图 6　夏季 PM2. 5 浓度空间分布

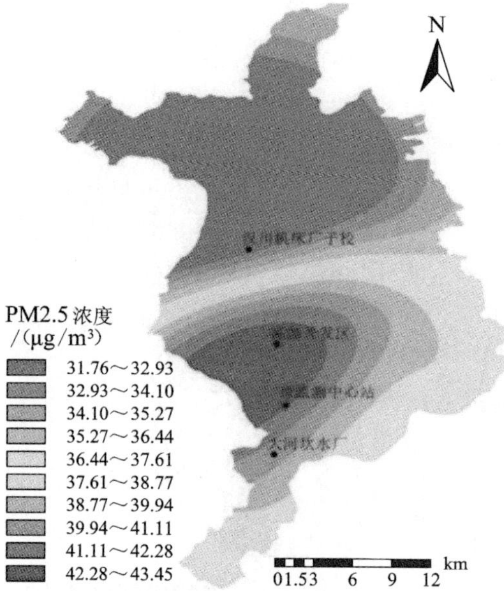

图 7　秋季 PM2.5 浓度空间分布

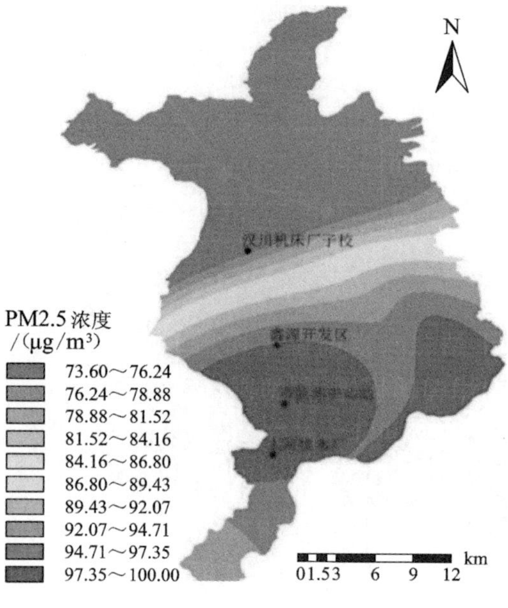

图 8　冬季 PM2.5 浓度空间分布

的差异性,主要表现为在4个季节中,西南部经济发达、人口密集、商业集中的地区浓度均相对偏高,北部郊区的浓度相对较低。春秋两季PM2.5浓度的空间分布大致相似,高值区多集中在西南部,以鑫源开发区监测点附近最高,并逐渐向东南方向递减延伸,不同区域浓度差异较大。夏季各区域内的PM2.5浓度均相对较低,区域差异性较小。冬季各区域的PM2.5浓度比其他季节均明显升高,是由于冬季受到自西北向东南的季风影响,加上南部地势相对较低,人口密度大,因此冬季时浓度高值区面积明显变大,从主城区的西南部向东南部延伸,与低值区的差异也明显增大。

四、结语

(1)汉中市中心城区PM2.5高浓度时期集中在12月至次年2月,低浓度分布在6—10月,其浓度变化具有明显的季节特征:冬季>春季>秋季>夏季。

(2)由于地理气候环境和人为因素的影响,汉中市中心城区PM2.5浓度在空间上总体表现为南高北低的分布特征,高浓度主要集中在西南部,在较高浓度的南部区域呈现自西向东延伸递减的趋势。

(3)PM2.5浓度变化与地形地貌、气象状况、经济发展程度、工业排放情况、人口密集程度及植被覆盖率等多种因素密切相关,其相关程度有待于进一步研究。

基于水足迹理论和灰靶模型的汉江干流水资源可持续利用评价[①]

李 双 杜建括 邢海虹 王淑新 李 峰

水是生命之源,是21世纪全人类最为关注的重大资源问题之一。伴随气候变化、人口增长、经济发展和消费模式的改变,全球水资源需求量以每年1%的速度增长,区域水资源供需矛盾将更加尖锐。水资源可持续管理成为21世纪全球的关键环境挑战之一,引发水资源可持续利用评价的研究热潮。

水资源可持续利用评价指标体系构建多采用层次结构法(如社会—经济—环境复合系统法)、PSR(Pressure-State-Response,即压力—状态—响应)、DPSIR(Driving Forces-Pressure-Sate-Impact-Response,即驱动力—压力—状态—影响—响应)、聚类法和数据包络分析法等方法,选用水资源供需、经济等众多统计指标,指标信息单一且不直接反映水资源可持续发展状态。水足迹法是以虚拟水为基础,不仅考虑了工业、生活、生态等用水量,还涵盖了农畜产品和进出口贸易虚拟水,反映区域或个人在一定时间内消耗的内外水资源量,具有综合反映水资源利用状态的特点,近年来被学者们大量采用。如戚国强等、余灏哲等和熊鸿斌等学者将水足迹与统计指标相结合,评价了黑龙江省、山东省和安徽省水资源的可持续利用水平。

水资源可持续利用常用评价方法有模糊综合评价法、神经网络法、因子分析法、层次分析法和聚类分析法等,但因评价指标多样,指标标准模式难以确定,一般不考虑区域比较研究。灰靶理论是处理模式序列的灰色关联分析理论,在指标标准模式难以确定的情况下,通过原始数据标准值的设置,可增强评价区域内不同单元之间的可比性,已有学者将灰靶理论应用于区域水资源可持续利用评价。在评价过程中,赋权方法直接影响着评价结果的可靠性。主观赋权法(如综合指数法、层次分析法等)采用专家打分等确定权重,存在主观意识强等问题。客观赋权法(如熵值法、因子分析法、主成分分析法等)基于实际数据,挖掘参数内在关系,能相对客观地确定指标权重。在客观赋权法中,熵权法是解决具有不确定性问题最

① 原载于《节水灌溉》,2019年第9期。

好的工具,可以提高指标体系权重量化的准确度,适用于水资源可持续利用这种不确定因素较多的问题评价。

汉江是长江最大的支流,流经地区多、影响范围大,且承担着调节区际水资源不足的重任。汉江干流沿线水资源的利用状态,关乎流域区域经济社会发展,同时也关系到我国华北地区水资源安全。目前,虽然已有学者对陕西省、湖北省和长江中游城市群开展了水足迹及水资源利用状况的研究,但以汉江干流为对象的研究还处于空白状态。因此,本文在计算水足迹的基础上,融合常规水资源评价指标,构建 PSR 模型评价体系,运用熵权—灰靶评价方法综合分析汉江干流水资源可持续利用现状。

一、研究方法与数据来源

(一)研究方法

1. 水足迹计算

本文采用自下而上的方法计算汉江干流水足迹。

(1)水足迹计算。水足迹计算公式如下:

$$WF = IWF + EWF \tag{1}$$

式中,WF 为水足迹,亿 m^3;IWF 为内部水足迹,亿 m^3;EWF 为外部水足迹,亿 m^3。

$$IWF = AWU + IWU + DWU + ENV - VWE_{dom} \tag{2}$$

式中,AWU 为农业虚拟水,亿 m^3;IWU 为工业用水量,亿 m^3;DWU 为生活用水量,亿 m^3;ENV 为生态环境用水量,亿 m^3;VWE_{dom} 为出口虚拟水总量,亿 m^3。

$$EWF = VWF - VWE_{re\text{-}export} \tag{3}$$

式中,VWF 为进口虚拟水量,亿 m^3;$VWE_{re\text{-}export}$ 为从其他地区输入本地区再出口的虚拟水量,亿 m^3,但其比例较小,一般忽略不计。

农业、进出口贸易虚拟水量的计算参考马静等和孙才志等的计算方法。

(2) 人均水足迹。人均水足迹计算公式如下:

$$WF_{pc} = \frac{WF}{TP} \tag{4}$$

式中,WF_{pc} 为人均占有的水足迹,m^3/ 人;WF 为总水足迹,亿 m^3;TP 为人口数,万人。

(3) 水足迹经济效益。水足迹经济效益计算公式如下:

$$WFE = \frac{\mathrm{GDP}}{WF} \tag{5}$$

式中,WFE 表示水资源经济效益,元/m^3;GDP 为国内生产总值,万元;WF 为总水足迹,亿 m^3。

(4) 水资源压力指数。水资源压力指数计算公式如下:

$$WP = \frac{IWF + VWE_{dom}}{AW} \times 100\% \tag{6}$$

式中,WP 为水资源压力指数,%;IWF 为内部水足迹,亿 m^3;VWE_{dom} 为出口虚拟水总量,亿 m^3;AW 为可更新水资源量,亿 m^3。

2. 评价体系构建

PSR 模型,即压力—状态—响应模型,多用于人类活动影响下的环境质量评价与资源评估。就水资源可持续利用而言,压力层反映人类活动通过何种方式阻碍了水资源利用的可持续性;状态层则表征水资源利用现状及趋势;响应层表示人为采取某些有效措施来改善目前水资源利用的现状,以保障水资源利用的可持续发展。本文基于 PSR 模型,在系统分析水环境影响要素的基础上,融合水足迹指标和常规水资源可持续利用评价指标,参照已有研究成果,甄选出 21 项使用频率较高的指标构建综合评价指标体系,见表 1。

3. 熵权法定权重

熵权法是一种客观赋权法,其基本原理是依据指标信息熵确定权重,即信息熵愈大,反映的信息愈少,对评价结果影响愈小,故熵权就愈小;反之,信息熵愈小,则熵权愈大。本文参照罗军刚等的文献进行指标权重计算。

4. 灰靶评价模型

灰靶评价过程具体如下:

(1) 构建标准模式 Y_0。在构建标准模式时,对正向功效性指标选最大值,对负向功效性指标选最小值,即标准模式由各指标极值构成。构建的标准模式为

$$Y_0(X_j) = \{Y_0(X_2), Y_0(X_2), \cdots, Y_0(X_j)\} \quad (j = 1,2,\cdots,21) \tag{7}$$

式中,Y_0 为标准模式序列;$Y_0(X_j)$ 为第 j 个指标的标准值。

(2) 进行灰靶变换 T 并确定灰色关联差异 Δ。令 T 为灰靶变换,靶心 $y_0 = TY_0 = (1,1,1,\cdots,1)$,则汉中干流 10 市 21 项评价指标的灰靶变换公式为

$$y_i(X_j) = TY_i(X_j) = \frac{\min\{(X_{ij}, Y_0(X_j)\}}{\max\{X_{ij}, Y_0(X_j)\}} \quad (i = 1,2,\cdots,10; j = 1,2,\cdots,21) \tag{8}$$

式中,y_0 为靶心;$Y_0(X_j)$ 为评价指标的标准值。

灰色关联差异矩阵为

表 1　水资源可持续利用综合评价指标体系及权重

准则层及权重	评价指标	权重	指标描述
压力层 P (0.309 2)	人口自然增长率 X_1(−)/‰	0.033 3	人口的变化幅度
	城市化率 X_2(−)/%	0.025 2	城市化发展水平
	水足迹经济效益 X_3(+)/(元/m^3)	0.049 5	消耗单位水足迹产生的经济价值
	农业用水指数 X_4(−)	0.050 6	农业水足迹占总水足迹的比值
	工业用水指数 X_5(−)	0.032 8	工业水足迹占总水足迹的比值
	生活用水指数 X_6(−)	0.041 2	生活水足迹占总水足迹的比值
	生态用水指数 X_7(+)	0.076 7	生态水足迹占总水足迹的比值
状态层 S (0.511 1)	水资源量 X_8(+)/亿 m^3	0.055 8	区域水资源总量
	水足迹模数 X_9(−)/(万 m^3/km^2)	0.039 6	单位土地面积水足迹数量
	人均水足迹 X_{10}(−)/(m^3/人)	0.041 6	人均水足迹拥有量
	本地水资源压力指数 X_{11}(−)	0.048 0	本地水足迹占水资源量的比值
	废污水排放量 X_{12}(−)/万 t	0.033 9	水环境中废污水排放情况
	水足迹外部依赖度 X_{13}(+)/%	0.056 1	区域依赖外部水资源的程度
	水足迹自给率 X_{14}(−)/%	0.056 1	利用本区域水资源的程度
	水资源匮乏度 X_{15}(−)/%	0.048 0	区域水足迹占水资源总量的比值
	农田灌溉水利用系数 X_{16}(+)	0.060 5	农业灌溉水资源利用程度
	X_{17}(+) 森林覆盖率/%	0.071 4	水源涵养情况
响应层 R (0.179 7)	环保水利占财政支出比 X_{18}(+)/%	0.053 2	区域对环保、水利的重视度
	污水排放达标率 X_{19}(+)/%	0.046 3	污水的处理程度
	建成区绿化覆盖率 X_{20}(+)/%	0.031 4	建成区绿化情况
	当年造林面积 X_{21}(+)/hm^2	0.048 8	区域植被发展情况

$$\Delta_{ij} = | y_0(X_j) - y_i(X_j) | = | 1 - y_i(X_j) | \tag{9}$$

(3) 计算靶心系数。靶心系数计算公式如下：

$$\gamma[y_0(X_j), y_i(X_j)] = \frac{\min(\Delta_{ij}) + \max(\Delta_{ij})}{\Delta_{ij} + 0.5\max(\Delta_{ij})} \tag{10}$$

式中，$\gamma[y_0(X_j), y_i(X_j)]$ 为汉中干流各市评价指标的靶心系数；Δ_{ij} 为评价指标 X_j 的灰色关联差异矩阵。

因本文 Δ 的最小值为 0，最大值为 1，故靶心系数计算公式可简化为

$$\gamma[y_0(X_j),y_i(X_j)] = \frac{0.5}{\Delta_{ij}+0.5} \tag{11}$$

（4）计算靶心度。靶心度计算公式如下：

$$\gamma[y_0,y_j] = \sum_{j=1}^{21} w_j\gamma[y_0(X_j),y_i(X_j)] \tag{12}$$

式中，$\gamma[y_0,y_i]$ 为汉中干流 i 市的靶心度；w_j 为第 j 个指标的权重。

（二）数据来源

从《陕西省统计年鉴》《陕西省水资源公报》《湖北省统计年鉴》和《湖北省水资源公报》，以及政府环保、林业、水利等部门门户网站，收集相关数据指标，主要包括农畜产品产量、国内生产总值、工农业产值、工业用水、生活和生态用水以及常规的水资源评价环境数据、社会经济指标等。

二、结果与分析

（一）水足迹时间变化特征与评价

由表2和图1可知，近年来，汉江干流总水足迹及其构成中的农业、生活和生态水足迹均呈增加趋势，增加率分别为24.28亿m^3/a、23.73亿m^3/a、2.12亿m^3/a和0.07亿m^3/a。农业水足迹占比最大，平均为87.78%；工业水足迹值居其次，平均占比为9.06%，2010年来呈下降态势，与近年来万元工业增加值用水量减少相一致，表明汉江干流工业用水效率明显提高；生活和生态水足迹较小，但呈现显著上升趋势，表明随着经济水平的发展、城市化水平的提高，人们的生态环保意识不断增强；出口虚拟水大于进口虚拟水，且二者所占比例均呈减小趋势，表明水足迹贸易为贸易顺差，不利于缓解水资源压力。内部水足迹平均占比为99.35%，高于全国平均水平93.6%，说明汉江干流水资源供给能力强，这是因为作为长江最大的支流，有较多二级支汇入汉江干流，且雨量充沛，使本区域有丰富而稳定的可用水资源。

与汉江干流总水足迹呈现缓慢增长趋势不同，人均水足迹在2012年前增长明显，之后变化较平稳（图2）。人均水足迹平均为1 864.24m^3/人，低于我国2000—2014年的平均人均水足迹2 340m^3/人、陕西省的2 310m^3/人和湖北省的2 370m^3/人，但高于全球人均水足迹1 240m^3/人，北京的1 390m^3/人和天津的1 400m^3/人，说明人均水足迹不仅与经济发展水平有关，而且受人口数量的影响也较大。

汉江干流水足迹经济效益逐年显著增加，而水资源压力指数整体呈现波动上升再下降的态势，且除2010年外，其值均大于1（图3），前者表明汉江干流水资源

表 2　2008—2015 年汉江干流水足迹构成　　单位:亿 m^3

年份	内部水足迹					外部水足迹	总水足迹
	农畜虚拟水	工业用水	生活用水	生态用水	出口虚拟水	进口虚拟水	
2008	505.24	55.23	18.17	0.15	7.99	5.82	576.61
2009	538.04	57.94	18.29	0.24	6.08	3.72	612.15
2010	546.54	73.30	19.37	0.23	7.48	5.25	637.21
2011	595.63	73.55	21.32	0.28	7.45	5.29	688.63
2012	619.60	73.37	22.68	0.36	6.41	3.69	713.28
2013	639.44	55.26	27.83	0.45	7.18	3.58	719.38
2014	662.70	51.34	28.76	0.55	7.37	3.81	739.79
2015	657.72	51.66	32.37	0.64	7.96	3.66	738.09
平均	595.61	61.46	23.60	0.36	7.24	4.35	678.14

注:内部水足迹为农畜生产、工业生产、生活、生态用水之和减去出口虚拟水的差值。

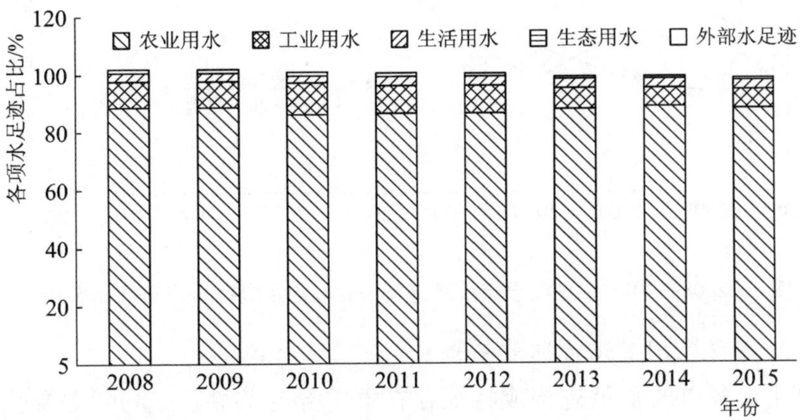

图 1　2008—2015 年汉江干流各项用水占总水足迹的百分比

利用效率在不断提升,即消耗单位水足迹创造出更高的经济价值,后者在一定程度上表明汉江干流水资源利用已处于非可持续利用状态。水资源压力指数的这种变化,与区域水资源总量(R^2 = −0.901)、年降水量(R^2 = −0.875)呈显著负相关,说明区域天然水资源的多寡和年际变化制约着水资源可持续利用水平。

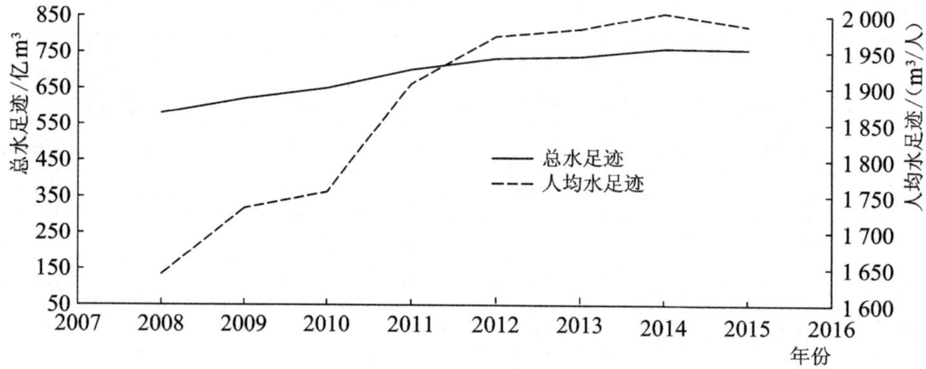

图2　2008—2015 年汉江干流总水足迹与人均水足迹动态变化

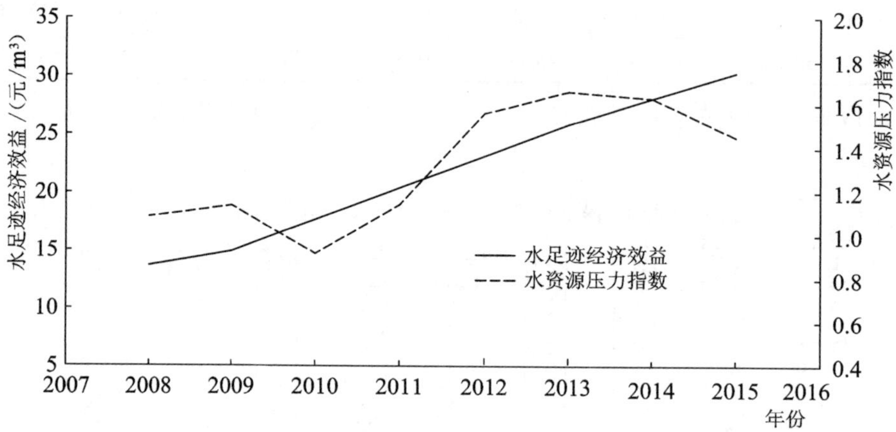

图3　2008—2015 年汉江干流水足迹经济效益与水资源压力指数动态变化

(二)水足迹空间变化特征与评价

汉江干流各市的水足迹构成特征存在着差异与共性(表3)。差异主要表现为:地区间水足迹构成的绝对值差异明显,这是因为生产、生活水足迹的高低与地区人口数量和经济产值密切相关(表4)。以干流平均值为界,农畜和工业水足迹方面,襄阳市、荆门市、孝感市和武汉等市高于平均值,对应着较高的农业产值和国内生产总值;生活水足迹方面,襄阳市、孝感市和武汉三市高于平均值,对应着较大的人口规模;生态水足迹方面,汉中市、安康市和武汉等市高于平均值,这三市均属于国家级或省级园林城市,生态建设投入较多;出口贸易仅武汉市较高。其共性主要表现为:水足迹构成均为农畜生产水足迹比重最大,其次为工业生产用水,而生

表3　汉江干流10市多年平均水足迹构成　　单位:亿 m^3

地区	内部水足迹					外部水足迹	水足迹
	农畜虚拟水	工业用水	生活用水	生态用水	出口虚拟水	进口虚拟水	
汉中市	41.14	1.03	1.06	0.09	0.07	0.02	43.27
安康市	28.80	0.61	1.01	0.04	0.02	0.00	30.44
十堰市	33.66	3.62	2.22	0.03	0.24	0.03	39.31
襄阳市	130.64	15.07	3.91	0.03	0.94	0.20	148.91
荆门市	97.88	6.46	1.92	0.01	0.62	0.21	105.87
潜江市	20.99	2.60	0.64	0.00	0.30	0.02	23.94
天门市	27.60	1.65	0.85	0.01	0.01	0.00	30.10
仙桃市	37.47	2.82	0.83	0.01	0.46	0.12	40.79
孝感市	87.87	9.25	3.03	0.02	0.86	0.23	99.54
武汉市	89.56	18.36	8.13	0.13	3.72	3.51	115.97
平均	59.56	6.15	2.36	0.04	0.72	0.44	67.81

注:内部水足迹为农畜生产、工业生产、生活、生态用水之和减去出口虚拟水的差值。

表4　生产、生活水足迹与经济、人口要素的Pearson相关分析

水足迹类别	农业产值	GDP	人口
农业水足迹	0.811**	0.487	0.644*
工业水足迹	0.736*	0.841**	0.879**
生活水足迹	0.650*	0966**	0.968**

注:"**"表示在0.01水平(双侧)上显著相关,"*"表示在0.05水平(双侧)上显著相关。

态用水和进出口虚拟水占比较低(图4)。

汉江干流水足迹和人均水足迹地区差异显著(图5),与均值相比,水足迹较大的依次是襄阳、武汉、荆门和孝感市,较小的依次为潜江市、天门市、安康市和十堰市;而人均水足迹较大的依次是荆门市、仙桃市、襄阳市和潜江市,较小的依次为十堰市、安康市、汉中市和武汉市,这是因为水足迹主要与经济发展水平和产业结构有关,而除经济要素外,人口数量对人均水足迹的影响也较大。

水足迹经济效益和水资源压力指数的空间分布较极端(图6),具体表现为武

汉市水足迹经济效益最高，达 62.72 元/m^3；其余各市均与平均值 18.68 元/m^3 相差不大，介于 9～22.72 元/m^3，揭示汉江干流经济发展水平不均衡，经济水平较高的武汉市水资源利用效率最高，其余各市水资源利用率仍有较大提升空间。仅汉中市、安康市和十堰市的水资源压力指数较小，且明显小于 1，其余各市均超过平均值 2.282，说明汉江中上游的汉中市、安康市和十堰市水资源丰富，水足迹在可用水资源承载范围内，仍具有开发利用空间，而其余各市水资源压力指数均大于 1，水资源利用处于超负荷状态，水资源供需矛盾突出。

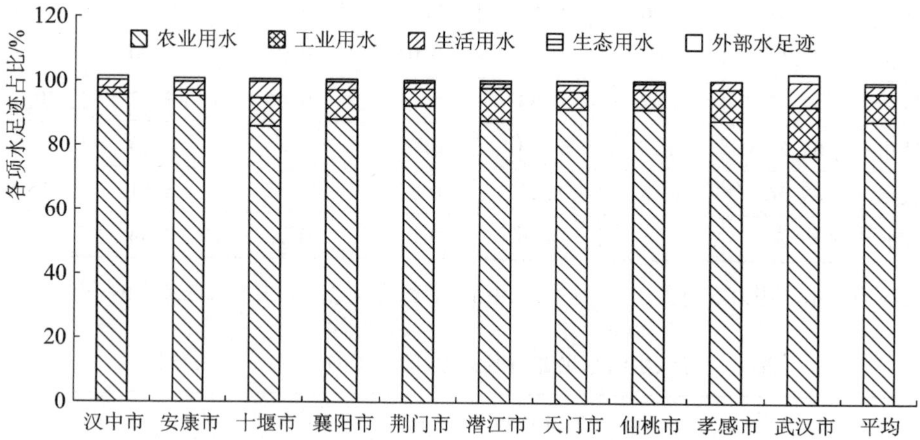

图 4　汉江干流 10 市各项水足迹构成多年平均百分比

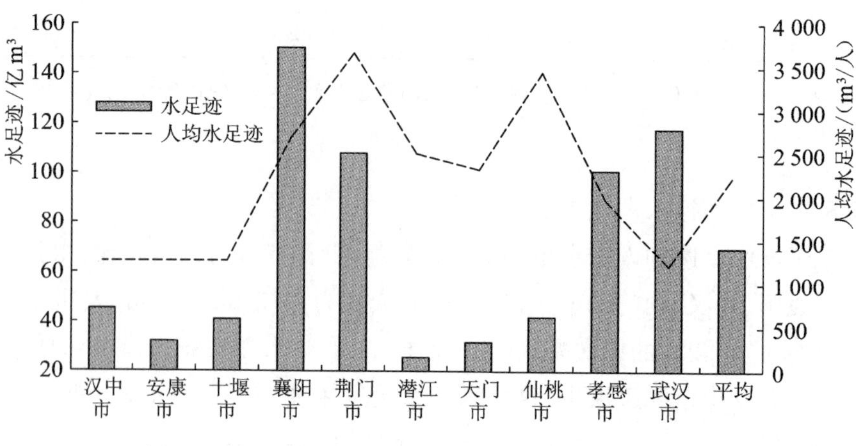

图 5　汉江干流 10 市总水足迹与人均水足迹动态变化

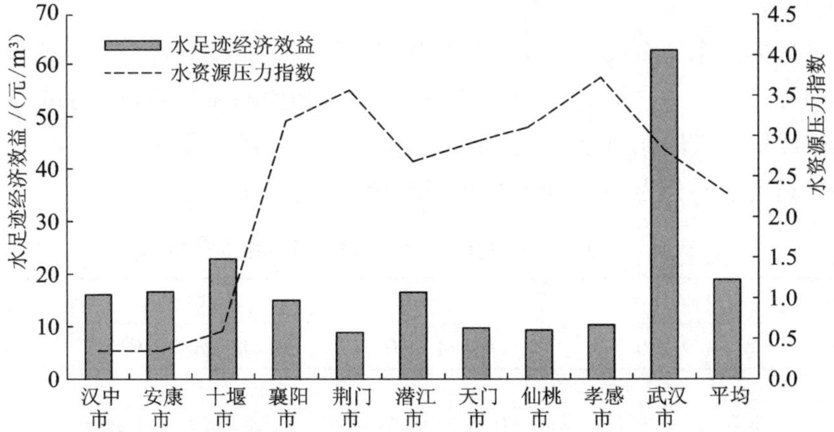

图6　江汉干流10市水足迹经济效益与水资源压力指数动态变化

(三)水资源可持续利用评价

1.灰靶评价过程

参照罗军刚等改进的熵权法计算21项评价指标的权重,结果如表1所示。根据公式(7)~(12)得到目标层的靶心度,压力层、状态层和响应层等3个准则层的靶心度也可依据上述过程计算得到,具体结果见表5。

表5　汉江干流10市水资源可持续利用评价结果

地区	γ(A)	γ(P)	γ(S)	γ(R)
汉中市	0.809 8	0.755 0	0.840 0	0.797 2
安康市	0.859 2	0.725 0	0.885 0	0.993 4
十堰市	0.669 5	0.527 1	0.716 4	0.750 8
襄阳市	0.553 1	0.487 0	0.550 3	0.641 0
荆门市	0.550 4	0.529 8	0.532 0	0.607 1
潜江市	0.537 9	0.489 3	0.510 8	0.665 1
天门市	0.529 1	0.484 3	0.513 8	0.615 9
仙桃市	0.532 9	0.528 2	0.499 6	0.607 0
孝感市	0.529 2	0.470 9	0.526 5	0.603 8
武汉市	0.666 2	0.705 4	0.659 6	0.598 4

注:γ(A)为目标层综合评价靶心度,γ(P)、γ(S)、γ(R)分别为压力层、状态层和响应层等3个准则层的靶心度。

2. 灰靶评价结果

综合指标更能全面反映区域水资源利用可持续性的总体状况。因此,本文根据目标层靶心度 γ(A)的取值范围,结合张俊凤等和熊鸿斌等的分区标准等分取整原则进行评价等级标准划分。依据表 5 中 γ(A)的取值范围将汉江干流水资源利用可持续利用水平分为 4 个等级,评价等级标准如表 6 所示。

表 6　汉江干流水资源可持续利用评价等级划分标准

级别	优	良	中	差
数值	$\gamma \geq 0.777$	$0.694 \leq \gamma < 0.777$	$0.612 \leq \gamma < 0.694$	$\gamma < 0.612$

依据表 5 和表 6,利用 Arcgis10.5 空间分析软件,评价汉江干流水资源目标层与准则层可持续利用水平的空间差异,见图 7。

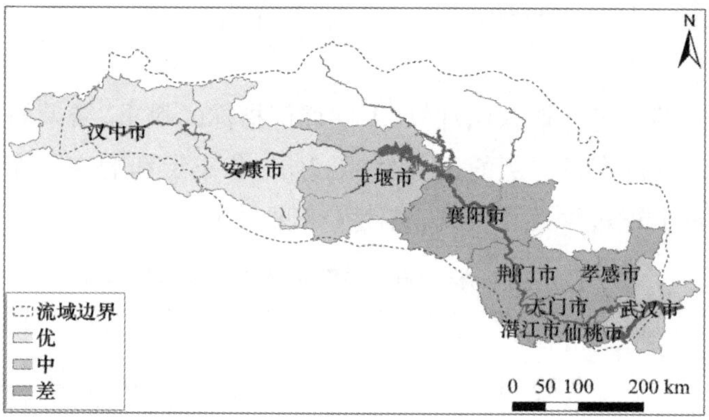

(a) 目标层

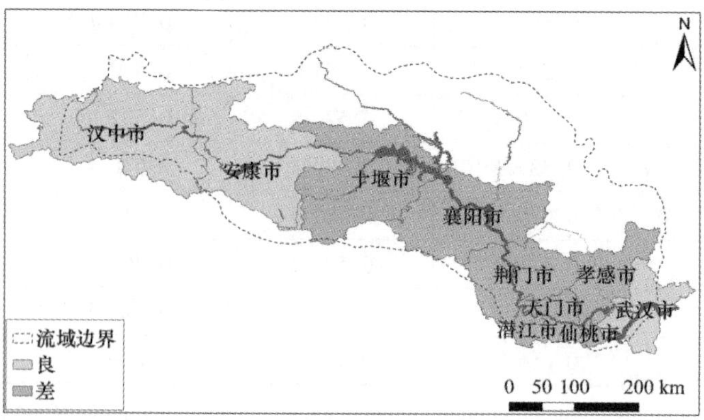

(b) 压力层

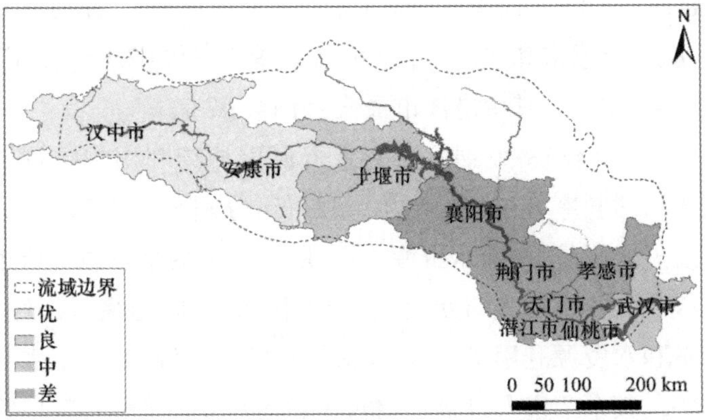

（c）状态层

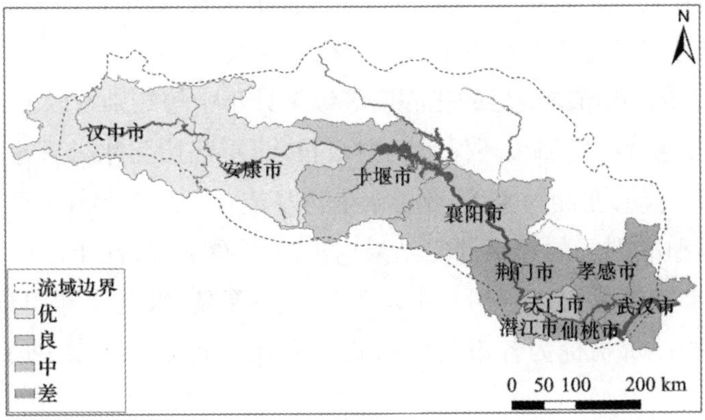

（d）响应层

图7　汉江干流水资源可持续利用综合与分层评价等级

2015 年汉江干流水资源目标层和各准则层可持续利用水平均表现为上游优于中、下游，准则层靶心度等级由高到低依次为响应层 > 状态层 > 压力层（图 7）。

水资源可持续利用水平多集中在中、差水平，这与图 6 汉江干流各市水资源利用压力指数分析结果相一致，说明水资源可持续利用面临巨大压力和挑战。汉江干流水资源可持续利用水平与水资源空间分布、人口和社会经济发展水平等因素密切相关。具体分析如下：

（1）水资源可持续利用水平与水资源总量密切相关。汉江干流各市水资源目标层、P 层、S 层和 R 层靶心度与其水资源总量高度一致，相关系数依次为 R^2 = 0. 937、0. 845、0. 950 和 0. 757，平均为 0. 872，表现为地区水资源量越多，其水资源可持续利用水平越高。2015 年汉中市和安康市的水资源量最大，分别为109.57 亿 m^3 和 99.58 亿 m^3；其次为十堰市和武汉市，分别为 64.94m^3 和 62.03 亿 m^3；其余各市的水资源量均低于 45 亿 m^3，其中潜江市最低，为 14.16 亿 m^3。

(2)人口增长、社会经济发展水平对水资源可持续利用带来较大影响。汉中市和安康市的人口增长率在汉江干流 10 市最低，分别为 0.242% 和 0.232%，城市化水平和经济发展水平较低，而水资源丰富，所以两市的水资源可持续利用水平均属于优或良等级。武汉市虽人口密度大、城市化水平高，但良好的经济基础、较高的经济发展水平和水资源利用率，加之相对充足的水资源，故该市水资源利用压力处于良好的态势。其余 7 市人口自然增长率较高（如十堰市人口自然增长率高达 1.39%），人均水资源消耗量大，经济水平不高，相对较低的农田灌溉利用系数，故这 7 市水资源各层可持续利用水平多集中在差等级。

(3)汉江干流 10 市响应层的靶心度等级多处于中等级别及以上，如图 7(d)所示，说明各城市通过积极加大环保水利财政投入，提高废污水处理率，大力植树造林、绿化环境等行动，在涵养水源、改善水生态环境等方面取得较显著成绩。

由目标层和准则层的等级评定结果（图 7）可看出，汉江干流中、下游除武汉市外，各城市水资源可持续利用水平均处于较差等级，水资源利用具有很大的提升空间，并依据评价指标为各市后续水资源利用与保护工作提供了一定的改进方向（表 7）。

三、结语

本文融合水足迹计算结果和常规水资源评价指标，构建综合评价指标体系，选用熵权灰靶模型作为评价方法，评价了汉江干流水资源可持续利用水平。基于对汉江干流水足迹时空变化及水资源可持续利用现状分析，得出以下主要结论：

(1)2008—2015 年汉江干流总水足迹呈缓慢增长态势，其构成中农畜生产用水占比居首，工业用水占比居次；因区域水资源内部水足迹占比达 99.35%，区域水资源供给能力强；人均水足迹和水足迹经济效益增加明显，而水资源压力指数呈波动上升再下降的趋势。

(2)汉江干流各城市间人均水足迹和水足迹构成的绝对值差异明显，但各组成占比相似；水足迹经济效益和水资源压力指数空间分布极端，前者仅武汉市较高，后者仅汉中市、安康市和十堰市三市的小于 1。

表 7　汉江干流水资源利用不可持续类型和改进方向

地区	水资源利用不可持续类型				水资源利用改进方向		
	综合	压力层	状态层	响应层	控制人口规模，推进节水型生产生活，提高水效益	优化产业结构，节水灌溉，增加进口虚拟水贸易	重视生态建设，加强污水治理力度
汉中市							
安康市							
十堰市		•			✓		
襄阳市	•	•	•		✓	✓	
荆门市	•	•	•	•	✓	✓	✓
潜江市	•	•	•		✓	✓	
天门市	•	•	•		✓	✓	
仙桃市	•	•	•	•	✓	✓	✓
孝感市	•	•	•	•	✓	✓	✓
武汉市				•			✓

注：“•”表示较差的水资源可持续利用层面，“✓”表示可选择的改进方向。

(3)2015 年汉江干流各市综合水资源可持续利用水平多集中在中、差等级，仅上游的汉中市和安康市为优等级；就单个层面而言，响应层的可持续性最佳，压力层的可持续性最差，说明在涵养水源、改善水生态环境等方面成效显著，但人口增长、社会经济发展使水资源可持续利用面临巨大压力。

论蜀道古地图研究现状及拓展①

李小燕　梁中效　付恒阳　赵永翔

"左图右史"是古今学者梦寐以求的研读条件。古地图作为特殊的地理信息载体,融科学与艺术、时间与空间为一体,是历史地理学研究的理想材料。古地图并非一些看似简单的线条、符号、色彩和注记的拼缀,而是时人表述其所认知的政治空间、地理空间和文化空间的一种最直接的方法,是历史、经济、文化、地理等学科的综合结晶,具有典型的学科整合特征,蕴含着丰富的历史价值、科学价值、艺术价值和应用价值。但由于不少古地图在形式上与书本有别,保存比较困难,易散失毁损,因此,在浩如烟海的中国古籍中,古地图的数量极少。正如谭其骧在《中国古代地图集序》中所说的:"若以一幅图抵一种书,则流传下来的不及古籍百分之一;若以一幅图抵一卷书,则只有古籍的千分万分之一。"古地图多散落在不同国家的图书馆、档案馆、博物馆里,甚至教堂、修道院里,还有部分被私人收藏家珍藏;加之古地图成图时间久远,图中信息来源芜杂,兼有实际和想象,表现形式也兼实用和装饰,故古地图的收集、整理、数字化以及共享等研究工作就显得尤为重要。

蜀道是沟通中原与西南的交通大动脉,是连接陆上丝绸之路与南方丝绸之路的重要纽带。随着川陕公路的开通,蜀道交通的唯一性和不可替代性被终结,但其所具有的丰富历史文化内涵却永不褪色。近年来,蜀道相关研究持续升温,已由最早的蜀道路线考证、蜀道文学延伸到蜀道沿线碑刻、书法、生态环境变迁以及蜀道旅游开发等领域。也有学者基于学科融合的思想和理念,利用现代地理学 3S 技术,尝试性地构建蜀道历史地理信息系统,将蜀道沿线历史、政治、经济、生态、旅游、文化以及相关研究成果集于一体,为蜀道学者和爱好者提供学习和交流的平台,但蜀道古地图研究工作开展缓慢。"蜀道古地图"是指川陕公路修通以前的古代蜀道地图及具有地图信息和功能的绘画作品。古地图与绘画相互补充,直观而

---

① 原载于《成都大学学报》(社会科学版),2020 年 12 月总第 192 期第 6 期。

形象地反映了蜀道历史文化面貌。但遗留下来的中国蜀道古地图散落全球各处，多已残破或面临朽坏，急需抢救和保护。因此，在古地图研究已经国际化的大背景下，有必要对流散在全球各处的蜀道相关古地图和绘画作品进行收集、整理和研究，以期有效保护和激活这些可贵的活化石，从多元视角深入挖掘蜀道古地图中蕴含的史料价值，破解历史时期的蜀道文化密码，推动蜀道研究的立体化发展，夯实蜀道申遗文化遗产支撑，丰富蜀道爱好者和百姓的文化生活。

一、蜀道古地图研究存在的问题

（一）蜀道古地图数量庞大，但相关研究关注度不高

中国古代地图与绘画同源而异流，从魏晋裴秀“制图六体”和谢赫“绘画六法”可以看出，地图与绘画有着抽象性与形象性的差异，但在具体实践中，二者的统一性仍然大于实践性。因此，唐代以来的蜀道绘画与蜀道地图皆称为“图”。从唐代李昭道的《明皇幸蜀图》到近现代画家陆俨少（1909—1993）的《云栈图》、竺摩（1913—2002）的《云栈图》等，目前存世的栈道画卷有80余幅，再加上康熙的《云栈图》、乾隆的《秦栈图》、嘉庆的《秦栈图》和《陕境蜀道图》等蜀道古地图，唐代以来的栈道画与蜀道地图约100幅左右，构成了蔚为壮观、生动形象的蜀道壮丽画卷。这是蜀道作为世界文化遗产最为独特、最为形象、最为迷人的文化价值之所在。

目前蜀道研究在文献整理、线路考证、石刻书法、文学、旅游文化、信息化等方面，形成了一批优秀的研究成果。其中，具有代表性的主要有严耕望的《唐代交通图考》、黄盛璋的《川陕交通的历史发展》、刘庆柱和王子今主编的《中国蜀道》等，这些都是典型的大型蜀道研究丛书。王蒙的《中国蜀道》对沧桑的千古蜀道的诸多功用、沿途群众的生活状态、风土人情都做了详尽的考察。在蜀道石刻方面，质量较高的有郭荣章主编的《石门石刻大全》、吴敏霞主编的《秦岭碑刻经眼录》等。蜀道研究的代表人物主要有王蒙、王子今、蓝勇、孙启祥、马强、冯岁平、梁中效、蔡东洲、李龙以及澳大利亚科学工业组织 David Jupp 等著名学者。马强主持的国家社科基金重大招标项目“蜀道文献整理与研究”、伍联群的“唐宋蜀道文学研究”国家社科基金项目，以及冯岁平团队相关蜀道研究成果均为近年蜀道研究的典型代表。近年来，学者开始关注蜀道古地图的研究，如毕琼、李孝聪合作发表的《〈陕境蜀道图〉研究》和冯岁平的《美国国会图书馆藏〈陕境蜀道图〉再探》对陕境蜀道图进行了较为详尽的研究，陶喻之发表在《上海博物馆集刊》2000年的《历代栈道图

考述》,是蜀道云栈画研究的代表作,梳理了唐朝至今的栈道画卷,这些学者开辟了蜀道古地图研究的先河。但目前蜀道古地图研究多集中在个别古地图的时代断限、纠谬、错讹分析等方面,较少有人专门针对蜀道古地图进行系统整理和研究,蜀道古地图研究的整体关注度较低。

(二)国家古地图整理工作卓有成效,但蜀道古地图整理工作相对落后

中国古地图的整理和编目工作始于1912年,时任北平图书馆编纂委员兼舆图部主任的王庸和原国立北平故宫博物院文献馆,分别对国立北平图书馆藏古旧地图和清代宫中档案及舆图进行整理和编目。1949年后,中国国家图书馆善本特藏部舆图组收录6 827种中外文古旧地图编成《舆图要录》,首都图书馆将馆藏中与北京有关的古旧舆图进行整理,曹婉如主编了三卷本《中国古代地图集》等重要著述。近年来,各大图书馆也开始将所藏的中国传统舆图进行整理和出版,如天津图书馆的《水道寻往——天津图书馆藏清代舆图选》,北京大学图书馆的《皇舆遐览——北京大学图书馆藏清代彩绘地图》,中国科学院图书馆的《舆图指要:中国科学院图书馆藏中国古地图叙录》等;各省市还组织出版地区和城市的古旧舆图图集,如《重庆古旧地图研究》《武汉历史地图集》《南京古旧地图集》等;此外,专题性质的古旧地图图录也有出版,如李孝聪的《中国长城志 · 图志》、郑锡煌的《中国古代地图集 · 城市地图》、成一农的《中国古代舆地图研究》以及《上海城市地图集成》等。海外中文舆图的图录和研究的典型代表有李孝聪整理的《欧洲收藏部分中文古地图叙录》和《美国国会图书馆藏中文古地图叙录》,华林甫的《英国国家档案馆庋藏近代中文舆图》和《德国普鲁士文化遗产图书馆藏晚清直隶山东县级舆图整理与研究》等。目前,在研的古地图整理项目主要有成一农和李孝聪分别主持的国家社科基金重大招标项目"中国国家图书馆所藏中文古地图的整理与研究"和"外国所绘近代中国城市地图集成与研究"、曹婷和陈熙的国家社科项目"日藏中国古地图的整理与研究"和"哈佛大学馆藏中国相关古地图的整理、编目与研究"等。

目前,美国国会图书馆藏有《陕境蜀道图》,中国台北故宫博物院藏有《汉江以北三省边舆图》和林天一《河岳海疆—院藏古舆图特展》收录的《汉江以北四省边舆图》,由王德基、陈恩凤、薛贻源、刘培桐等人所著的《汉中盆地地理考察报告》中的石印图集,民国时期编纂的《西乡地理志——乡土地理教材参考》等各大公共馆藏,各地理志、地方志及补志等古籍和正史典章,各档案资料、科考报告、中外游记、

民间文献资料以及绘画作品等中均有数量巨大的蜀道相关古地图作品。但目前蜀道古地图整理除陶喻之、冯岁平、马强等团队有涉及外，还未见跨馆藏、跨城市甚至跨国界的系统化蜀道古地图搜集和整理工作及相关成果出版。

（三）全球古地图信息化趋势明显，蜀道古地图数字化及建库工作尚未开展

全球各大馆藏和研究机构的古地图数字化、信息化和共享趋势明显。在互联网和大数据时代的今天，美国国会图书馆藏中文古地图已经提供检索、查阅以及高清图片下载功能；中国台北故宫博物院正在进行馆藏明清舆图的整理和数字化工作，也提供查阅和下载服务。由复旦大学历史地理研究中心与美国哈佛大学东亚系、澳大利亚格林菲斯大学亚洲空间数据中心等机构合作，开展中国历史地图数字化工作，并建立了“中国历史地理信息系统”（China's Historical Geography Information System，CHGIS），完成了由传统向数字化和现代化的转折。CHGIS 提供开放的地图和数据平台，供历史学及其他任何学科和各类用户下载使用，或作为进一步研究和开发的基础。北京大学历史地理研究中心与北京市测绘设计研究院合作的北京历史数字地图编制计划也已启动。丝绸之路历史地理信息平台受国家社科重大项目以及文化产业专项基金项目双重支持，由首都师范大学张萍教授任首席专家，陕西师范大学出版总社、首都师范大学历史地理研究中心、西安云图电子信息有限公司三方合作搭建而成，也已开始提供数字化地图供学者免费使用。同时，还有针对单幅古地图进行系统的数字化探索，如：中国国家图书馆白鸿叶以《禹迹图》为例，探讨基于现代 GIS 的古地图数字化步骤、流程及应用；韩昭庆在康熙《皇舆全览图》数字化中重点强调了数字化古地图的价值和意义，并对数字化古地图过程中应该注意的事项进行了分析。

然而，蜀道信息化研究才刚刚起步，蜀道古地图系统化整理工作比较缓慢，蜀道古地图数字化和建库工作尚未开展。冯岁平和马强团队在进行蜀道文献整理过程中，已经发现大量蜀道古地图的存在，也意识到系统化整理的必要性和紧迫性。古地图数字化不仅仅是将纸质古地图电子化和数据化，而是要借助现代地理信息技术、现代图书管理技术以及现代信息提取技术对地图上的文字和符号进行重采样、校正和加工处理，对古地图中的人物、时间、事件、道路、河流、村庄、驿站等不同历史要素进行分类提取和分层数字化，形成不同的点、线、面分类图层，进而完成蜀道古地图数字化和多媒体蜀道古地图数据库构建。所以，截至目前，蜀道古地图数字化、多媒体数据库构建以及共享工作还未能实质性开展。

二、关于蜀道古地图研究的几点思考

(一)协同合作,推动蜀道古地图整理工作高效开展

1988 年,由谭其骧主持,复旦大学、南京大学以及中国科学院相关研究所等多家高校和研究机构联合,百余名学者参与,历经 10 余年,内含 20 个图组、305 幅地图的《中国历史地图集》公开出版发行。2013 年,在中国社会科学院主持下,由复旦大学、北京大学、陕西师范大学等数十个单位的百余名学者编绘了包括 20 个图组、1 300 余幅地图的《中华人民共和国国家历史地图集》。不难看出,这些巨著的完成需要相关高校和研究机构通力合作,需要大量的人力、时间乃至物力资源投入。蜀道古地图散布在全球各处,其整理工作仅靠个人和传统技术很难完成,必须有大批历史、地理、政治、文化等不同专业人员和学者互通有无,长期通力合作,方能使蜀道古地图的整理工作稳步高效开展。首先,通过文献爬梳、馆藏目录查询以及民间走访,对保存在境内外各地公共馆藏以及私人藏家手中的各类型正史典章、档案资料、科考报告、中外游记以及民间文献中的蜀道古地图和具有地图作用的绘画作品进行搜集;然后,按照现代图书资料建档要求,根据国际图联提出的 FRBR 模式,从著作、品种、版次和复本 4 个方面完成蜀道古地图和绘画作品的著录和建档工作。通过有组织有计划的跨部门合作、跨学科协作,不仅可避免不必要的重复工作,还能提高蜀道古地图整理效率。

(二)技术依托,提高蜀道古地图数字化水平

古地图由纸媒向数字化转变,既是蜀道古地图研究的一场革命,也是大数据时代蜀道古地图研究的必然之路,不管是在学术价值方面还是在社会效益等方面,数字地图将产生更深广的影响力。地图与读者之间的互动关系是数字地图的优势。数字化地图打破了传统纸媒地图图幅数量和大小的限制,解决了单位面积符号和信息承载量的瓶颈。古地图的考证、考释以及挖掘和发现时的相关图片等资料,既是古地图的研究成果,也是理解古地图不可分割的重要部分。数字化古地图能通过添加相关属性,详尽地收录文字、图片以及音像等不同媒体的资料和信息,既便于资料的归档和整理,也方便学者查询,同时还可减轻地图幅面载负过重的问题。数字化地图能够呈现多要素主题信息和背景要素,还能够通过不同时期的地图对比,细致呈现要素和主题的动态变化过程。历史事件、历史人物、驿站、河流、城镇、关卡等图层的分层化管理,既有利于不同图层和要素的任意组合,也避免了不同地图之间的割裂,能高效直观地呈现出诸多要素的相关性,挖掘地图信息,发现深层

次科学问题，还可随着研究的不断深入和新研究成果的问世，及时更新和完善。借助现代GIS技术，按照城镇、驿站、河流、事件、人物等不同要素，从点、线、面3个不同类型，开展蜀道古地图分层数字化。根据研究需要建立相应的属性表，构建蜀道古地图多媒体数据库。将蜀道古地图整理过程中的史料、档案、数据以及图像、影音等资料全部输入，还要便于检索和快速链接，满足不同用户的需求。利用数字人文提取技术，提取蜀道古地图中的人文和自然信息，完成蜀道古地图的解读和信息挖掘工作，提高蜀道古地图的信息化水平。

(三)学科融合，形成立体化蜀道古地图研究态势

历史时期绘制的古地图保存了许多古代的地理信息。古地图呈现了历史时期的疆域范围、山川形势、城市结构、聚落分布、行政区划、海陆交通等地理信息，是许多学科的研究载体。蜀道古地图是时人根据当时历史、文化、经济、社会背景和需要等创作而成，其上记录了丰富的历史信息。在蜀道古地图数字化、信息化和共享水平较低的情况下，蜀道古地图更多地受历史、考古、环境演变以及古地图学等领域所关注。随着蜀道文献资料爬梳瓶颈的解决、蜀道数据库的构建以及信息提取技术的提升，蜀道沿线经济、军事、环境、文化甚至民族和政治等各研究领域均可在数据库中找到相关信息，开展相应研究。借助蜀道古地图载体，结合纵向对比和横向分析，开展古地图时间断限、错讹谬误纠正以及地图学史方面的研究，促进历史学、文献学以及图像史学等学科的深度发展。活化的蜀道古地图多媒体数据库绝非终极成功，它是一个工作平台和开放系统，学者可以深度挖掘其中蕴含的史料信息，开展蜀道沿线历史、地理、军事、经济、交通、政治、文化以及测绘史等多学科研究，促进不同学科的纵深发展，还能够选择性、重组性阅读，通过学科之间互相支撑、交叉融合，形成新的研究成果，进而反哺、增加和延伸蜀道多媒体数据库，使之内容更加丰富、实时和完善，形成立体化蜀道古地图研究态势。

三、蜀道古地图研究的意义

(一)利于蜀道古地图资源活化和保护

古地图具有图幅大小不一、质地多样、形状各异等物理特征，收藏和保护难度大。由于地图在古代军事和政治上的特殊地位，多被收藏于深宫大院，不易被一般百姓所见；古地图生产和复制较书籍难度大，不易被广泛传抄和流传。因此，古地图很少有复本存在，即一旦损坏就很难复现，能够流传下来的就更加弥足珍贵。所以，古地图的修复、收藏和保存工作显得尤为重要。但纸质、丝绢以及混合品质的

古地图酸碱度差异明显,保存的困难程度迥异,主要存在纸质地图极易脆裂、丝质地图容易腐蚀、石质不易采集且野外容易被雨水风霜侵蚀等问题。存放过程中,采用展平、折叠还是卷轴形式;存放于书盒、纸袋内,还是集中放置于书架或图柜中,这些均因古地图质地条件不同存在保存条件和方法的差异,也给古地图的保存带来重重困难。古地图的存放环境比较苛刻,温度、湿度、光线以及防尘、防虫、透气条件等都有严格要求,书架、图柜等存放设备也有具体要求,以免损害藏品。大批量古地图存放还会对库房空间造成较大压力,这些均对古地图保护工作提出了巨大挑战。即便保存良好的古地图,也依然无法经受高频次翻阅,存在不便查阅等诸多问题。为减少展览地图原件、保护文物安全、解决地图展示空间等问题,一方面应该创造良好的保存条件,使古地图能够妥善保存以延长其寿命;另一方面,要在保护的过程中,让古地图活起来,以充分体现古地图的价值。

在蜀道古地图整理的基础上,对其进行数字化成为保护和再利用古地图资源的重要途径。蜀道古地图以图文合璧的形式记述蜀道的发展与演变。历史时期留下了很多有价值的古地图作品。目前已知较为标准的地图产生于战国时期,秦国并吞巴蜀后应该有蜀道地图,汉王刘邦"明修栈道,暗度陈仓",也应该是有地图的,但唐代之前的蜀道地图没有保存下来。从唐开始,行旅和画家成为开始以蜀道作为其创作的主体,国内外也有诸多精品留存下来。宋王应麟在《玉海》中称"图则作绘之名,经则载言之训",强调的是"以图为主、以经为辅"。从清以降,各类云栈图的创作备受重视,尤其自清康熙年始,长卷创作达到顶峰。通过蜀道古地图研究,对蜀道相关古地图进行搜寻和整理,并通过数字化激活这些可贵的活化石,进而达到保护蜀道古地图文化遗产的目的。

(二)挖掘蜀道古地图资源的内涵和价值

蜀道古地图、云栈图以及具有地图功能的绘画作品,作为特殊的地理信息载体,是蜀道沿线文化遗产,融科学与艺术、时间与空间为一体,是历史地理学研究的理想材料,自身价值和其上蕴涵着丰富的历史、人文、自然地理信息越来越被学者所关注。挖掘活化的沉睡在各大馆藏的蜀道古地图资源内涵,解密历史时期的文化密码,从多元视角深入挖掘蜀道古地图中蕴含的史料价值,是蜀道古地图研究的重要价值之一。蜀道古地图具有多方面的价值,可以提供多方面的用途,既可供学术研究之用,也可方便普通百姓使用参考,是可以挖掘的资源宝库,能让公众更多地了解到此类具有历史文化内涵的资源。明万历十八年(1590)潘季驯的《河防一览图》使人能一目了然黄河和运河全部河工水利情形，为治理江河提供宝贵依据；日本东北大学图书馆藏明嘉靖年间的《北京城宫殿之图》，弥补了文献记载的不足，对北京城水道变迁具有重要的史料价值；明胡宗宪的《沿海山沙图》标明了中国福建沿海各岛，为维护我国领土主权提供了重要依据。浙江大学历史系阙维民教授形象地比喻古地图是“一图抵万言”，他与郑州大学文博学院王金玉教授之间关于南宋“架阁库”地理位置问题的讨论，最终经过古地图得以印证和解决，足见古地图文献在中国档案史研究中的重要意义。地图是文明与思想观念的载体，图像背后往往有观念和思想。所以，古地图在历史地理考证中，较文字史料具有明显的直观性和形象性优点。

美国国会图书馆藏清人所绘《陕境蜀道图》，是迄今为止最为完整的云栈图长卷。《陕境蜀道图》描绘的是自宝鸡，经大散关，走连云栈道，经留坝、褒城、沔县、宁羌州，到达七盘关（也称棋盘关）的沿途景象。毕琼、李孝聪和冯岁平均开展了该图的时间断限研究，并对其作者、地图名称以及其上所反映的内容和谬误进行分析，对蜀道沿线自然、历史、城市演变以及蜀道变迁等具有重要的参考价值和意义。冯岁平对中国台北故宫博物院、美国国会图书馆以及中国国家图书馆所藏《汉江以北四省边舆图》从图幅和研究区域大小、绘制时间及著者、制作精良程度以及古地图所反映的地理信息等进行对比分析，解读和挖掘古地图信息，并基于图内道路和栈道信息分析古地图真伪和创作顺序。同时，唐代张彦远的《历代名画记》是我国第一部系统完整的关于绘画艺术的通史，宋徽宗时期编写的《宣和画谱》、宋人黄休复的《益州名画录》，一直到当代俞剑华的《中国历代画论大观》，都对栈道山水画《云栈图》有或多或少的著录和评论，有助于解读栈道画卷。蜀道古地图资源的信息挖掘工作才刚刚起步，有必要在蜀道古地图搜集、整理和数字化研究的基础上，继续开展蜀道古地图产品开发，挖掘深层次资源内涵和价值，延伸蜀道古地图的利用。

（三）推动蜀道研究国际化和蜀道申遗

全世界公藏机构藏图最多的美国国会图书馆、中国国家图书馆以及一些重点高校和研究机构，均已经开始对重要的古地图资源进行分类、编目、数字化、建档和建库等工作，以方便古地图公开展示和学者浏览、查询、下载、研究等，以及馆藏机构之间进行地图文献的共享和交流，促使古地图的使用和研究走向国际化。中国台湾地区“中央研究院”的地图与遥测影像数位典藏计划，通过搜集和数字化各类地图与遥感影像资料,时空整合后提供相关信息和服务,促进数据共享、加值与应用,获得古地图资源的最大内涵价值。因此,古地图信息化、国际化和共享已经成为未来古地图研究的必然趋势。

蜀道作为可与长城、大运河相媲美的伟大工程,是人类古代交通史上的伟大奇迹,是我国具有丰富历史文化内涵的线性文化遗产。自从2009年蜀道申报世界文化遗产以来,蜀道研究不断升温。通过蜀道古地图研究,可以丰富蜀道研究内容,推动蜀道相关历史地理、文学、军事、书法、交通以及地图学史等研究工作立体化开展;发掘蜀道图画的文化价值,将蜀道古地图中的"大散关""褒姒铺""剑门关"等古关隘驿站与现代旅游开发相结合,开发出系列文创产品,促进蜀道沿线文化旅游产业的发展;达到保护蜀道古地图遗产,让普通民众能够领略到蜀道图画的魅力与风采,为蜀道申遗工作提供理论和图件支撑。蜀道古地图资源丰富而独特,只有充分认识其价值,并予以很好地利用,才能古为今用,活用和保护蜀道古地图,繁荣蜀道文化和百姓生活,进而推动蜀道研究共享化、国际化和蜀道申遗工作的开展。

陕南地区1960—2015年气温时空变化特征分析①

杜建括　李　双　邢海虹

全球气候变暖是目前最受国际社会关注的热点问题之一。IPCC第五次评估报告指出,气候系统的暖化是毋庸置疑的,1880—2012年全球气温上升了0.8℃。1905—2001年中国平均气温升高了0.79℃,20世纪30—40年代及20世纪80年代中期以后气温明显偏高。受自然和人类活动的影响以及地球系统空间格局不同,各区域升温过程并不同步,升温幅度空间差异明显,1951—2010年东北地区升温速率最快,达到0.30℃/10a;华南地区最慢,为0.13℃/10a。陕西省地处西北内陆腹地,自北向南分别为陕北黄土高原区、关中盆地断裂构造带以及陕南秦巴山区,自然区划上横跨北方和南方,境内气候多样,复杂多变,是我国气象灾害及衍生灾害严重的省份之一。开展气候变化研究,对于陕西省农业生产、城市规划、旅游资源开发等具有重要的指导意义。

陕南位于陕西省西南部,北靠秦岭,南倚巴山,地质复杂,地貌各异,是我国南北方过渡地带,生态环境脆弱,在气候变化背景下,极端天气与气候事件增多,灾害发生的频率增加。已有研究主要侧重于陕南地区短时间序列气温和降水的时空变化特征研究,或对本区部分区域气温年际和季节变化趋势、突变特征及极端气温进行了分析;此外,已有研究代表序列中大多包括佛坪、镇安等位置发生变化的气象站点数据,导致数据部分失真。基于此,本文基于陕南及周边26个气象站点数据,利用相关分析、线性倾向估计、样条函数插值和Mann-Kendal非参数检验法对陕南地区1960—2015年气温时空变化特征进行了较为细致的分析,为本区生态系统、农业对气候变暖的响应研究提供参考及理论支撑。

一、研究资料及方法

(一)研究资料

本文研究数据来自中国气象数据网(http://data.cma.cn/),共搜集陕南地区

---

① 原载于《陕西理工大学学报》(自然科学版),2020年4月第36卷第2期。

10 个、周边 16 个气象站点数据。

(二)空间一致性检验

气象站点之间地形存在一定的差异，需要对陕南地区空间一致性及建立的平均气温序列代表性进行检验。本研究借鉴董满宇等的方法对陕南地区各站点空间一致性进行检验。选取的 10 个气象站点分布相对均匀，各站点间相关系数普遍超过 0.8(表 1)。构建的陕南地区平均气温序列(10 个站点相同年份取平均值)与各气象站点的 Spearman 相关系数较高，大部分超过 0.85，且通过了 0.01 的信度水平，证明建立的陕南地区气温变化序列具有较好的代表性，用其代表陕南地区 1960—2015 年气温变化是可行的。

表 1　陕南各站点、代表序列相关性分析

	镇坪	镇巴	石泉	商县	商南	宁强	略阳	汉中	留坝	安康	代表序列
镇坪	1	0.928**	0.876**	0.856**	0.809**	0.808**	0.854**	0.808**	0.809**	0.889**	0.935**
镇巴	—	1	0.914**	0.886**	0.813**	0.873**	0.862**	0.865**	0.870**	0.946**	0.972**
石泉	—	—	1	0.908**	0.867**	0.891**	0.839**	0.768**	0.809**	0.903**	0.944**
商县	—	—	—	1	0.943**	0.864**	0.795**	0.734**	0.765**	0.890**	0.941**
商南	—	—	—	—	1	0.734**	0.695**	0.593**	0.700**	0.835**	0.871**
宁强	—	—	—	—	—	1	0.780**	0.684**	0.829**	0.821**	0.894**
略阳	—	—	—	—	—	—	1	0.896**	0.888**	0.760**	0.908**
汉中	—	—	—	—	—	—	—	1	0.799**	0.798**	0.872**
留坝	—	—	—	—	—	—	—	—	1	0.770**	0.884**
安康	—	—	—	—	—	—	—	—	—	1	0.938**
代表序列	—	—	—	—	—	—	—	—	—	—	1

注：“**”表示显著性水平 $P<0.01$；代表序列为陕南地区 10 个气象站点相同年份平均气温数据组成的序列。

(三)研究方法

1. 线性倾向估计

气温线性趋势的回归方程为

$$T = a + bt \quad (t = 1, 2, \cdots, n) \tag{1}$$

式中，T 为气温，℃；a 为常数；b 为一次项系数；t 为时间，a。每 10 年气温倾向率记为 $10b$（单位为 ℃/10a）。当 $b > 0$ 时，说明气温随时间 t 呈上升的趋势；当 $b < 0$ 时，说明气温随时间 t 呈下降的趋势。

2. 样条函数插值

基于陕南及周边 26 个气象站点，使用样条函数法对陕南地区 1960—2015 年年均温、四季平均气温数据进行插值，以分析陕南地区气温空间变化特征。

如果用 Z 表示待估点的值，用公式可表示为

$$Z = \sum_{i=1}^{n} A_i d_i^2 \log d_i + a + bx + cy \tag{2}$$

式中，n 为参与插值的临近气象站点数；d_i 为待插值点到第 i 个气象站的距离；A_i、a、b、c 都是方程系数。其插值结果可以用于分析气温空间变化趋势。

3. Mann-Kendall 检验

Mann-Kendall 非参数检验法是一种非参数突变检验方法，其检测范围宽、人为干扰少、定量化程度高。本文采用 Mann-Kendall 非参数检验法分析陕南气温突变。

Mann-Kendall 非参数检验法是在气温序列平稳的前提下，对于具有 n 个样本量的序列 $x(x_1, x_2, x_3, \cdots, x_n)$，$r_i$ 表示第 i 个样本 x_i 大于 $x_j (1 \leqslant j \leqslant i)$ 的累计数，定义一个统计量

$$d_k = \sum_{i=1}^{k} r_i \quad (2 \leqslant k \leqslant n) \tag{3}$$

在时间序列随机独立的假定下，定义统计量

$$UF_k = \frac{d_k - E(d_k)}{\sqrt{var(d_k)}} \tag{4}$$

式中，$UF_1 = 0$，$E(d_k)$、$var(d_k)$ 分别为累计数 d_k 的均值和方差，在原序列相互独立且有相同连续分布时，可由下式计算：

$$E(d_k) = \frac{k(k-1)}{4} \tag{5}$$

$$var(d_k) = \frac{k(k-1)(2k+5)}{72} \tag{6}$$

UF_k 为标准正态分布，其概率 $\alpha_1 = prob(|U| > |UF_k|)$ 可以通过计算或查表获得，给出显著水平 α（取 $\alpha = 0.05$，$u_{0.05} = 1.96$），若 $|UF_k| > u_0$，则表明该气候序列呈显著变化趋势。

按时间序列 x 逆序 $x_n, x_{n-1}, \cdots, x_1$ 再重复上述过程，同时使 $UB_k = -UF_k (k = n, n-1, \cdots, 1)$，$UB_1 = 0$。若 $UF > 0$，表明序列呈上升趋势；若 $UF < 0$，则表明序列呈下降趋势，超过置信水平时，表明趋势显著。如果 UF 和 UB 两条曲线相交，且交点在信度线内，则这个交点对应的时刻即为突变开始的时间。

二、年平均气温时空变化特征分析

（一）年平均气温时间变化趋势

如图 1(a)所示，陕南地区气温演变过程较为简单，除 2013 年外，气温距平值都在 ±1℃范围内，相对高温期和相对低温期相间分布，在 1993 年之前气温呈相对低温的特征，1994—2015 年气温相对较高。气温年际变化呈开口向上的抛物线状。

如图 1(b)所示，1960—2015 年平均气温为 13.64℃，最低气温出现在 1984 年的 12.8℃，最高气温出现在 2013 年的 14.66℃。1960—2015 年气温变化倾向率为 0.094℃/10a，气温总体呈弱上升趋势。但 1984 年以来气温上升趋势较为显著，气温变化倾向率达到 0.31℃/10a。此外，气温的年代际差异明显，20 世纪六七十年代和 80 年代气温低于多年平均值，90 年代以来气温高于多年平均值。20 世纪 80 年代平均气温为 13.21℃，较 70 年代降低了 0.36℃，是降温幅度最大的年代，也是平均气温最低的年代。20 世纪 90 年代年平均气温为 13.67℃，较 80 年代上升了 0.46℃，是增温幅度最大的年代。2010—2015 年平均气温为 13.96℃，气温最高。经计算，陕南地区 1960—2015 年平均气温变异系数为 0.034，从数值上来看年平均气温波动不大。

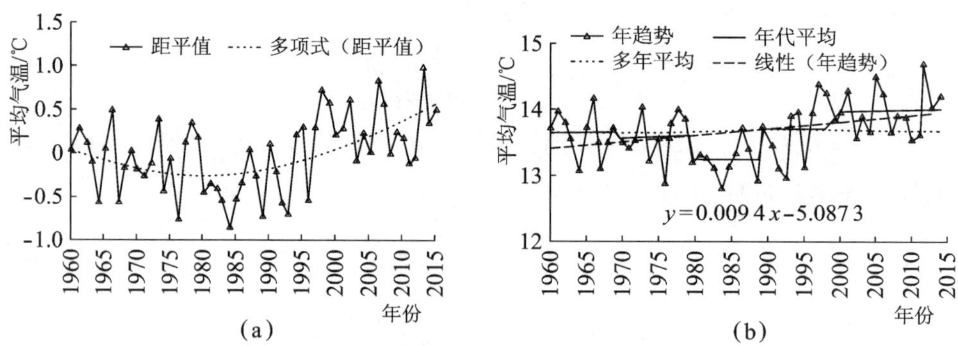

图 1　1960—2015 年陕南地区年平均气温变化趋势图

（二）年平均气温空间变化趋势

如图 2 所示，陕南地区年平均气温年际变化东西向空间差异明显，整体东部升温幅度小于西部，且东部升温一致性较好，西部升温幅度差异明显。位于陕南东部的商丹盆地及西部巴山部分区域升温幅度最小，在0.001～0.049℃/10a。汉中盆地及以北的秦岭南坡升温幅度最大，气温变化倾向率介于0.098～0.337℃/10a。安康盆地及周边区域、汉中盆地以西的部分区域升温幅度较小，在0.050～0.097℃/10a。

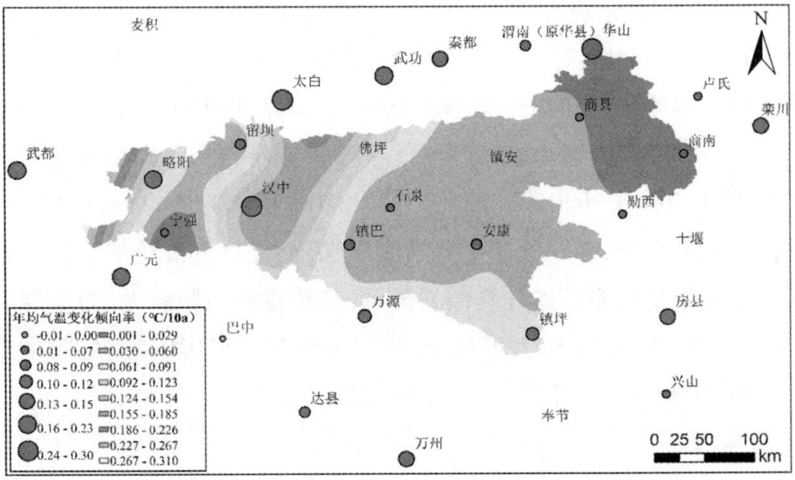

图2　1960—2015年陕南地区年平均气温变化倾向率空间分布图

（三）年平均气温突变检验

由图3可知，1993年之前陕南地区气温呈缓慢降低趋势，之后气温大幅上升。全年气温在2001年发生突变，并通过了0.05的置信度检验，突变后气温由1996—2000年的13.52℃上升到2001—2015年的13.96℃。

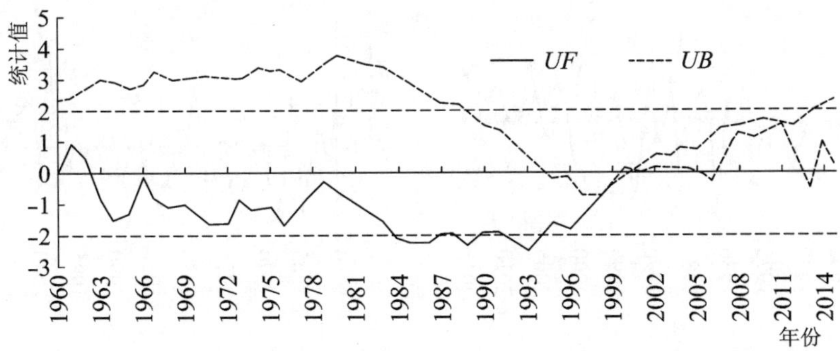

图3　1960—2015年陕南地区年平均气温 Mann-Kendal 统计量曲线图

三、四季气温时空变化特征分析

(一)四季气温时间变化趋势

据图4,陕南地区四季气温距平变化差异较为明显。春季以1994年为界,之前气温距平以负为主,之后以正距平为主,占所有年份的87%。夏季在1980年之前及1994—2002年气温距平以正为主,占比超过80%;1980—1993年和2003—2015年气温距平以负为主,分别占86%和69%。秋季在1977年之前气温距平以负值为主,占76%;1977—2004年气温负距平稍占优势,占57%;2005—2015年除2012年外所有年份气温距平为正值。冬季以1997年为界,1997年之前气温距平以负值为主,占59%;之后气温距平以正值为主,占68%。春、夏、秋和冬季气温变化倾向率分别为0.17℃/10a、-0.06℃/10a、0.13℃/10a和0.14℃/10a,说明春、秋和冬季气温总体呈上升趋势,春季气温上升速度最快,而夏季气温总体呈降低趋势。对陕南地区四季气温变异系数的计算结果显示:冬季变异系数最大,为0.243;夏季变异系数最小,为0.027;春季略大于秋季,分别为0.050和0.045。从四季变异系数值的大小来看,冬季气温变率最大,夏季气温波动最小。

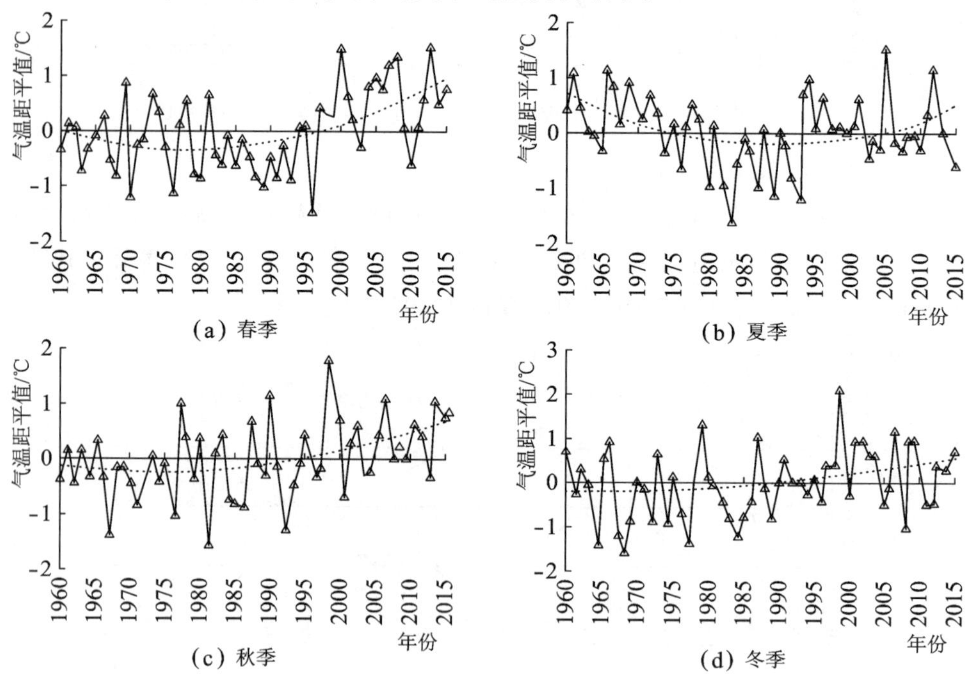

图4　1960—2015年陕南地区四季气温变化趋势图

（二）四季气温空间变化趋势

由图 5 可见，陕南地区四季气温年际变化东西向空间差异明显。春季气温呈显著增温趋势，东部升温幅度一致性较好，西部升温幅度差异性较为显著。春季汉中盆地及以北的秦岭山地升温幅度最大，气温变化倾向率介于 0.374～0.414℃/10a；汉中盆地以西的宁强县、留坝县大部分区域升温幅度最小，气温变化倾向率在 0.036～0.077℃/10a。陕南地区夏季中东部气温主要呈下降趋势，位于秦岭东段

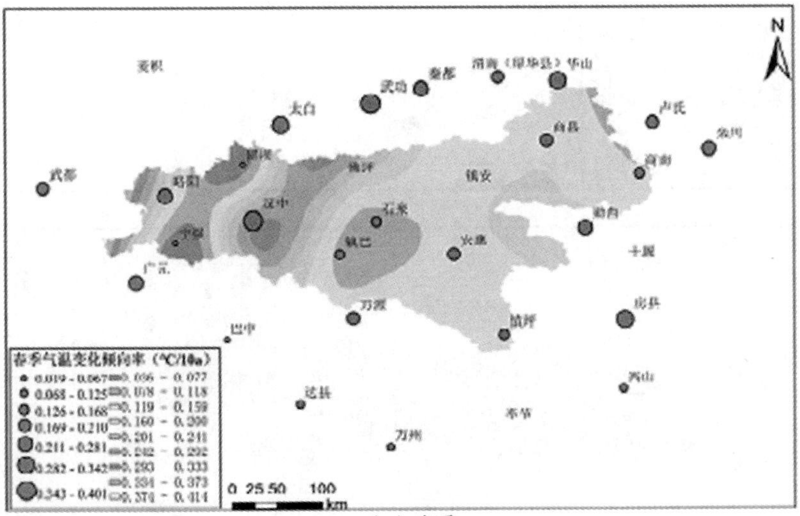

（a）春季

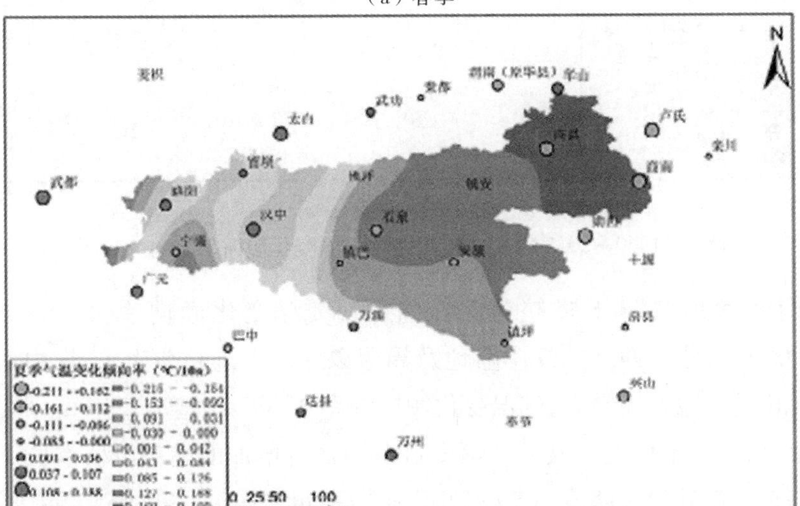

（b）夏季

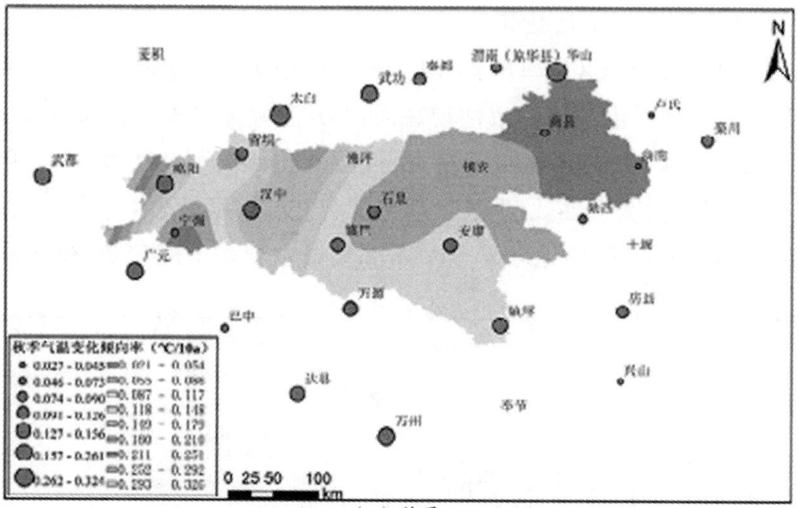

（c）秋季

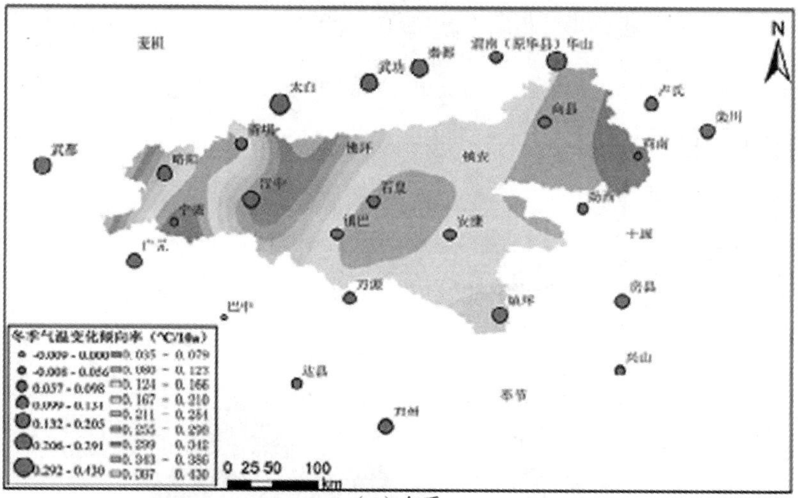

（d）冬季

图5 1960—2015 年陕南地区四季气温变化倾向率空间分布图

南麓的商丹盆地气温下降趋势最为显著，气温变化倾向率介于 -0.215 ~ -0.154℃/10a；位于西部的汉中盆地及周边以气温上升趋势为主，汉中盆地及以北的秦岭山地升温幅度最大，气温变化倾向率在 0.168 ~0.190℃/10a。秋、冬季气温均呈上升趋势，整体上气温上升幅度自东向西有增加的趋势。秋季位于陕南东部的商洛市大部升温幅度最小，气温变化倾向率介于 0.023 ~0.054℃/10a；汉中盆地及以北的秦岭山地升温最为显著，气温变化倾向率介于 0.293 ~0.324℃/10a。

冬季位于陕南东部的商洛市大部和西南部的宁强县小部分区域升温幅度最小，气温变化倾向率介于0.035~0.079℃/10a；汉中盆地及以北的秦岭山地升温速率最快，气温变化倾向率在0.299~0.386℃/10a。

（三）四季气温突变检验

从图6可以看出，春季气温在1960—1982年相对平稳，1982—1993年气温出现较大幅度的下降，1997年之后出现大幅上升。春季气温在2000年发生突变，并通过了0.05的置信度检验，突变后气温由13.68℃升高为14.50℃。夏季气温1966年之前波动下降，1967—1972年气温相对平稳，1972—1993年气温大幅降低，1993—1997年气温出现大幅上升，1997年之后气温变化相对平稳。夏季气温在1970年发生突变，并通过了0.05的置信度检验，突变后气温由24.01℃降低为23.44℃。秋季气温在1971年之前波动下降，之后波动上升，1984—1997年气温虽有波动但整体相对平稳，1997年之后气温大幅上升。秋季气温在1998年发生突变，并通过了0.05的置信度检验，突变后气温由13.54℃上升为14.10℃。冬季气温在1991年之前呈弱波动上升趋势，1991年之后气温出现大幅上升，2004年之后气温变化较为平稳。冬季气温在1994年发生突变，并通过了0.05的置信度检验，突变后气温由2.95℃上升到3.51℃。

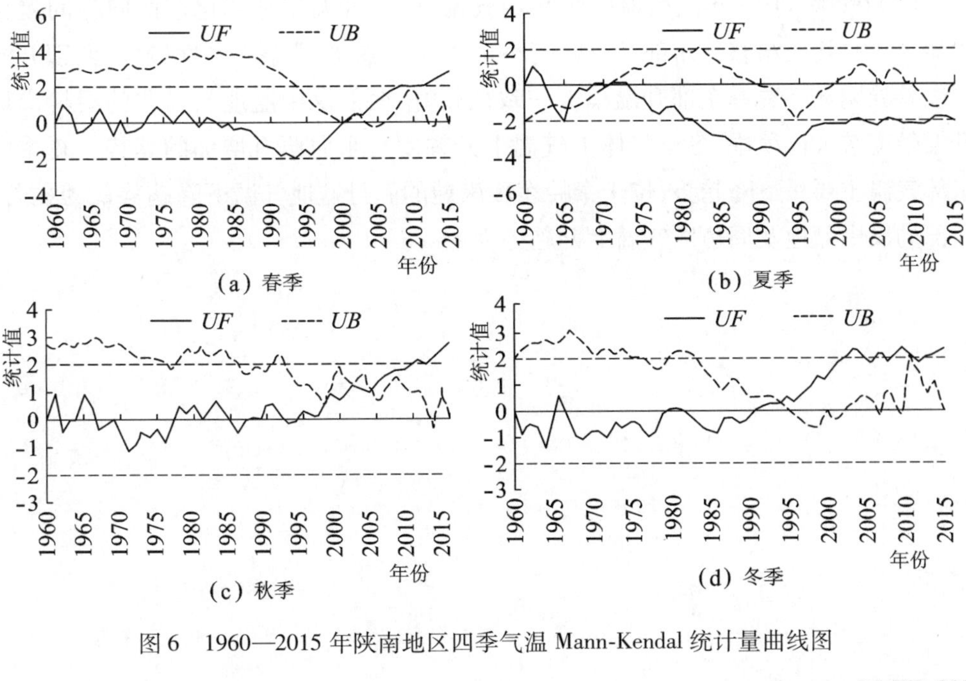

图6　1960—2015年陕南地区四季气温Mann-Kendal统计量曲线图

四、结论

基于线性倾向估计、样条函数插值、Mann-Kendal 检验等方法，分析了陕南地区 1960—2015 年气温时空变化特征，得到以下结论：

(1)1960—2015 年陕南地区年平均气温呈弱上升趋势(0.094℃/10a)，经历了相对高温—相对低温—相对高温的变化过程，气温随年际变化呈开口向上的抛物线状。1984 年以来本区气温上升趋势显著，气温线性倾向率高达 0.31℃/10a。1960—2015 年陕南地区春、秋、冬季气温呈上升趋势，气温线性倾向率分别为 0.17℃/10a、0.13℃/10a 和 0.14℃/10a，夏季气温呈弱下降趋势，气温线性倾向率为 -0.06℃/10a。除夏季外，其他三季 2005 年以来气温以正距平为主。

(2)1960—2015 年陕南地区年平均气温自 1993 年出现明显增暖趋势，并通过了 0.05 的置信度检验，气温突变时间为 2001 年。春、秋、冬季平均气温分别自 1997 年、1997 年和 1991 年出现明显增暖趋势，并通过了 0.05 的置信度检验，气温突变时间分别为 2000 年、1998 年和 1994 年。夏季气温变化趋势较为复杂，20 世纪 70 年代开始气温出现大幅降低，其降温是一突变现象，通过了 0.05 的置信度检验，具体开始时间为 1970 年；与其他三季不同，自 20 世纪 90 年代以来，夏季气温上升趋势并不显著。

(3)1960—2015 年陕南地区年平均气温、四季气温年际变化东西向空间差异明显。年平均气温整体东部升温幅度小于西部，且东部升温一致性较好，西部升温幅度差异明显。春季东部升温幅度一致性较好，西部汉中盆地及以北的秦岭山地升温幅度较大。秋季、冬季整体上气温上升幅度自东向西有增加的趋势。夏季中东部气温主要呈下降趋势，位于秦岭东段南麓的商丹盆地气温下降趋势最为显著，西部的汉中盆地及周边以气温上升趋势为主。

陕南移民工程选址空间适宜性评价
——以陕西省西乡县为例①

付恒阳　张　静　周渊博

土地适宜性评价是评定土地基于某种用途是否适宜以及适宜的程度，是进行土地利用决策和土地科学规划的基本依据。其原理是在现有土地利用方式条件下，以土地的自然要素、社会经济要素以及生态环境要素为主要鉴定指标，定性和定量评价土地对某种用途的适宜程度及限制状况，对其用途和质量进行分类定级。国外早期的土地适宜性评价旨在获取土地税。后来，土地适宜性评价的目的转移到土地资源的有效分配及解决土地退化及土地的过度开发等问题上。我国的土地适宜性评价始于20世纪50年代，评价对象主要是农业用地。20世纪80年代后，随着3S技术的发展，土地适宜性评价的理论及方法得到快速发展，国内有关城市用地、农用地、建设用地、乡村聚落、旅游用地等土地适宜性评价研究日渐增多。

移民工程空间适宜性评价是土地适宜性评价的一个实践应用领域，是进行移民安置区结构调整与优化布局的主要依据之一，其核心是评价某土地有关安置区建设的适宜程度以及找到最适宜或比较适宜建设的区域。在现有的适宜性评价研究中，农业用地及城市建设用地适宜性评价的模型与方法、指标选择及评价体系等方面都较为完善和系统，但关于移民安置区选址的评价方法及指标体系的构建等环节还处于探索阶段，尤其是针对地质环境复杂的移民工程选址空间适宜性评价研究还比较少。

陕南地处秦巴山区，是我国集中连片扶贫开发重点区域，地形、地貌复杂，山体稳定性差，自然灾害频发，历史上该地区经历了受灾—重建—再受灾—再重建的恶性循环。有鉴于此，陕西省政府制定了《陕南地区移民搬迁安置总体规划》，旨在解决陕南三市28个县约240万人的生产生活问题。陕南移民搬迁是一项涉及面广、影响大、难度大的系统工程，科学的工程选址是实现移民工程“搬得出、稳得住、能致富”目标的关键。

---

① 原载于《地域研究与开发》，2018年10月第37卷第5期。

陕南复杂的地质地貌条件严重地影响了移民工程的选址及其布局,必须明确陕南土地资源的特殊性,找出工程选址的主要制约因素,科学地对移民工程建设用地进行适宜性评价,为移民寻找适宜的生产和生活场所,为工程选址及空间格局提供可靠的决策依据。本研究以陕南汉中市西乡县为例,从自然、社会和生态 3 个方面选取主要因子,构建移民工程空间选址评价指标体系,定量评价西乡县移民安置工程选址空间的适宜性,为相关部门在移民安置工程选址及区域规划等方面提供借鉴。

一、研究区概况

陕西省西乡县位于陕西省汉中盆地东部,界于东经 107°15′ ~ 108°15′,北纬 32°32′ ~ 33°14′之间。东西长 94. 5km,南北宽 64. 5km。全县总面积 3 240km^2,海拔 371 ~ 2 413m,植被覆盖率达到 78%。全县辖 18 个乡镇、260 个村,总人口 41 万。全县大致分为北部丘陵、中部冲积盆地、西南部中山、东南部低山 4 种不同地形,平川占 6. 86%,丘陵占 28. 35%,山区占 64. 79%。全年气候温和,湿润多雨,属于北亚热带半湿润季风区,年平均气温为 14. 4℃,年均降水量为 1 100 ~ 1 200mm,平均年径流量为 23. 59 亿 km^3。县域内河流纵横,河谷深切,地势相对高差大,地质隐患点分布多,是陕南地质灾害较为严峻的县之一,也是陕南移民安置工程的重点县之一。

二、数据来源与研究方法

(一)数据来源

基础数据源于陕西省 DEM、全国 1:400 万地图数据、TM 遥感影像(成像时间为 2017 年 5 月)、91 卫图助手。利用 ENVI 对 TM 遥感影像进行监督分类获取土地利用类型,通过 GIS 工具对其他数据进行处理,从而得到西乡县坡度、海拔、建成区、河流、公路等数据。地质灾害点数据来源于西乡县国土资源局,生态敏感区数据来源于西乡县环保局。

(二)研究方法

1. 适宜性评价指标体系的构建

移民搬迁安置点选址受制于自然、社会、经济和生态等诸多因素的制约和影响。在已有研究的基础上,遵循陕南移民工程的便利、弊害和生态目的,按照指标体系构建的科学性、系统性、可操作性等原则,选取自然、社会和生态 3 个方面的关键因子构建西乡县移民工程选址空间适宜性评价指标体系(表 1)。

表1　西乡县移民工程选址空间适宜性评价指标体系

目标层	准则层	权重	指标层	权重	指标层对总目标的权重
移民工程选址空间适宜性评价	自然因子	0.334 3	海拔/m	0.213 3	0.071 3
			坡度/(°)	0.369 8	0.123 6
			距河流的距离/m	0.143 0	0.047 8
			地质灾害点密度/(个/km^2)	0.273 9	0.091 6
	社会因子	0.502 4	距交通主干道距离/m	0.255 1	0.128 2
			人均可耕地面积/(hm^2/人)	0.262 3	0.131 8
			距建成区距离/m	0.123 8	0.062 2
			土地利用类型	0.358 8	0.180 2
	生态因子	0.163 3	距生态敏感区距离/m	1.000 0	0.163 3

自然因子选取坡度、海拔、距河流的距离、地质灾害点密度4个要素。①坡度小,方便移民生活和耕作,也能节约移民工程建设成本;坡度较大,不仅不便于耕作或生活,发生地质灾害的概率也会增加。因此,移民工程选址应首选地势平坦区。②基于研究区的自然地理条件,低海拔区农作物耕种条件和居住适宜性优于高海拔区。因此,移民工程选址应以低海拔区域为宜。③水资源是生产生活的基础条件。研究区经济落后,农村集中供水设施缺乏,生产生活用水更依赖天然水资源。因此,工程选址应接近水源地。但西乡县河谷深切,山洪多发,故工程选址应与河流保持适当的距离,防止受到洪水威胁。④地质灾害点密度反映了流域单位面积内地质灾害点的个数,灾害点密度越高,该区域越容易发生地质灾害,故工程选址应避开地质灾害点高密度区域。

社会因子选取距交通主干道距离、人均可耕地面积、距建成区距离、土地利用类型4个要素。①交通条件便利,不仅方便居民生活和工程所需物资运输,也方便居民与外界沟通与联系,进而增加其就业机会,提高其经济收入。因此,工程选址应尽量靠拢国道、省道、县道等主要交通干线。②耕地资源是移民后期的生活保障,故人均可耕地面积的多少是制约移民搬迁后是否“留得住”的关键因素。③城镇建成区是移民区的经济增长点,对移民安置区的经济发展具有很强的辐射带动作用。因此,移民工程选址应尽可能接近城镇建成区。④工程选址要充分考虑土地利用类型。其中,政府规划居民用地是移民工程优先开发的对象,荒草地通过合理开发亦可因地制宜成为移民工程选址目标，耕地和林地分别是保障粮食安全和维护区域生态环境的特殊区域。因此，移民安置地选址应尽量少用或不用这些区域。水域属于工程禁建区。

生态方面主要选取距生态敏感区距离这一关键因子。生态敏感区是指对区域总体生态环境状况起决定作用，生态环境变化最激烈和最易出现生态问题的地区，主要包括自然保护区、风景名胜区、饮用水水源保护区、森林公园、地质公园、重要湿地、天然林、水土流失重点防治区等。生态敏感区极易受到人为不当开发活动影响而产生生态负面效应，是空间开发中应该避让的区域。

2. 评价指标权重的确定

各自然、社会及生态因子对于工程选址的影响程度不同，但它们之间相互联系与相互制约所产生的结果决定着选址布局和后期发展状况的优劣。鉴于此，采用层次分析法确定评价指标的权重，将所有评价指标分为目标层、准则层和指标层。于2016年8月在西安、汉中、安康和商洛的高校及政府移民搬迁部门邀请了10名移民搬迁方面的专家，通过专家打分方式确定评价指标的相对重要性，构建各层间指标对比的两两判断矩阵，并检验判断矩阵的一致性，确保两两比较时没有出现错误，通过计算得到 $CR=0.0628<0.1$，符合一致性要求。然后，通过计算矩阵的特征根和特征向量，得到各评价指标的权重（表1）。

（三）适宜性评价量化方法及评价模型

考虑到各评价指标的适宜性特点，结合研究区实际情况和《陕南地区移民搬迁安置总体规划》的具体要求，将每个评价指标划分为不同的适宜性等级，并分别赋值0～9，赋值越高，表明其适宜性越强（表2）。

利用多因子加权评价模型对研究区移民安置工程选址进行空间适宜性分析。首先，运用GIS软件对数据进行处理，包括缓冲区分析、转栅格、裁剪等，生成各指标的栅格分布图。其次，利用GIS的图层叠加分析功能，将各指标的栅格分布图进行加权叠加，得到西乡县移民安置工程选址空间适宜性综合评价结果，并进行等级划分，确定移民安置工程选址适宜性空间分布。其模型公式为

$$F = \sum_{i=1}^{n} w_i G_i$$

式中，F 为移民工程空间选址适宜性综合评价分值；w_i 为因子 i 的权重值；G_i 为评价对象所对应的第 i 个单因子的评价分值；n 为因子总数。

表 2　评价指标适宜性分级标准及赋值

指标	分级标准	赋值	指标	分级标准	赋值
海拔/m	<550	9	距交通主干道距离/m	1 001 ~ 2 000	5
	551 ~ 650	7		2 001 ~ 3 000	3
	651 ~ 1 000	5		>3 000	1
	1 001 ~ 1 500	3	人均耕地面积/(hm^2/人)	>0.053 6	9
	>1 500	1		0.047 0 ~ 0.053 6	7
坡度/(°)	<3	9		0.040 3 ~ 0.046 9	5
	3 ~ 8	7		0.033 5 ~ 0.040 2	3
	9 ~ 15	5		<0.033 5	1
	16 ~ 25	3	距建成区距离/m	<500	9
	>25	1		500 ~ 1 000	7
距河流距离/m	50 ~ 500	9		1 001 ~ 2 000	5
	501 ~ 1 000	7		2 001 ~ 3 000	3
	1 001 ~ 1 500	5		>3 000	1
	1 501 ~ 2 000	3	土地利用类型	规划居民用地	9
	>2 000	1		荒草地	5
	<50	0		耕地	3
地质灾害点密度/(个·km^{-2})	<0.2	9		林地	1
	0.2 ~ 0.5	7		水体	0
	0.6 ~ 1	5	距生态敏感区距离/m	>2 000	9
	1.1 ~ 1.5	3		1 501 ~ 2 000	7
	>1.5	1		1 001 ~ 1 500	5
距交通主干道距离/m	<500	9		500 ~ 1 000	3
	501 ~ 1 000	7		<500	1

三、结果与分析

(一)适宜性选址空间的评价计算

根据各因子的分级及赋值(表 2),利用 GIS 工具得到每个单因子情况下西乡县移民工程空间适宜区的分布状况。根据每个单因子的权重,采用多因子加权评价模型计算西乡县 DEM 中每个栅格单元的适宜性评价值,适宜值越高表明空间越适宜。西乡县移民工程选址空间适宜值范围为1.991 2~7.839 2(图1)。

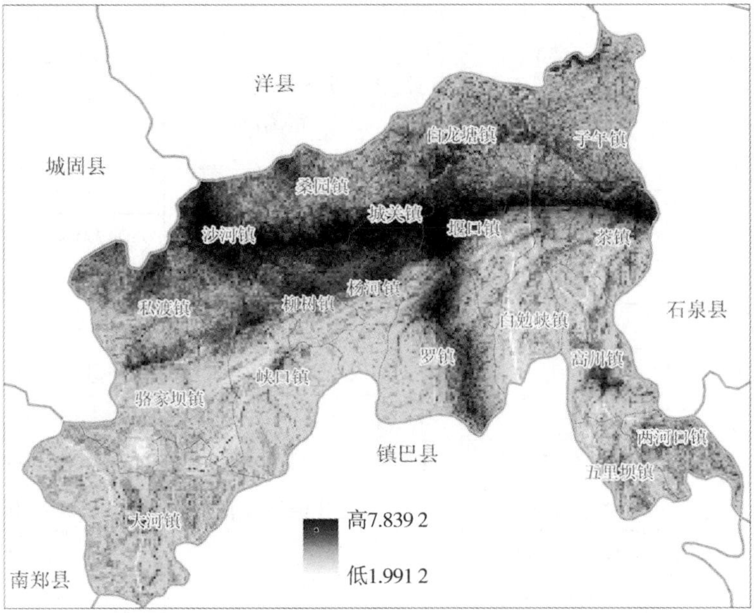

图1 西乡县移民工程选址空间适宜性评价值

(二)分区阈值的确定

基于GIS平台,利用自然断点法得出阈值评价标准,将西乡县全域空间分为移民工程选址最适宜区、一般适宜区、较不适宜区和不适宜区四大类(表3)。

表3 西乡县移民工程选址适宜性空间综合评价分级标准

等级	阈值划分	适宜性分区
Ⅰ级适宜区	5.417 9~7.839 2	最适宜区
Ⅱ级适宜区	4.389 9~5.417 8	一般适宜区
Ⅲ级适宜区	3.567 5~4.389 8	较不适宜区
Ⅳ级适宜区	1.991 2~3.567 4	不适宜区

(三)适宜性选址空间分区结果

根据表3中的阈值划分,对西乡县移民工程选址空间适宜性综合评价值进行重分类,得到整个研究区适宜性分区结果(图2)和各乡镇适宜性分区结果(表4)。

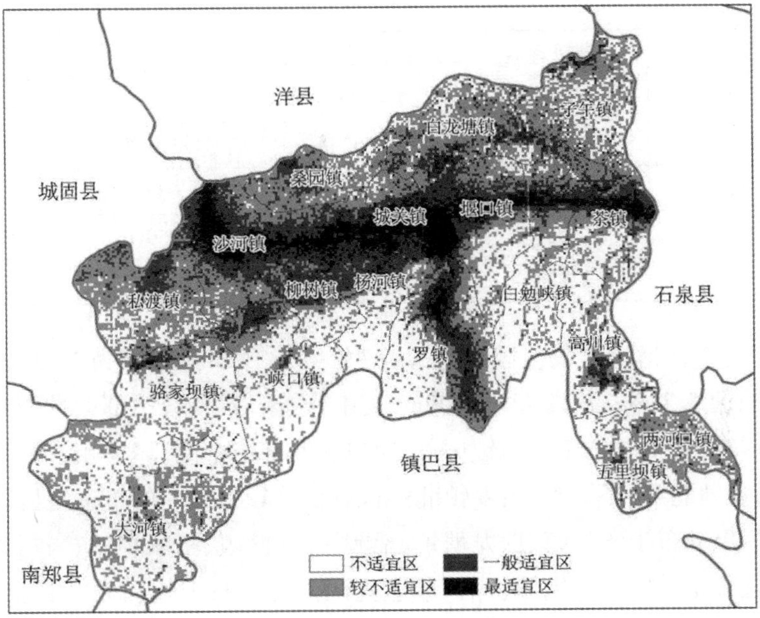

图2　西乡县移民工程选址适宜性空间分布

表4　西乡县各乡镇移民工程选址空间适宜性分区结果　　单位:km²

乡镇	最适宜区	一般适宜区	较不适宜区	不适宜区
大河镇	0. 193 3	6. 379 3	131. 258 6	232. 940 5
私渡镇	1. 256 5	37. 889 1	116. 760 2	35. 956 0
骆家坝镇	1. 256 5	8. 505 7	63. 309 6	166. 634 6
峡口镇	1. 353 2	15. 078 3	58. 090 2	150. 686 4
沙河镇	75. 101 6	117. 340 2	74. 521 6	5. 606 0
柳树镇	9. 182 3	41. 755 3	17. 784 7	27. 353 6
杨河镇	4. 929 4	27. 063 6	25. 710 5	57. 800 2
城关镇	46. 008 1	22. 714 1	15. 175 0	2. 803 0
罗镇	13. 821 8	62. 633 0	73. 458 4	99. 652 2
堰口镇	46. 878 1	50. 937 6	56. 737 0	47. 168 0
白勉峡镇	12. 855 2	25. 710 5	59. 733 3	97. 525 7
子午镇	2. 126 4	27. 353 6	115. 407 1	66. 692 5
茶镇	17. 977 9	41. 948 6	64. 662 7	43. 978 4

续表

乡镇	最适宜区	一般适宜区	较不适宜区	不适宜区
高川镇	0.966 6	12.371 9	48.134 6	104.678 3
五里坝镇	0.347 6	3.862 9	31.539 6	47.941 3
两河口镇	0.193 3	8.409 1	59.636 6	32.766 3
桑园镇	1.063 2	24.743 9	67.659 1	15.175 0
白龙塘镇	2.126 4	27.354 0	95.496 0	28.126 8

(1)最适宜区适宜性阈值区间为5.417 9～7.839 2,总面积为235.87km^2,占西乡县总面积的7.28%,海拔439～600m,集中分布于西乡县中部的冲积盆地上,呈条带状横贯东西,主要位于沙河镇中部、峡口镇北部与中部、城关镇、堰口镇西部与中部、白勉峡镇北部、茶镇中部;罗镇北部也有部分较为集中的最适宜区,其他一些最适宜区零星分布于子午镇、白龙塘镇、桑园镇、私渡镇、骆家坝镇、高川镇等乡镇,面积较小且分布零散。归纳分析后,最适宜区主要分布于牧马河及其主要支流的两侧,地势低平,十天高速、316国道从此经过,另有省道、县道在此布局,交通可达程度较高,毗邻城乡建成区,耕地资源丰富,地质灾害少有发生,远离生态敏感区,是移民安置点选址的最理想区域。

(2)一般适宜区适宜性阈值区间为4.389 9～5.417 8,总面积为563.43km^2,占西乡县总面积的17.39%,海拔600～800m。主要分布在最适宜区的周围,包括沙河镇、柳林镇中北部、杨河镇北部、峡口镇西北部、罗镇中南部、堰口镇北部、茶镇中部和子午镇西南部。归纳分析后,一般适宜区地形相对以河谷阶地为主,兼有部分山麓缓坡和丘陵区,这些区域地势相对平坦,交通条件、城乡联系虽略逊于最适宜区,但耕地资源禀赋较好,地质灾害发生率低,生态敏感区较少。由于现实中最适宜区多被已有村庄或建成区占用,故这些区域也可以考虑为移民安置的候选区。

(3)较不适宜区适宜性阈值区间为3.567 5～4.389 8,总面积为1 178.72km^2,占全县总面积的36.38%,海拔800～1 000m。多分布在县域北部丘陵区、西部及东南部低山区,由于河流侵蚀及新构造运动的原因,地势起伏较大,离主干道和建成区较远,交通不便,水、电、路等基础设施落后,耕地资源少,地质灾害发生率高,生态敏感区众多,这些区域一般不适合作为移民工程的选址区。

(4)不适宜区适宜性阈值区间为1.991 2～3.567 4,总面积为1 261.98km^2,占西乡县总面积的38.95%,集中连片分布于十天高速以南海拔1 000m以上的中山上,分布面积较广的有大河镇、骆家坝镇、峡口镇等(表4)。这些区域褶皱、断裂及岩溶地貌发育,山高坡陡,地势险峻,交通可达性很差,耕地稀少,崩塌、滑坡等地质灾害频发,生态敏感区密布。因此,这些区域最不适宜进行移民安置区建设。

(5)各乡镇移民工程选址空间适宜性对比分析表明,最适宜区面积较大的乡镇有沙河镇、城关镇、堰口镇、茶镇、罗镇和白勉峡镇,一般适宜区面积较大的乡镇有沙河镇、罗镇、堰口镇、柳树镇和茶镇(表4)。由图2和表4可以看出,沙河镇、城关镇、堰口镇、茶镇、罗镇、白勉峡镇和柳树镇的适宜区分布面积较大,为大规模移民工程首选区域,其他乡镇由于适宜区面积较小,不宜建设大范围的移民安置区。

四、结论与讨论

(一)结论

西乡县移民工程选址适宜区面积较少。最适宜区面积为235.87km^2,占西乡县总面积的7.28%;一般适宜区面积为563.43km^2,占西乡县总面积的17.39%;较不适宜区面积为1 178.72km^2,占西乡县总面积的36.38%;不适宜区面积为1 261.98km^2,占西乡县总面积的38.95%。由于适宜区占研究区总面积的比例较小,在移民工程建设中应科学规划,合理布局,实现适宜区的集约利用。

西乡县移民工程选址适宜区主要集中于县域中部的部分乡镇,包括沙河镇、城关镇、堰口镇和白勉峡镇北部、茶镇中部以及罗镇北部。这些区域自然、社会和生态环境条件较为优越,有利于安置区的基础设施建设,可减少搬迁费用,提高扶贫资金的使用效率,并有助于安置区后期的可持续发展。另外,由于陕南移民搬迁多是某些村庄的整体搬迁,而非个别家庭迁移,上述区域最适宜区面积较大且分布集中,是西乡县移民工程选址的理想区域。

(二)讨论

影响陕南移民工程选址空间适宜性的因子众多,所选取的9个评价指标虽然涉及自然、社会、生态3个方面,但受数据的可获取性、准确性等方面的制约,指标选取难以面面俱到,如安置区就业环境、经济发展趋势、村庄密度以及周围村庄居民的宗教信仰等因子也不同程度对选址适宜性有一定的影响。另外,不同区域的自然、社会经济条件不同,指标的选取也有差异,故陕南移民工程选址空间适宜性评价指标体系需要根据实际情况不断修正和完善。

由于研究区山区面积居多,地形复杂,植被覆盖度高,能量反射过程中产生的阴影导致遥感影像亮度的差异,会出现"同物异谱、同谱异物"的情况。因此,利用遥感数据对土地利用类型的解译精度有一定的误差,对研究结果有一定的影响,有待后期的地面调查和验证。

西部山区城镇体系人口容量研究
——以陕南地区为例①

邢海虹　李　双　杜建括

18世纪末马尔萨斯《人口原理》的发表,使得人口承载力问题被广泛关注,促进了人口容量思想的萌芽。国内人口容量研究从20世纪30年代至今不断推进。目前,区域人口容量研究或者以某一自然资源为约束条件进行研究,如谢高地等、潘竟虎等、杨开忠;或者以系统动力学、生态足迹法等方法研究多因素人口容量,如艾尼瓦尔·聂机木、陈金泉等、杨勇等。城镇是一个人口与二、三产业高度密集的区域,城镇人口容量研究更关乎区域可持续发展。当前,城镇人口容量研究有两个特点:①大量借鉴了自然资源约束法,如北京市社会科学院、于子江等基于水资源耕地资源(粮食)等对北京、乌鲁木齐研究了城镇人口容量。但若将区域视为一个开放系统,则水、耕地资源都不能成为城市人口容量的限制条件,建设用地对城市人口容量的约束受到关注,如彭立等基于建设用地计算了贵州六盘水的人口承载力,李王鸣等在研究杭州人口容量中也使用了建设用地指标。②众多研究以单个城市来研究人口容量,但在区域城镇化过程中,人口既可以转移到小城镇也可以转移到区域中心城市,还可以异地转移,从城镇体系人口容量出发更有助于区域层面人口城镇化政策的制定。

中国山地面积约占国土总面积的70%,山区人口约占全国总人口的45%。交通阻断性、环境脆弱性与经济边缘性导致山区社会经济发展落后,经济发展总体水平和城镇化水平远低于全国平均水平。近年来,伴随我国经济发展和城镇化进程的不断推进,山区城镇化速度加快,出现了"城镇上山""削山造地"等观点以解决山区城镇用地限制问题。山区城镇化活动主要集中在盆地区和坝区,用地条件的制约性极强,基于用地指标研究山地城镇化的人口容量问题具有一定的适用性。本文在这种背景下,基于用地指标研究陕南城镇体系人口容量,一方面可以为陕南城镇人口政策的制定提供参考,同时可丰富人口容量研究的实证案例和方法。

---

① 原载于《陕西理工大学学报》(自然科学版),2019年10月第35卷第5期。

一、陕南城镇人口容量的限制性因素

（一）城镇人口容量的影响因素

影响城镇人口容量的因素包括：①自然基底，如资源、环境、生态等为人口提供生存本底条件。自然基底决定城镇人口规模，如水资源短缺地区和山地区很难形成大城镇。②社会条件，如经济水平、产业结构、生活水平、技术条件等，为人口提供各种收入来源与舒适度不同的生活享受。在自然基底允许的情况下，城镇规模取决于经济基础，如在跨区域调水工程影响下，基于水资源预测的北京人口容量被不断刷新，北京的经济容纳力与首都功能吸引源源不断的人口。木桶原理又称为短板原理，一个由多块长短不一的木板制成的水桶的盛水量取决于最短的那块木板。在众多影响人口容量的因素中，关键限制性因素就是那块最短的木板，它最终决定人口容量。因地区条件差异，不同地区的限制性因素不同。北京市社会科学院将水资源视为北京市人口容量的最短板，潘竟虎等认为用地空间是兰州市中心城区人口发展的最短边，吴文恒等提出生态环境与用地空间是天水市城镇人口适度人口容量的最短边要素，朱红波等基于土地自然和经济双重经济属性测算西部地区人口承载力。基于限制性因素来测算城镇人口容量得到众多学者的认可。

（二）陕南城镇人口的限制性因素

陕南包括汉中、安康、商洛三市，土地面积 69 950.3km^2。陕南北为秦岭、南为巴山，汉江、嘉陵江、丹江三大流域河网密集。在影响陕南城镇人口的因素中：①作为全国生态功能区和水资源输出区，陕南生态环境优良，水资源丰富，生态环境与水资源对人口容量不构成限制条件。②受地形限制，陕南人均耕地面积小，但开放系统背景下非农化的区域分工定位以及农业集约化程度增加也能使耕地资源不构成人口容量的限制条件。③从建设用地来看，汉中盆地面积广阔，只要能找到恰当的经济动能，就具有建设大城镇的用地与生态环境条件；对于商洛与安康盆地而言，面积相对狭小，城镇化发展的空间有限，土地资源属于限制性因素。大多数县级城镇发育在山区河谷盆地上，城镇发展受到用地空间的制约。基于上述分析，本文基于建设用地供给来探讨陕南城镇体系的人口容量问题。

二、数据与方法

（一）数据获取

统计数据来自陕西区域统计年鉴（2016），遥感数据来源于“天地图”在线地图服务网站，地级市采用 0.6m 分辨率卫星遥感影像，县城采用 2.5m 分辨率卫星遥感影像(2017 年数据),具体情况如表 1 所示。建成区边界依据显示地物的名称连线划定。最大建设用地面积依据用地条件分别确定:①用地狭小的河谷城镇,以地形所能提供的最大用地为准。②在较大盆地区,以按比例留出农业用地面积原则而定。

表 1　陕南各县建成区(2017)和最大建设用地面积

县(区)	最大建设用地面积/km^2	实际建成区面积/km^2	户籍非农人口/万人	总人口/万人	县(区)	最大建设用地面积/km^2	实际建成区面积/km^2	户籍非农人口/万人	总人口/万人
汉台区	404.1	43.7	30.55	53.91	紫阳县	2.53	1.36	4.05	28.52
南郑区		2.92	15.47	47.43	岚皋县	5.17	3.11	2.36	15.49
城固县		6.68	9.49	46.74	平利县	4.48	4.02	3.34	19.39
洋县		6.13	7.53	38.54	镇坪县	1.83	0.78	0.89	5.12
勉县		16.36	7.33	34.36	旬阳县	8.12	5.82	5.76	42.87
西乡县	43.5	11.78	6.30	38.95	白河县	2.22	1.44	2.53	16.42
宁强县	7.79	6.43	3.25	30.88	商州区	33.38	20.94	21.51	53.37
略阳县	4.46	2.49	5.14	20.18	洛南县	9.46	5.62	14.51	44.32
镇巴县	2.63	2.09	5.93	24.80	丹凤县	30.41	4.61	11.91	29.64
留坝县	1.84	1.54	0.73	4.34	商南县	5.35	4.89	9.4	22.28
佛坪县	2.33	0.83	0.65	3.02	山阳县	13.23	6.58	14.3	42.35
汉滨区	90.56	23.26	22.71	87.41	镇安县	4.23	3.17	5.3	27.70
汉阴县	46.7	3.5	3.42	24.72	柞水县	2.87	2.57	3	15.43
石泉县	10.34	7.25	2.97	17.20	合计	740	201	221.8	842.46
宁陕县	2.21	1.41	1.47	7.08					

注:①汉中盆地面积广阔,除汉台区、南郑区外,还有勉县、城固县、洋县 3 个县城,它们的扩张基本不会受到用地条件的限制,在计算最大人口容量时,以城镇体系合并计算,即城镇建设用地最大范围为汉中盆地范围的 30%,其他 70% 作为农业用地和其他用地保留。②汉滨区、汉阴县、丹凤县、西乡县地处较大盆地区,周边农业用地范围较为广阔,城镇空间扩张受到的限制较小,最大建设用地范围依据城镇等级和发展状态确定,按照汉滨区 80%、汉阴县 30%、丹凤县 70%、西乡县 50% 进行测算。③其他城镇,地形往往是城镇空间扩张的决定性因素,周边生态环境良好,可利用的山间小坪坝多且距离近,可以保证蔬菜等农产品供应,因此以其地形上可能利用的最大城镇建设用地面积计算最大人口容量。④户籍非农业人口(2016)指代城镇人口。

与大尺度遥感影像解译比较，本文采用“天地图”网站提供的遥感、地形图目视解译及在线面积量算方法得到城镇建成区和最大建设用地面积，因影像分辨率高，且可基于在线地图建筑密度、单位名称等对城镇周边的用地情况进行判读，数据的可靠性、解译的准确性更高。

（二）人均建设用地法

1. 适度人口容量

河谷型城镇用地空间一定，通过人均建设用地指标可估算城镇人口容量。住房和城乡建设部给出的适宜城镇发展的人口用地标准为 1 万人/km^2。我国现阶段发展紧凑型城镇，实行“精明增长”（smart growth）政策。据此，可得到河谷型城镇适度人口容量（C_m）的经验公式：

$$C_m = 1 \cdot QL$$

式中，C_m 为河谷型城镇适度人口容量，万人；QL 为建设用地量，km^2。

2. 最大人口容量

根据城镇规划法规，城镇规划人均建设用地指标应不低于 60.1m^2/人。据此，可得到城镇最大人口容量（C_{max}）的计算公式：

$$C_{max} = \frac{100 \cdot QL}{60.1}$$

式中，C_{max}为城镇最大人口容量，万人。

（三）人均居住面积法

根据住房和城乡建设部规划标准，居住用地占建设用地的比例和人均居住用地标准分别为 20% ~32% 和 18 ~28m^2/人，这是限制人口容量最为重要的两个指标。但随城镇性质不同、居民所选择的居住方式及建筑物的高度不同（中高层或中低层）等因素，在对城镇适度人口容量进行预测时，必须根据城镇的性质、用地情况对居住用地占建设用地的比例和人均居住用地标准做出适当选择。

1. 适度人口容量

根据以上分析，可以得到城镇适度人口容量（C_m）的计算公式：

$$C_m = \frac{100 \cdot QL \cdot r_m}{R_m}$$

式中，r_m 为居住用地的适宜比例，%；R_m 为适宜人均居住用地标准，m^2/人。适宜人口居住指标均取中间值，在选择居住用地占建设用地的比例时可取中间值 26%，人均适宜居住用地标准可取中间值 23m^2/人。

2. 最大人口容量

预测其最大人口容量时,居住用地占建设用地的比例和人均居住用地标准可分别选择 32% 和 18m²/人。因此,可得到城镇最大人口容量($C_{\max}$)的计算公式:

$$C_{\max}=\frac{100\cdot QL\cdot 32\%}{18.0}$$

(四)人均绿地指标法

在生态城镇、宜居城镇等理念下,通过绿地计算城镇生态环境的人口容量是现今较常用的方法之一。我国城镇绿地覆盖率标准为不低于 30%,结合北京、合肥等 12 个园林城镇人均绿地面积为 44m² 的水平,可推算全国的平均人均绿地面积为 21m²。考虑到陕南城镇系统用地特征,利用自然环境作为城镇生态基底的便利性,不同等级城镇取不同的人均用地指标。

据此,可得城镇适度人口容量(C_m)和最大人口容量($C_{\max}$)的计算公式:

$$C_{m\text{汉中}}=\frac{100\cdot QL\cdot 30\%}{44}$$

$$C_{\max\text{汉中}}=\frac{100\cdot QL\cdot 30\%}{21}$$

$$C_{m\text{安康、商洛}}=\frac{100\cdot QL\cdot 30\%}{21}$$

$$C_{\max\text{安康、商洛}}=\frac{100\cdot QL\cdot 30\%}{15}$$

$$C_{m\text{县城}}=\frac{100\cdot QL\cdot 20\%}{15}$$

$$C_{\max\text{县城}}=\frac{100\cdot QL\cdot 20\%}{10}$$

三、结果与分析

(一)陕南城镇体系人口容量分析

1. 适度人口容量

基于人均建设用地法、人均居住面积法和人均绿地指标法计算的陕南城镇体系适度人口容量分别为 739.74 万人、738.97 万人和 609.25 万人(表 2)。

各区县城镇用地空间越广阔,用 3 种算法计算得到的适度人口容量差距越大(图 1)。如可能形成的"汉台—南郑—勉县—城固—洋县"城镇群,用人均建设用地法、人均居住面积法和人均绿地指标法的计算值分别为 404.1 万人、456.81 万人

表 2　基于建设用地指标的陕南城镇系统人口容量

单位:万人

县（区）	人均建设用地法		人均居住面积法		人均绿地法		适度人口容量下限值	最大人口容量下限值	适度人口容量		最大人口容量	
	适度人口容量	最大人口容量	适度人口容量	最大人口容量	适度人口容量	最大人口容量			可本地城镇化	需异地城镇化	可本地城镇化	需异地城镇化
汉中市区	404.1	673.5	456.81	718.4	275.52	577.29	275.52	577.29	205.15	117.62	506.92	419.39
西乡县	43.5	72.5	19.67	30.93	23.2	34.8	19.67	30.93	13.37	−4.38	24.63	6.87
宁强县	7.79	12.98	8.81	13.85	10.39	15.58	7.79	12.98	4.54	−13.82	9.73	−8.63
略阳县	4.46	7.43	5.04	7.93	5.95	8.92	4.46	7.43	−0.68	−9.66	2.29	−6.69
镇巴县	2.63	4.38	2.97	4.68	3.51	5.26	2.63	4.38	−3.3	−14.73	−1.55	−12.98
留坝县	1.84	3.07	2.08	3.27	2.45	3.68	1.84	3.07	1.11	−1.19	2.34	0.03
佛坪县	2.33	3.88	2.63	4.14	3.11	4.66	2.33	3.88	1.68	0.21	3.23	1.76
汉滨区	90.56	150.93	81.9	128.8	96.6	144.9	81.9	128.8	59.19	20.71	106.09	67.61
汉阴县	46.7	77.83	15.84	24.91	18.68	28.02	15.84	24.91	12.42	−1.46	21.49	7.60
石泉县	10.34	17.23	11.69	18.38	13.79	20.68	10.34	17.23	7.37	−1.7	14.26	5.19
宁陕县	2.21	3.68	2.5	3.93	2.95	4.42	2.21	3.68	0.74	−2.74	2.21	−1.27
紫阳县	2.53	4.22	2.86	4.5	3.37	5.06	2.53	4.22	−1.52	−17.43	0.17	−15.74
岚皋县	5.17	8.62	5.84	9.19	6.89	10.34	5.17	8.62	2.81	−5.67	6.26	−2.22
平利县	4.48	7.47	5.06	7.96	5.97	8.96	4.48	7.47	1.14	−9.09	4.13	−6.10
镇坪县	1.83	3.05	2.07	3.25	2.44	3.66	1.83	3.05	0.94	−1.75	2.16	−0.53
旬阳县	8.12	13.53	9.18	14.44	10.83	16.24	8.12	13.53	2.36	−21.88	7.77	−16.47

续表

县（区）	人均建设用地法		人均居住面积法		人均绿地法		适度人口容量下限值	最大人口容量下限值	适度人口容量		最大人口容量	
	适度人口容量	最大人口容量	适度人口容量	最大人口容量	适度人口容量	最大人口容量			可本地城镇化	需异地城镇化	可本地城镇化	需异地城镇化
白河县	2.22	3.7	2.51	3.95	2.96	4.44	2.22	3.7	−0.31	−9.27	1.17	−7.79
商州区	33.38	55.63	37.73	59.34	44.51	66.76	33.38	55.63	11.87	−3.97	34.12	18.27
洛南县	9.46	15.77	10.69	16.82	13.51	18.92	9.46	15.77	−5.05	−21.56	1.26	−15.25
丹凤县	30.41	50.68	24.06	37.84	28.38	42.57	24.06	37.84	12.15	3.31	25.93	17.09
商南县	5.35	8.92	6.05	9.51	7.13	10.7	5.35	8.92	−4.05	−10.24	−0.48	−6.67
山阳县	13.23	22.05	14.96	23.52	17.64	26.46	13.23	22.05	−1.07	−16.41	7.75	−7.59
镇安县	4.23	7.05	4.78	7.52	5.64	8.46	4.23	7.05	−1.07	−15.16	1.75	−12.34
柞水县	2.87	4.78	3.24	5.1	3.83	5.74	2.87	4.78	−0.13	−7.93	1.78	−6.02
合计	739.74	1 232.88	738.97	1 162.16	609.25	1 076.52	541.46	1 007.21	319.66	−48.26	785.41	417.48

注：①汉中市区含汉台区、南郑区、勉县、城固县和洋县。②考虑到城镇外围自然生态环境，陕南三市绿地率取 30%，县城绿地率取 20%；园林城镇人均绿地指标：汉中取园林城镇面积 $44m^2$，安康、商洛取平均值 $21m^2$，县城取 $15m^2$；最大城镇人均绿地指标：汉中取平均值 $21m^2$，安康、商洛取 $15m^2$，县城取 $10m^2$。③可本地城镇化人口容量指适度或最大城镇化人口容量减去现状非农业户籍人口数。④需异地城镇化人口容量指适度或最大城镇化人口容量减去总人口按 70% 城镇化率计算的人口数。⑤可本地城镇化人口的正值指该城镇还能容纳的人口数，负值指需要转出的人口数；需异地城镇化人口正值指该城镇还能容纳的人口数，负值指需要转出的人口数。

和275.52万人,最多相差约180万人,相差1.6倍。而留坝县用3种方法的计算值分别为1.84万人、2.08万人和2.45万人,最多相差约6 000人,相差1.3倍。用地面积广阔的地区,需取由人均绿地指标法计算的较小适度人口容量为最终城镇人口容量。对用地面积狭窄的县城,因周边生态环境优越,用人均绿地指标法计算的人口容量相反会大于用人均建设用地法计算的结果,需取用人均建设用地法计算的较小适度人口容量为最终城镇人口容量。依据木桶原理,在3种计算结果中分别取最小值,作为城镇适度人口容量结果。综合起来,陕南城镇体系适度人口容量为541.46万人。

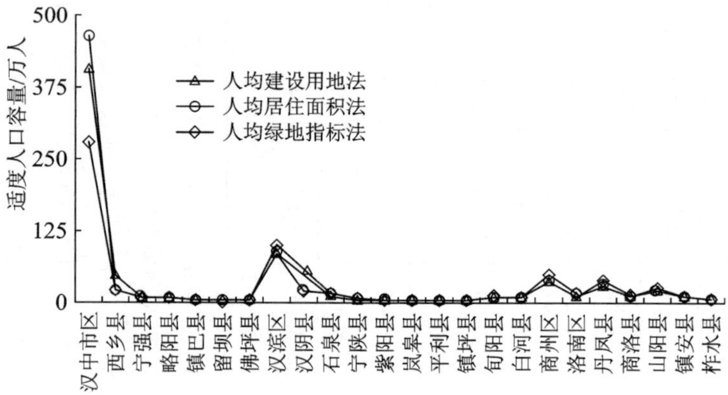

图1 用3种方法计算得到的陕南城镇体系适度人口容量

2.最大人口容量

基于人均建设用地法、人均居住面积法和人均绿地指标法计算的最大人口容量分别为1 232.88万人、1 162.16万人和1 076.52万人。各区县之间,城镇用地空间越广阔,用3种算法计算得到的人口容量差距就越大。如"汉台—南郑—勉县—城固—洋县"城镇群,用人均建设用地法、人均居住面积法和人均绿地指标法的计算值分别为673.5万人、718.4万人和577.29万人,最大相差约141万人,相差1.24倍。留坝县用3种方法的计算值分别为3.07万人、3.27万人和3.68万人,差距约6 000人,相差1.20倍(图2)。同样,依据木桶原理,在3种计算结果中分别取最小值,作为城镇最大人口容量结果。陕南城镇体系最大建设用地面积的最大人口容量为1 007.21万人,最大人口容量和适度人口容量之间相差约465万人。

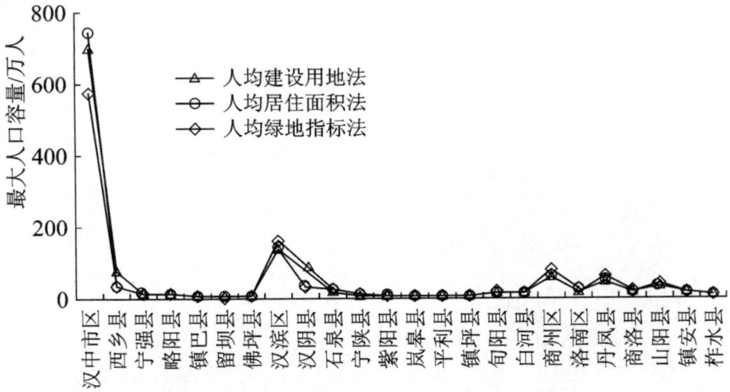

图2　用3种方法计算得到的陕南城镇体系最大人口容量

(二)陕南城镇体系转移人口分析

对整个陕南地区而言,按照适度人口容量与现状非农业人口数计算,还可将319.66万人的本地人口城镇化;按照适度人口容量与总人口按70%的城镇化率计算,意味着在较高的城镇化水平上,陕南需要转出48万人进行异地城镇化。按照最大人口容量与现状非农业人口数计算,还可将785.41万人在本地城镇化;按照适度人口容量与总人口按70%的城镇化率计算,陕南城镇体系可转入异地417万人。可以发现,如果有足够的产业支撑,陕南城镇体系可以容纳的城镇人口数巨大。

陕南内部各区县人口转移的差异很大(表2)。汉中盆地面积广阔,“汉台—南郑—勉县—城固—洋县”城镇群有条件建设特大城镇体,城镇体系人口容量巨大。从石泉延伸到汉滨的安康盆地,用地面积相对广阔,城镇空间可进一步扩展,城镇体系还可容纳一定数量的人口。商丹盆地、西乡盆地用地面积较小,城镇扩张范围有限,未来吸纳人口的能力不足。其他各县,无论从适度人口容量还是最大人口容量出发,因受到地形限制,未来吸纳人口的能力均不足,需要异地转移的城镇人口数庞大。

(三)陕南城镇体系人口迁移区划

在人口容量测算的基础上,基于ARCGIS自然断点法进行人口迁移区划,陕南各区县人口容量状态可分为2个迁出区和4个迁入区(图3)。其中,迁入区共涉及13个区县,迁出区共涉及15个区县,迁出区县数略高于迁出区县数。从城镇化人口迁移来看,陕南内部分化比较显著。

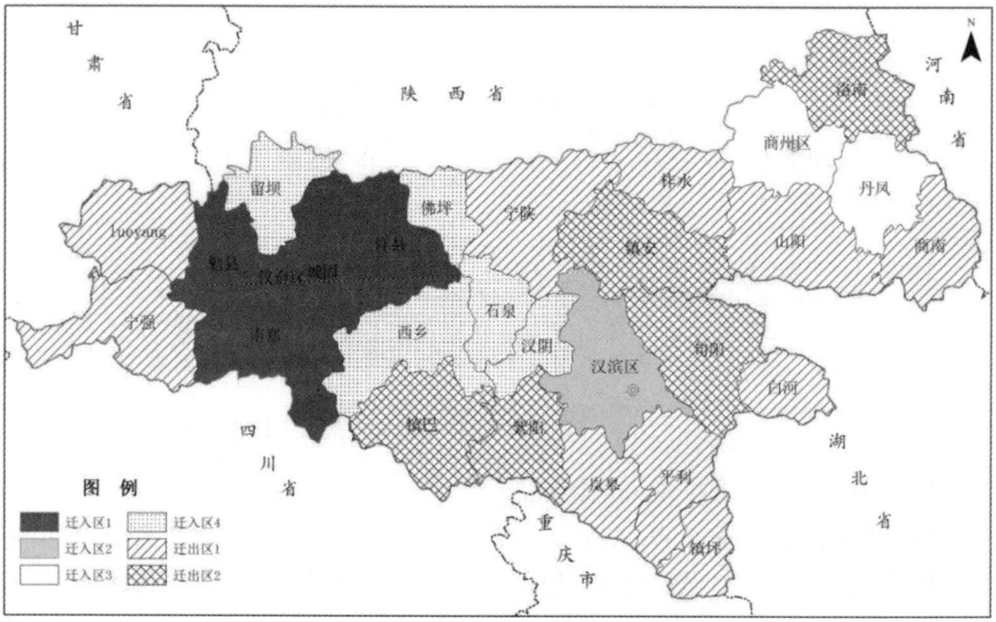

图 3　陕南城镇体系人口迁移区划图

迁入区 1 包含汉台区及周边的南郑区、勉县、洋县、城固县，地处西部第三大平原汉中盆地，经济发展状态较佳，用地受限程度小，未来可通过优化产业配置，吸纳城镇化人口超过 100 万。迁入区 2 为汉滨区，城镇受地形影响较大，但还可进一步通过城镇扩张、土地节约、集约利用等途径吸纳城镇化人口超过 50 万。迁入区 3 为商丹盆地的商州区和丹凤县联合而成的城镇集合体，同样受到地形限制，城镇虽可进一步扩张，但扩张范围有限，可吸纳城镇人口超过 10 万。迁入区 4 为西乡县、石泉县、汉阴县、佛坪县、留坝县等县级城镇，属于城镇可适当扩张类型，可吸纳少量城镇化人口，在 0 ~ 10 万人。其中，西乡盆地、汉阴盆地地域面积广阔，但二、三产业发展不足，且考虑粮食安全需求，不宜过分扩张；佛坪县、留坝县为山区县城，但前期城镇规模小，县域总人口少，生态环境优越，城镇用地条件除完全转移本地城镇化人口外，还可接受少量外来城镇化人口。迁出区 1 指略阳县、宁强县、商南县、山阳县、柞水县、宁陕县、白河县、镇平县、平利县、岚皋县等县，主要为城镇化人口迁出区，迁出城镇化人口在 0 ~ 10 万人；这些县农业人口多，但城镇可发展空间小，故成为人口输出区。迁出区 2 指洛南县、镇安县、旬阳县、镇巴县、紫阳县，迁出城镇化人口超过 10 万人；这些县农业人口多，城镇发展空间小，且地形复杂，导致这些县成为人口输出明显地区。

四、结论与建议

(一)结论

1. 按照最大建设用地面积,陕南城镇体系人口容量巨大

按照70%的城镇化率和适度人口容量,在本地城镇化之外仅需输出约48万城镇人口。目前,陕南地区总人口为842万人,按照70%的城镇化率,本地可以提供的城镇人口为589.4万。当城镇扩大到最大建设用地规模时,陕南城镇体系的适度人口容量为541.46万人,最大人口容量为1 007.21万人。反映出从建设用地角度出发,如果有良好的产业支撑,提供充足的就业岗位,陕南人口城镇化完全可以在本地完成,甚至还可吸纳异地人口转移417万人之巨。

2. 城镇化人口容量在各城镇之间差异巨大,三大盆地城镇是人口转入的重点区域

汉中盆地的汉台区、西乡县、勉县、城固县人口容量巨大,可以建设超大城镇群,人口规模可达600万人;安康盆地的汉滨县、汉阴县面积相对广阔,具有联合建设人口规模200万~300万大城镇的用地条件;商丹盆地受地形限制,扩张范围有限,但也可吸纳超10万转移人口。三大盆地是人口转入的重点区域。山区城镇用地面积狭小,城镇能容纳的人口数有限,在近期和远期都不是城镇化的主要阵地;甚至一些山区人口超载比较严重,是城镇化人口的输出区域,比如略阳县、镇巴县、紫阳县、洛南县、镇安县等县区。

(二)政策建议

1. 优化产业结构,促进人口就地城镇化

人口迁移受气候、土壤、淡水资源、矿产资源等自然因素和经济、政治、文化等人文因素的共同影响。在自然条件允许的情况下,人口迁移的主因是追求更高的经济收入,如改革开放后沿海区位促使外向型经济建立并发展,从而吸引了大量中西部人口迁入东部地区。这种产业布局和人口迁移模式带来大量问题,迁入区经济过密,环境污染,大量外来人口难以真正融入当地社会;迁出区候鸟式人口外流,“38、61、99”的人口结构难以支撑当地发展。在东部地区面临产业结构升级的时代背景下,根据产业环境特征和区域特点,促进产业布局与人口分布相吻合,这或许应该是中国未来人口和产业政策的方向。陕南是我国西部的重要生态功能区、生物多样性保护区、重要水源涵养区,可通过发展劳动密集型绿色农业、劳动密集型

制造类产业等,构建能吸纳大量劳动力、少污染或者没有污染的产业类型,提供充足的就业岗位,从而实现人口就地城镇化。

2. 优化空间布局,建设汉中特大城镇群

山地城镇等级体系具有“扁平化”特征,即高等级城镇吸纳地区众多优质要素,低等级城镇生存空间被不断压缩。在生态环境优越、农业剩余人口数众多、经济发展落后的区域条件下,以劳动密集型企业和产业竞争力塑造为核心,重点发展汉中、城固、南郑、勉县、洋县等城镇,促进汉中特大城镇群的形成,以此促进陕南人口的就地城镇化。